从联盟到网络

中国产学研协同创新的演进路径与机制研究

张路蓬 于娟 ◎ 著

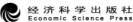

中国财经出版传媒集团

经济科学出版社

Economic Science Press

图书在版编目（CIP）数据

从联盟到网络：中国产学研协同创新的演进路径与
机制研究/张路蓬，于娟著. —北京：经济科学出版
社，2021.12
　ISBN 978 - 7 - 5218 - 3156 - 6

　Ⅰ.①从⋯　Ⅱ.①张⋯②于⋯　Ⅲ.①产学研一体化
－研究－中国　Ⅳ.①G640

中国版本图书馆 CIP 数据核字（2021）第 249236 号

责任编辑：崔新艳
责任校对：易　超
责任印制：范　艳

从联盟到网络：中国产学研协同创新的演进路径与机制研究

CONG LIANMENG DAO WANGLUO：ZHONGGUO CHANXUEYAN
XIETONG CHUANGXINDE YANJIN LUJING YU JIZHI YANJIU

张路蓬　于　娟　著
经济科学出版社出版、发行　新华书店经销
社址：北京市海淀区阜成路甲 28 号　邮编：100142
经管中心电话：010 - 88191335　发行部电话：010 - 88191522
网址：www. esp. com. cn
电子邮箱：expcxy@ 126. com
天猫网店：经济科学出版社旗舰店
网址：http://jjkxcbs. tmall. com
北京季蜂印刷有限公司印装
710×1000　16 开　14.25 印张　260000 字
2022 年 4 月第 1 版　2022 年 4 月第 1 次印刷
ISBN 978 - 7 - 5218 - 3156 - 6　定价：65.00 元

　　本书是教育部人文社科基金青年项目"基于创新网络的产学研协同创新机制构建及政策研究（18YJC630245）"的最终成果之一。本书出版同时受国家自然科学基金青年项目"基于创新网络的新兴技术扩散机理及路径研究（71804084）"的联合资助。

序

科技兴则民族兴，科技强则国家强。

——习近平

当前，新一轮科技革命和产业变革与我国加快转变经济发展方式形成历史性交汇，传统资源的配置利用已经不足以满足社会主体日益增长的创新需求，物质消耗型资源对现代经济增长与产业创新发展的贡献不断下降，创新资源供给与需求矛盾日益深化并逐渐成为企业创新效率低下的重要原因。党的十八大以来，习近平主席把创新摆在国家发展全局的核心位置，高度重视科技创新，围绕实施创新驱动发展战略、加快推进以科技创新为核心的全面创新，提出一系列新思想、新论断、新要求。合作发展、协同创新逐步成为推动我国科技创新发展的重要模式之一。企业、科研机构之间资源共享、风险共担，协同创新如火如荼地进行着。随着产学研之间合作交流的纵深发展，企业技术创新模式逐渐由线性发展为多主体协同互动的联盟与网络模式，产学研联盟与创新网络作为一种新的组织形态应运而生，联盟网络化发展规模的扩大不断地为创新资源的集聚提供平台。

笔者从 2013 年起投入协同创新、联盟发展的相关研究，为了使广大读者和学者更深入地了解中国协同创新的发展进程，笔者在其相关研究的基础上撰写出本书。本书分为上、下两篇，共九章内容。上篇主要向读者展示了中国协同创新的演进历程，通过调研、实证与仿真实验等方法，分析了中国产学研联盟的形成与发展，并对联盟发展为创新网络形态后的演化历程进行了描述，整体刻画了协同创新发展的外部环境。下篇主要立足于创新网络这一现实背景，构建我国产学研协同创新相关机制。本书从创新网络这一新视角重塑具有中国特色的产学研协同创新机制，期望为读者和相关科研工作人员提供理论与实践借鉴。

作者

作于北京航空航天大学

2021 年 9 月 25 日

目　录

上　篇
协同创新的演进路径：从产学研联盟到创新网络

下　篇
基于创新网络的协同创新机制构建

上　篇

协同创新的演进路径：从产学研联盟到创新网络

第一章 绪 论

第一节 研究背景

当前正是由第三次科技革命主导的新兴产业发展的黄金时期，把握历史机遇，快速发展新兴产业，将直接影响区域发展水平，关系到国家未来的发展空间和竞争实力。目前，我国发展正处于变革和转型时期，党的十九大报告指出，我国经济已由高速增长阶段转向高质量发展阶段。由资源、劳动密集型产业转向技术、知识密集型产业势在必行。随着技术进步加速、技术创新复杂性增强，单一主体的创新行为已无法适应日趋复杂的市场需求。各个创新主体开始寻求多方合作、交流，以共担风险、共享资源，从而降低高新技术研发、生产所带来的不确定性风险，协同创新逐渐登上科技创新的舞台。近年来，我国产学研协同创新发展逐步呈现出三方面的特点。

第一，协同创新的战略意义日益凸显。知识经济的到来使我国科技不断加速发展，跨领域技术相互融合，市场对创新的速度及质量要求逐渐增强，企业技术创新困难逐步加大，单独的创新活动已经很难适应日益变化的创新环境。因此，协同创新在创新逐步转向系统化、网络化范式的背景下应运而生（刘丹，2013）。企业进行技术创新以获取更高的利益，是技术创新的需求方；学研机构可以生产大量的创新知识，是技术创新的源泉。协同创新就是要将不同主体之间的资源进行整合，从而集中异质性主体的优势进行联合创新（陈劲，2012）。因此，建设创新型国家的主要路径之一即是开展协同创新，以创新主体之间的资源互补实现价值的增值，从而加速我国经济、技术的发展。

2012 年 9 月，中共中央国务院发布了《关于深化科技体制改革加快国家创新体系建设的意见》。该意见指出，我国要加快建立以企业为主体、以市场为导向、产学研紧密结合的技术创新体系，实现科技资源开放共享、创新主体间协同合作、国家创新体系优化健全和创新效能的整体提升。2015 年的两会期间，国务院发布了《关于深化体制机制改革加快实施创新驱动发展战略的若干意见》，该意见指出，到 2020 年，我国要基本形成适应创新驱动发展要求的制度环境和政策法律体系，构建以需求为导向的企业、科研院所、高等学校协同创新机制。2021 年，《中共中央关于制定国民经济和社会发展第十四个五年规划和二〇三五年远景目标的建议》提出，要强化企业创新主体地位，促进各类创新要素向企业集聚。推进产学研深度融合。推动产业链上中下游、大中小企业融通创新。在由信息化走向数字化的新时期背景下，具有中国特色的协同创新必将深入发展甚至重塑结构，我国企业、高校与研究机构亟须充分利用社会资源，发挥"合纵连横"的能力优势，构筑以企业为主体的产学研、上下游行业协同的创新平台，推动创新联盟从规模化走向网络生态化，从而实现"创新能力显著提升"的经济社会发展主要目标。

现阶段国外协同创新的发展较为成熟。例如，美国的"硅谷"把创新型企业、研究型大学、机构、行业协会、服务型企业等紧密连在一起，发挥企业与科研院所的优势力量进行协同创新研发；日本电气、东芝、日立、富士通等大型骨干企业和基础研究实力雄厚的高校、科研院所通过协同创新的方式建立"VLSI 技术研究组合"，对重大民用项目联合攻关，有效提高了"VLSI 技术"的研发水平。与美国、日本等发达国家相比，我国协同创新的发展仍然处在初级阶段，虽然已经成立了以 TD-SCDMA、新材料制造等为主导的协同创新中心，实现了企业与学研机构之间的紧密合作，但是大多数仍处于初级发展水平，协同创新效率较低。随着我国迈向创新强国的步伐日益加快，协同创新已经成为提高我国自主创新能力的重要组织模式。

第二，产学研协同创新的发展模式日趋多样化。技术进步加速、技术创新复杂性增强，单一主体的创新行为已无法适应日趋复杂的市场需求。合作创新以其风险共担、资源互补、利益共享等优势，被更多的创新主体所采用，产学研联盟正是在多元主体长期合作的基础上逐渐形成的。随着产学研联盟的不断发展，创新网络作为一种服务于主体系统性创新的基本制度安排也应运而生，该种网络架构的主要联结机制是企业间的创新合作关系（Freeman，1991），此种关系多以契约为纽带，以创新主体之间的创新活动为内容，以所有参与者的利益最大化为最终目标。创新网络以拥有大量的创新节点为主要特点，各个节点之间紧密连接，形成了具有开放增长性、择优连接性、复杂多主体性等特点的创新系统。

现阶段，我国创新网络的内部主体数量不断增加，主体间的相互关联增多，结点间的联系进一步紧密，创新网络的结构与创新能力逐步成熟。例如，东北三省装备制造业以一重集团、哈电集团、哈汽集团作为创新网络的重要节点，与哈尔滨工业大学、大连理工大学、吉林大学、东北大学和中国科学院大连化学物理研究所等科研院所，建立了联合19个省市超过200家企业的创新网络，利用重要节点在结构洞的桥接地位，创造出提高企业竞争力的知识、产品和服务。北京中关村创新网络以联想、百度、中星微电子等企业为核心，联合北京大学、清华大学、北京航空航天大学等科研院所，形成了以电子技术行业为主导的高技术创新网络（盖文启，2006），创新网络中的创新主体数目超过3万余家，75%以上的企业与企业之间达成了长期合作关系，84.1%的企业与学研机构之间进行长期合作。上海张江生物医药已形成以40多家企业为核心，以复旦大学、中科院上海研究所等科研机构为依托的创新网络（王飞，2012）。

第三，具有联盟与网络特色的产学研协同创新机制亟待完善。创新网络是伴随着产学研联盟的不断发展而形成的。产学研联盟在我国的起步与发展较晚，因此协同创新在网络中的发展仍存在一些问题。一是我国创新主体间的协同创新能力较低。具体表现为，学研机构的创新成果无法被企业所生产；同时，企业的市场技术需求得不到满足，技术创新普遍存在分散、封闭等问题，创新主体之间由于利益竞争、信任培养等因素，缺少研发合作，企业的技术研发活动与学研机构项目相互分离（陈劲，2012）。创新主体之间的协同创新能力尚有较大的提升空间（谢永平，2014）。二是基于创新网络的协同创新机制尚未形成。创新网络内部具有众多异质性的主体（解学梅，2013），我国创新网络中创新主体之间的协同合作关系较为薄弱，协调合作能力尚不完善，创新网络中的主体在协同创新过程中协同性较差，难以发挥协同作用。三是我国创新网络的结构较为松散，网络内部主体之间的相互合作较为单一，创新网络的运行效率较低，创新扩散速度、深度不够，创新能力提高幅度较小（聂继凯，2015）。

随着协同创新发展的不断推进，学者们有必要在厘清我国产学研协同创新发展脉络的基础上，构建具有中国特色的产学研协同创新机制，促进创新网络中各类主体协同稳定地运行，从而提升产学研联盟的协同创新效率，保障创新网络的平稳运行。

第二节　研究目的与意义

一、研究目的

本书撰写的主要目的是：厘清中国产学研协同创新发展的演进历程，从联盟与网络两种视角，揭示我国协同创新的发展机理及过程，探究产学研联盟、创新网络的内涵、特征与形成机制。在此基础上，构建创新网络环境下的产学研协同创新机制，并剖析不同协同创新机制下产学研各创新主体的运行规律。一方面，为创新网络环境下中国产学研协同创新的优化与提升提供科学的建议，为政府等利益攸关方政策、方案的制定提供理论依据；另一方面，为科技型企业的创新发展提供宏观战略方向，以期推动我国产学研协同创新的平稳运行及高效发展，为早日实现我国由科技大国迈向科技强国奠定基础。

二、研究意义

（一）对于完善协同创新机制的研究具有重要理论意义

首先，对我国产学研协同创新发展的演进脉络进行特征分析，揭示了协同创新从联盟到网络的演进历程。在此背景下，分析了我国产学研联盟稳定发展的影响要素与规律，提出了实现产学研联盟稳定发展的路径与治理机制。其次，对产学研联盟、产学研创新网络、协同创新以及基于创新网络的协同创新内涵、特征进行了范围界定与特征分析，有利于从微观概念层面把握协同创新的运行过程，揭示基于创新网络的协同创新运行规则，丰富协同创新机制的理论研究，同时为协同创新机制的构建提供理论依据。

（二）对于我国产学研协同创新的有效推进具有重要实践意义

首先，本书明确了我国产学研协同创新的现阶段发展背景，即逐步走向复杂网络形式的联盟组织。在创新网络环境下，作者通过对协同创新的不同机制进行理论与实证研究，为政产学研等主体提供科学合理的决策，为创新主体进行有效创新活动提供现实依据，有助于提升创新主体之间的协同效率，提高创新网络中主体的自组织性与协同性。其次，有助于政府制定有利于创新主体进行研发活动的配套政策。通过对协同创新保障机制的研究，根据不同影响要素及政策工具的作用效果，从微观层面掌握协同创新的内在规律，为政府从宏观层面制定合理的创新政策提供现实依据。

第三节　研究思路与内容

全书以复杂科学、创新管理相关理论为研究基础，结合系统分析的逻辑框架展开，共分为上、下两个篇章。上篇主要聚焦于我国产学研联盟的发展及稳定性、创新网络的发展相关问题，提出我国协同创新由产学研联盟向创新网络发展的演进脉络。下篇主要聚焦于创新网络视角下协同创新的知识共享、利益激励、风险管理、保障机制相关问题。全书尝试构建以机理分析、机制构建、仿真实证研究为框架的产学研协同创新机制研究架构。

上篇共分为四个章节。第一章为绪论，主要介绍本书写作的背景、目的与意义等。第二章主要向读者介绍产学研联盟的产生及其稳定性的判别，在梳理国内外学者对联盟发展的相关研究的基础上，引出产学研联盟的相关概念，分析影响联盟稳定性的要素，并通过实证分析，向读者展现我国产学研联盟合作发展的真实情况。第三章提出提升我国产学研联盟稳定发展的路径与治理建议。第四章向读者展示了产学研联盟进入稳定发展阶段后所表征出的创新网络的组织形态及相关概念，引入创新网络的内涵、测度，并通过构建创新网络的演化模型，展示了创新网络的形成与发展过程。

下篇共分为五个章节。第五章论述了基于创新网络的协同创新的相关概念。在界定了协同创新的概念、特点及主体要素构成的基础上，提出了本书所研究的创新网络视角下协同创新的具体内涵及其特点，并构建了协同创新机制的研究框架。第六章以协同创新运行过程中的知识共享机制为研究对象，利用超网络理论，构建了知识在创新主体网络与知识网络之间的共享路径，并通过计算机仿真实验，分析了基于创新网络的知识共享过程并构建相关机制。第七章主要分析了创新主体的利益构成及利益分配的过程。运用复杂网络的演化博弈模型，还原了不同网络结构及环境下创新主体之间的利益激励情况，并构建了协同创新的利益激励机制。第八章分析了协同创新过程中的风险管理问题，通过文献萃取法，挖掘了协同创新的风险要素，并构建了风险项目评估模型及风险管理机制。第九章从政府、金融机构、中介组织的角度，提出了政府保障下的创新网络协同创新机制，分析了供给面、需求面以及环境面导向下的协同创新政府调控机制，探究了不同政策力度对协同创新的影响。

第二章 产学研联盟的产生及其稳定性

第一节 产学研联盟的内涵

一、产学研联盟的定义

产学研联盟是产学研合作发展到一定阶段后而形成的一种高级组织形式，基于产业关键共性技术需求，主要由产业内优势企业、高校和科研机构构成，在国家技术创新体系中充当重要角色，是推动技术创新和科技成果产业化的重要手段。对于产学研联盟的定义，国内外学者分别从不同角度进行了界定和阐述（Gao X，2010；高宏伟，2011；Gertner D，2011）。

国外学者认为产学研联盟指企业和大学之间建立的一种战略联盟（Mowery，2002；D'Este，2013），该联盟以知识和技术为纽带，通过多维互动形成了合作性动态联盟，是企业获取外部关键知识的重要途径。学者们主要基于交易成本、资源互补、组织学习等理论对产学研联盟进行了阐述。有学者基于交易成本理论，指出产学研联盟是一种经济行为，通过联盟合作能够形成规模效应，有效降低研发创新成本和交易费用（Brockhoff，1992）；有学者基于资源互补理论，认为产学研联盟主要是企业、大学和科研机构通过联盟合作来获取彼此间的互补性资源，互惠互利、相互促进（Butler，2008）。还有学者基于组织学习理论，发现产学研联盟是企业、大学和科研机构的联合体，联盟成员可以有效学习对方共享的优势知识、技术（如大学和科研机构共享的优质人力资源、前沿研究成果以及研发学习环境等，企业贡献的研发经费、实践经验和市场信息等），促使自身及联盟整体的创新能力得到提升（Hazlett，1998）。

　　国内学者一般将企业、高校和科研机构等主体间建立的联盟关系称为产学研联盟。张义芳（2008）将产学研联盟定义为：一家或多家企业与高校或科研机构按照一定原则和方式整合和协调彼此创新优势，从各自战略诉求出发，为了共同的联盟目标而建立的短期或长期的战略研发合作关系。李嘉明（2009）认为产学研联盟是指企业基于自身技术需求，与具有相关技术研发实力的高校、科研机构合作，组建风险共担、利益共享、共同发展的长期稳定协作的组织系统。孙卫（2012）指出，产学研联盟是由企业、高校、科研机构等主体根据各自的战略目标和意图，为了抓住新的市场机遇、实现共同愿景、获得最佳利益和综合优势而建立的一种优势互补、风险共担、利益共享、共同发展的正式但非合并的合作关系。陈劲（2009）指出，战略联盟与单独合作不同，它注重的是长期、全方位以及关键性重大项目的紧密结合，大企业或大集团与高校等科研机构结盟中，通过强强联合共同建立专业性技术研发中心、多层次高新技术转移中心以及孵化基地等架构，使技术、人才、资金、政策、服务有效维系在产学研联盟中，进而不断提升联盟的协作效率与能级。孙颖楷（2009）将产学研联盟定义为以企业为主体、以市场为导向、以高校和科研机构为主要技术依托，以政府、中介机构和行业协会为辅助力量，形成优势互补、风险共担、互惠共赢、长期合作的创新联盟。孟庆伟（2012）认为，产学研联盟是在政府的引导和中介机构的辅助下，以市场为导向、以企业为主体、以高校和科研机构为技术依托，为了实现共同愿景和战略目标，结合彼此的资源或优势而建立的一种正式但非合并的合作关系。韩馥冰（2013）指出，产学研联盟是企业、高校和科研机构这三个创新行为主体联结而成，相互间通过知识共享、转移以及创新创造来实现预期目标，并在政府、中介机构等相关联合体所营造的良好政策环境下，形成的一种战略联盟组织形式。

　　基于以上学者的研究，本书将产学研联盟界定为企业、高校和科研机构基于各自优势，以市场为导向，在政府、金融和科技中介机构等的支持下汇集各组织的技术、资金、人才等创新资源，坚持强强联合、优势互补、风险共担、利益共享和合作共赢，共同攻克制约产业发展的关键共性技术问题的新型技术创新联合体。从界定范围可以看出，企业、高校和科研机构是直接参与产学研联盟研发创新活动的主体，而政府、金融和中介机构等主要起辅助和支持作用。在此需要说明的是，本书主要对企业、高校和科研机构在联盟运作中的行为及相互作用进行阐述探究，对其他辅助主体，则主要对其引导、调控和保障创新主体有效合作的辅助行为进行探讨。

二、产学研联盟的构成主体

　　产学研联盟是由企业、高校、科研机构、政府、金融和中介机构等若干相互联系、相互作用的主体共同参与的一项社会性的系统工程，参与主体不仅包括企业、高校和科研机构，还涉及进行政策引导、支持和提供服务的政府、金融和科技中介机构。笔者根据相关参与主体在产学研联盟中的性质和作用，将联盟主体分为创新类主体和辅助类主体（简称创新主体和辅助主体），其中创新类主体包括企业、高校和科研机构，它们是产学研联盟研发创新活动的直接参与者；辅助类主体主要是政府、金融和科技中介机构，它们是产学研联盟研发创新活动的间接参与者，主要发挥政策导向、资金支持、制度法规、综合服务、贷款服务、筹资融资、风险管理、信息咨询、冲突协调和成果转化等辅助功能。产学研联盟主体构成如图 2 - 1 所示。

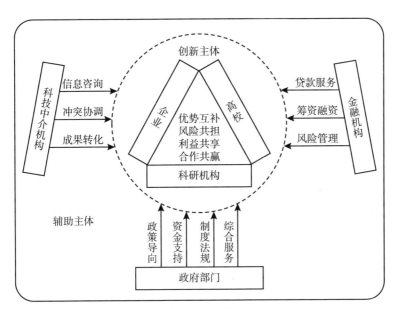

图 2 - 1　产学研联盟的主体构成

资料来源：笔者自制。

（一）产学研联盟的创新主体

　　产学研联盟的创新主体包括企业、高校和科研机构三类主体，相互间拥有的创新资源具有很强的互补性和依赖性。在产学研联盟中，高校和科研机构知识扩散的供给和企业进行技术创新知识源的需求构成了合作研发的供需市场，推动联盟主体的强强联合，使得产学研合作研发成为最能体现要素的互补优势、规模优势和重组优势的合作形式（鲁若愚，2002；陈劲，2009）。本书将高校和科研机构统称为"学研机构"，出于对实证与仿真分析的普适性与数据可获取性考虑，将产学研联盟创新主体细分为企业和学研机构两类。

1. 企业

企业是产学研联盟最重要的创新主体，在整个研发创新过程中处于主导地位，决定着联盟研发创新的战略方向和主要目标。但在科技进步加速的时代，企业自身的实力和资源已难以应对竞争日趋激烈的市场，需要与高校、科研机构结盟，寻求研发创新需要的新知识、技术以及科研人员，主导建立有效的协同创新机制，创造出更多科技成果，推动企业又好又快发展，从而更好地服务于社会。在产学研联盟中，企业是技术创新的主体，了解产业、产品新技术的需求与发展状况，且拥有将研发创新成果转化为商品的物质和非物质条件；同时，企业还是市场主体，处于市场经济的前沿，参与市场竞争，能够及时获取市场变化和需求等相关信息。在产学研联盟中，企业作为研发创新的主导者，主要的研发投入是研发资金、生产试验设备、实践经验和需求信息，并提供中试条件，进行规模化生产及市场开发活动。同时，在产学研联盟研发创新过程中，企业能够从高校或科研机构获取人力资本和研发技术（Santoro M D and Gopalakrishnan S，2001），并负责将其与高校、科研机构联合研发的创新成果产业化，从中获取市场收益，有效提高企业的研发创新能力和市场竞争力。

2. 学研机构

高校和科研机构是产学研联盟的重要创新体，拥有优秀的研发人才和丰富的创新资源，是新技术、新产品创造的活跃群体。其中，高校是知识创新的源泉，既进行基础知识研究，又培养研发创新人才，是研发创新的重要源头；对于科研机构来说，它既是新技术、原理的探索者，又是将科技创新成果转化成生产力的中坚力量，在研发创新中主要参与中试以前各环节的上游研发活动。高校和科研机构注重科技知识的前沿性，但与市场端衔接不紧密，通常不会直接向企业提供现成的新产品技术（陈劲，2009）。在产学研联盟中，高校和科研机构作为知识、技术的创新体，其创新投入主要包括专业人才、科研仪器设备、知识及其产权、技术信息、研究方法和经验（孙颖楷，2009），他们的利益诉求是提高自身的研发创造能力、应用实践能力和学术实力。在产学研联盟研发创新过程中，高校提供的前沿科技知识主要适用于新产品研发创新的早期阶段，其具有较高的市场和技术不确定性，同时，在合作过程中，高校可以从中获得有助于教学的实践应用知识、寻找商业机会、了解所在研究领域的新见解以及获取相应的科研经费，从而提升综合实力及社会影响力（Geuna A and Nesta L，2006）；科研机构主要提供人力资本、科研仪器设备、技术信息及情报等资源，其通过与企业结合，可以验证科技成果的生命力，实现科技成果向生产力成功转化。

（二）产学研联盟的辅助主体

1. 政府

政府在联盟中充当引导、支持和调控的角色，是产学研联盟形成、运行的重要引导者和保障者，对创新主体间顺畅合作及产学研联盟稳定发展具有重要作用。政府虽不是产学研联盟研发创新的主导性主体，却起着非常重要的导向和推动作用（韩立民，2008），应该强化其政策性引导和支持（关志民，2015）。具体而言，政府作为产学研联盟的调控性主体，一是通过政策来引导和激励企业、高校和科研机构充分利用自身优势资源来共同建立联盟关系；二是利用财政资助、税收激励以及政府基金等政策工具，降低产学研联盟可能面临的风险，扶持和保障联盟研发创新活动的稳定有序进行；三是完善制度、法规，对企业方和学研方的主体行为进行约束、规范，协调联盟创新主体间合作关系，促进创新主体有效沟通、和谐相处，维护产学研联盟的稳定性；四是通过提供综合服务为研发创新活动营造良好的合作氛围和环境。总之，在政府的参与下，能够避免联盟创新主体间的非理性行为导致的整个联盟的非理性，实现联盟整体利益乃至社会整体效益最大化。同时，在政府的引导和调控下，产学研联盟的创新活动有序进行，这时政府的调控作用会逐渐减弱，而综合服务和引导功能会逐渐增强。通过制定导向政策，建设和完善研发基础设施，营造良好的联盟研发氛围，全方位服务于企业、高校和科研机构间的研发创新活动。

2. 金融机构

产学研联盟研发创新活动具有高投入、高风险、高收益等特点，在其研发、试验试制及产业化等各阶段均需要大量的资金投入，尤其是重大的合作研发项目，仅依靠企业自身的现金流和政府部门的资金支持可能难以满足需求（李建伟，2005）。金融机构作为兼具资金筹集、风险管理等作用的产学研联盟辅助主体，可以将社会闲置资金有效筹集、转化，进行投资，为具有良好前景的研发项目筹融资（龚著燕，2012），是产学研联盟研发创新的强大资金支柱，也是缓解联盟运作过程中资金风险的系统性工具，能够解决产学研联盟研发创新资金投入与流通的问题。具体而言，金融机构对产学研联盟研发创新活动的辅助支持主要体现两方面：一是对参与产学研联盟的企业提供便捷化贷款、低贷款利率等优惠服务；二是金融机构可以通过股权融资、科技信贷业务等渠道为产学研联盟的研发创新活动提供筹资、融资、风险管理等方面的支持。

3. 科技中介机构

科技中介机构是为创新主体提供相应的社会化、专业化支撑和促进研发创新活动的机构，包括企业孵化器、生产力中心、技术开发中心、信息咨询评估与论证、技术市场平台以及知识产权保护相关的法律服务中心等（孙立梅，2010），具体职能涉及信息咨询、冲突协调、完成技术孵化及成果转化等保障性服务，促进产学研联盟研发创新活动的顺利进行。在产学研联盟中，科技中介机构作为企业与学研机构的信息枢纽，可以为企业提供经营管理、市场营销、技术项目、人才培训、财务、金融、信息、法律等服务，也可以为学研机构收集企业技术难题以及提供人才供求信息等。在研发创新过程中，科技中介机构能够有效解决产学研联盟中创新主体间的技术冲突，协调创新主体间的联盟关系，缩短创新主体间的连接距离，提高联盟创新资源的流动速度和配置效率，在联盟中发挥着重要的桥梁纽带作用。同时，中介机构作为市场活动的直接参与人，可以面向全社会开展技术扩散、成果转化以及科技评估等活动，在创新主体和要素市场间建立紧密的联系，加速研发创新成果产业化进程，为产学研联盟的稳定运行提供保障性服务。

三、产学研联盟的特征

（一）整体性

产学研联盟是由若干相互独立的异质性主体联结而成的具有一定新功能的有机整体。产学研联盟作为一个整体，它不是各联盟主体要素的简单相加，其具有各主体在独立状态下所没有的性质和功能。在产学研联盟中，企业、高校和科研机构等是其基本构成要素，每个主体的行为、表现都影响着整个联盟的发展，联盟中任何一个主体发生变化或出现问题，都会对产学研联盟整体功能的发挥产生影响。因此，要保障产学研联盟的稳定运行，成功实现联盟既定目标，需要各主体协同合作，合理配置研发资源，有效发挥联盟整体功能和效应，规避只注重个体利益的行为。

（二）开放性

产学研联盟是一个开放的研发创新系统，开放性是联盟有序运行和发展的必要条件（李锐，2009）。一方面，外部环境会不断地向产学研联盟输入研发创新活动所需要的物质、能量和信息，促使产学研联盟不断更新设备、引进新技术、完善服务，确保产学研联盟具有存续和发展的活力，较好地适应变化莫测的外部市场、技术环境；另一方面，产学研联盟也会不断地向外部环境输出研发创新的产品和服务，满足市场、技术以及消费者的需求，获取经济收益。

（三）动态性

在产学研联盟中，动态性是指在联盟各主体非线性相互作用的推动下表现出的一种持续发展的运动状态。企业、高校、科研机构以及政府等主体通过一定的组合和运作方式相互依赖、相互促进和相互制约，随着时空的推移而不断发展，呈现出动态性特征。同时，产学研联盟各主体在研发创新过程中与外部环境持续进行信息、知识、资金及人才等要素的交流和交换，并依据联盟内外部环境产生的反馈信息不断地自我调整，以推动产学研联盟的稳定有序运行。因此，产学研联盟的研发创新活动是一个动态过程，具有动态性。

（四）复杂性

复杂性是开放系统的基本特性，任何一个系统的复杂性都源于系统内各要素间的非线性作用关系。产学研联盟中不仅包括企业、高校和科研机构的创新主体，还涉及政府、金融机构和中介机构等辅助主体，各主体性质、功能以及利益诉求存在差异，彼此间相互作用、相互制约构成了一种复杂的非线性关系，而非简单的线性依赖关系。在产学研联盟运作中，各主体为了自身的利益诉求，可能会出现机会主义行为，引发相互间的矛盾和冲突，从而会增加产学研联盟关系的复杂性。此外，产学研联盟作为一个开放的系统，不能孤立于环境之外，联盟除了内部主体间互动交流，还要与外部环境有机联系，进行物质、能量和信息的交流、交换，应对外部环境不确定性、竞争性及动态性的干扰。这些无疑都增加了产学研联盟的复杂性。

（五）自组织性

哈肯认为自组织是指在没有外部指令下，通过系统自身的特定规则和程序，使得系统内部要素相互联系、相互作用形成有序结构的过程（Haken，1973）。产学研联盟是创新主体在政府的辅助和支持下自愿联结形成和运行的，具有一定的自组织性特征。产学研联盟的自组织性，能够促使联盟在不受外界特定控制的情况下，通过联盟内主体间的非线性作用来实现从初期的混乱无序向稳定有序结构演化，并在出现涨落波动后，能通过自身内部各主体间的相互协调、相互约束、相互规范，恢复其有序结构且保持稳定有序运行。因此，可以说产学研联盟的自组织性可以促使产学研联盟这个复杂性系统中主体行为由矛盾、冲突向合作、协同转变（Li C J，2010）。

第二节　产学研联盟稳定性的判别

一、演化博弈理论的引入

演化博弈是以传统博弈论为基础，但与传统博弈理论不同，它不将参与人假设为完全理性，也不要求完全信息条件，而是能够在有限理性和有限信息的情况下对参与人的演化行为进行分析。同时，演化博弈论将博弈论分析和动态演化过程分析相结合，认为博弈方是通过不断试错的方式达到博弈均衡的，与生物进化论具有一定的共性。

演化博弈理论的基本思想是在群体决策中，博弈主体在有限理性条件下进行反复的动态博弈过程。在博弈过程中，各博弈主体不会一次就做出最优策略，而是在学习和模仿中对其策略进行调整以追求自身收益的改善，经过不断试错和选择来用较满意的策略代替较不满意的策略，以期寻找较好的策略直至达到一种动态平衡（Taylor P D，1978；谢识予，2010）。演化博弈的核心内涵是通过演化稳定策略和复制动态来反映，其具体表述如下（Roca C P，2009；郭本海，2012）。

演化稳定策略的概念是若策略 s^* 为稳定均衡策略，则当且仅当：

（1）若 s^* 构成一个纳什均衡，则对任意策略 s 有 $u(s^*, s^*) \geqslant u(s^*, s)$；

（2）如果 $u(s^*, s^*) = u(s, s^*)$，那么对任意的 $s^* \neq s$ 则有 $u(s, s^*) > u(s, s)$。

复制动态主要用于阐述一个策略在某类种群中被运用的频数或概率的动态微分方程，可根据微分方程表达式：

$$f(k) = dx_k/dt = x_k[u(k, s) - u(s, s)], \quad k = 1, 2, \cdots, K \qquad (2-1)$$

式（2-1）中，x_k 为某种群选择策略 k 的概率，$u(k, s)$ 为某种群选择策略 k 的适应度，$u(s, s)$ 为某种群选择策略 k 的平均适应度，同时，策略 k 要为演化稳定策略，则需要满足 $f(k) = 0$，且 $f'(k) < 0$。

二、产学研联盟稳定性的判别

产学研联盟是由企业、学研机构和政府等多主体构成，各主体是联盟运作的决策主体，具有有限理性，在有限信息条件下，各主体追求自身利益最大化，容易产生机会主义行为，在联盟主体间引发冲突行为，使得联盟主体间不仅存在合作行为还存在冲突行为，每个主体都可选择真诚合作或投机行为，构成联盟决策主体的策略集。同时，联盟各主体策略的选择是基于共同研发创新所带来的预期收益，在博弈过程中各主体不会一次就做出最优策略，而是博弈各方在学习和模仿中对其策略进行调整以追求自身收益的改善，经过不断试错和选择来用较满意的策略代替较不满意的策略，以期寻找较好的策略直至达到一种动态平衡。在这种平衡中，博弈的任何一方不再愿意单方面改变其策略。因此，由于信息的不完全性、参与主体的有限理性以及外界环境的不确定性，使得传统博弈论难以对产学研联盟主体的演化行为及其稳定性进行准确分析，需要借助演化博弈理论剖析产学研联盟主体行为及动态稳定性。

根据演化博弈理论和上述分析，可以得出如下产学研联盟稳定性的判别依据：产学研联盟中各创新主体选择投机背叛联盟的概率随时间的推进最终以指数函数的速度趋向于零，说明产学研联盟运行的过程中各创新主体最终都选择了积极维护联盟，则产学研联盟是稳定的，否则，产学研联盟将会失稳。

三、产学研联盟稳定性的影响因素

产学研合作创新是科技与经济结合的有效形式，是集聚创新资源、加快产业转型升级、提升国家竞争力的重要途径，而产学研联盟的稳定性对于产学研合作各方尤为重要，本节笔者将对我国产学研联盟的稳定性及其影响因素进行初步探索，在此基础上，提出稳固产学研联盟稳定性的相关建议。

有关联盟稳定性的研究，多数学者针对产学研或技术联盟稳定性进行探讨。有学者指出合作与竞争、结构刚性与灵活性、短期定位与长期定位间的不平衡是导致联盟不稳定的根源（Das T K，Teng B S，2000；2003）。有学者认为合作伙伴间的紧张关系导致了很多联盟的失败，并指出信任、冲突和依赖是影响合作稳定性的关键因素（Gill J，2003）。还有学者研究表明承诺和信任对联盟关系的稳定具有积极影响（Yang J，2008）。刘云（2007）从合作伙伴关系的匹配性、冲突管理的有效性和信息沟通渠道的顺畅性方面分析技术联盟的稳定性。原毅军（2013）运用系统动力学模型研究产学研联盟稳定性，并分析了影响联盟稳定性的因素。蔡继荣（2007）指出，联盟稳定性是由企业对于专业化水平和协作模式选择的动态决策过程所内生的，联盟稳定性边界取决于投入联盟的资产专用属性、市场交易的效率和交易价格比以及战略联盟内部的交易效率。

目前，产学研联盟稳定性的研究大多是从静态角度进行分析，缺乏从动态角度考虑合作稳定性（Jiang X，2018；Ernst D，2005）。现阶段，产学研联盟稳定性是一个动态的过程，且企业、科研院所等创新主体合作创新的时间具有间断性，在调查的范围内产学研合作行为终止，但在考察期间以外的时间可能又会重新合作，这段时间是无法在研究中体现的，属于删失数据，用一般的回归分析方法难以处理，而生存分析恰能对存在删失数据的动态过程进行客观分析。因此，作者将基于扎根理论客观、全面地探索影响产学研联盟创新的因素，再结合生存分析方法从动态视角分析产学研联盟稳定性的相关问题，并揭示科研实力、地理距离、知识资源互补性、合作声誉、沟通交流以及合作态度对产学研联盟稳定性的影响。

（一）扎根理论的选取

扎根理论（Grounded Theory）在 1967 年由社会学家提出，它是质化研究方法中一个主要的探索性研究方法，能够从现象中归纳理论，从而自下而上构建理论，使建立的理论符合实际情况（张红霞，2009）。该理论与方法适用于挖掘和选取影响研究问题的因素，能够满足被研究问题影响因素的目的性和完备性要求。

运用扎根理论进行探索性分析时，一般包括三步编码过程，即对资料进行开放式编码、轴心式编码和选择式编码（王建明，2011），其探索的一般过程如图 2-2 所示。

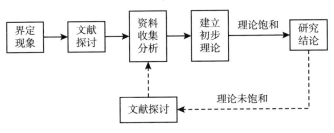

图 2-2　扎根理论研究流程

资料来源：芦慧，陈红，周肖肖，柯江林. 基于扎根理论的工作群体断层——群体绩效关系概念模型的本土化研究［J］. 管理工程学报，2013，27（3）：45-52.

本书设计开放式问卷，通过面对面、电话和网络三种方式对被调查者进行访谈，获取信度较高的资料数据。由于学历较低的人对产学研合作创新的了解较浅或几乎不了解，因而被调查对象学历主要限定为大学或研究生及以上学历，且考虑到数据的可获取性，产学研合作创新稳定性的数据收集对象设定为三类，第一类是 EMBA 学员且具有产学研合作经历的企业管理者或员工；第二类是拥有与企业合作项目的教授专家；第三类是通过已有文献进行总结。在访谈过程中进行录音、笔记等，之后对其进行文字数据的整理，从中挖掘影响产学研联盟稳定性的主要因素。

（二）影响因素的识别

1. 基于扎根理论的产学研联盟稳定性影响因素识别

为了科学全面地探索影响产学研联盟稳定性的因素，选择了 15 位受访对象进行咨询。其中，EMBA 学员共 8 人，拥有产学研合作项目的教授专家 7 人。均采用面对面、电话和网络形式进行个人深度访谈和焦点小组探讨两种形式，从中选取 10 人对其进行深度访谈，再将上述 15 个访谈对象分成两组进行焦点小组谈论，其中，一组为 EMBA 学员，一组为拥有产学研合作项目的专家。在访谈过程中，进行记录，并整理成稿。然后从访谈资料中随机抽取四分之三进行编码分析和选择影响因素，而剩下四分之一的访谈资料将与 30 余篇同产学研联盟稳定性相关的文献一起，进行理论饱和度的检验。

（1）开放式编码。对受访者的原话进行编码、梳理，从中探索影响产学研联盟稳定性的初始概念因素。由于来源于受访者的200多条语句涵盖的内容较多，且存在概念混杂现象，因而需要对获取的这些初始概念影响进行规范以形成有条理的影响因素。

（2）轴心式编码。基于开放式编码过程中探索的初始范畴，然后采用轴心式编码进一步探索主范畴，使得分析得出的范畴更严谨。通过分析发现，开放式编码中所探索的各个不同范畴的概念存在一定的联系，运用轴心式编码对互相联系的初始范畴建立潜在逻辑关系，并根据相应的属性进行重新分类，进而归纳出四类主范畴，具体内容如表2-1所示。

表2-1　　　　轴心式编码探索产学研合作创新稳定性影响因素主范畴

主范畴	初始范畴	有代表性的受访者语句
项目对接阶段	合作声誉	3. 在产学研合作中，确定合作伙伴我们比较看重对方以往合作的历史成果。 5. 合作过程中我们会考察合作方的信用程度以及以前有没有违约记录。
	合作态度	8. 不论是企业还是高校均应该以积极的态度对待合作项目。 10. 我们重视企业的合作项目，并能够保质保量地完成。
合作研发阶段	科研实力	1. 较强科研实力的高校无论是人才方面还是科研基础设施方面都具有较大优势，这能够为合作项目提供基本的支持。 2. 我们在合作中科研实力是考察的一方面。
	知识资源互补性	13. 我个人认为，与企业合作中研发能力是一方面，但是我们与企业间的互补性更重要一些。 9. 产学研各方能够有效合作是因为在合作中能够满足彼此需要但没有的资源。
	合作方式	3. 对于合作方式的选择，我们会根据项目的需要决定。 2. 适合的合作方式对产学研合作的有效开展具有很大影响。
试验试制阶段	地理距离	6. 我们与合作高校在一个城市会方便我们面对面交流。 5. 现在是网络时代，通信方便，与合作方地理距离的远近对合作项目的执行不会有较大影响。
	沟通交流	7. 出现问题及时沟通，能够避免成本浪费。 11. 与企业合作中会定期交流，了解对象需要，及时完善我们的研究。
产业化阶段	利益分配方式	14. 利益分配是否合理直接关系到合作是否能继续进行，好多产学研合作案例由于利益分配不合理而不欢而散。 13. 我们与企业合作时，企业一般都是以科研基金的形式支付费用。

（3）选择式编码。通过上述轴心式编码分析，探索归纳出产学研合作创新过程的四个阶段，在此基础上，利用选择式编码进一步解释各主范畴间的关系。项目对接、合作研发、试验试制以及产业化这四个阶段层层递进共同组成产学研合作创新的全过程，即项目对接→合作研发→试验试制→产业化→产学研合作创新，其中产学研合作创新全过程中涉及的相关因素，如合作声誉、知识资源互补性、科研实力等均是影响产学研合作创新持续发展的重要因素。

（4）理论饱和度检验。将剩下的四分之一访谈记录进行开放式编码、轴心式编码和选择式编码，在整个编码过程中没有发现频繁出现的新概念和概念间的新关系，然后再将阅读查找到的30余篇相关文献与之对比，仍然没有发现被众多学者研究的新概念，因此，表明理论已达到饱和状态。

2. 影响因素总结

在访谈中，较多被访者提到虽然现在通信、网络等技术发达，但他们仍认为合作稳定性在一定程度上受到地理距离的影响，这是由于距离的远近会影响合作各方的沟通，而沟通的通畅性能够解决由于信息不对称以及机会主义所造成的不稳定问题（刘云，2007）；合作伙伴的正确选择是保障合作稳定进行的第一步，因而合作伙伴的选择对合作稳定具有较为重要的影响，曹霞（2013）在研究产学研合作伙伴选择问题中指出，研发能力、合作态度是重要的影响因素；合作方的彼此互补性是其顺利发展的前提，因而资源互补性是合作中要考虑的重要因素（Das T K，2000；Dyer J H，1998）；同时，大多数合作并不是一次性的技术转让或技术交易，其上一次产学研的成功与否会影响下一次合作的意向和策略，从而影响着合作的稳定性（张卫国，2009），原毅军和张家琛（2013）也认为声誉会对联盟稳定性产生影响，产学研联盟中成员利益分配问题直接影响合作的长期性和稳定性。分配机制不能满足合作成员的预期收益会产生冲突，影响合作稳定性（刘云，2007）。基于上述分析，最终确定影响产学研联盟稳定性的因素主要有：企业性质、合作方式、利益分配方式、科研能力、地理距离、知识资源互补性、合作声誉、沟通交流以及合作态度等因素。

第三节 产学研联盟稳定性的实证分析

一、生存分析的引入

生存分析（Survival Analysis）又被称为时间—效应分析，是对事件终止和出现这一结果所经历的时间（即生存时间）进行分析的统计方法（余翠玲，2011），被广泛应用于医学、生物学、社会经济学科、工业技术等领域。与其他传统统计方法相比，生存分析能够分析存在删失数据的事件，同时还适合研究动态事件发生过程的真正规律以及影响事件发生的因素（卢纹岱，2006）。由于本章考察产学研联盟稳定性的时间为 2004 ~ 2013 年，对于 2013 年之后企业是否进行产学研合作创新的状态无法观测，其存在删失数据，而且产学研合作创新是一个动态变化过程，传统统计方法无法处理，因而需要采用生存分析进行研究。

生存分析常用方法主要有寿命表法、Kaplan-Meier 法、Cox 模型分析法等，其中，寿命表法适用于样本量较大的分组生存资料，Kaplan-Meier 法适用样本量较小的事件，用来估计所研究事件的影响因素在不同水平下的中位生存时间和差异，Cox 模型分析法是多因素生存分析方法，通过建立生存时间随影响因素变化的回归模型，确定影响生存时间的因素（卢纹岱，2006）。Cox 模型的基本形式为：

$$h(t,\ X) = h_0(t)\exp(\beta'X) = h_0(t)\exp(\beta_1 X_1 + \beta_2 X_2 + \cdots + \beta_m X_m) \quad (2-2)$$

式中，$h(t,\ X)$ 表示 X 在时刻 t 的危险率（即不合作概率）；$X' = (X_1,\ X_2,\ \cdots,\ X_m)$ 表示可能与生存时间有关的协变量或交互项，可以为定量或定性的；$\beta' = (\beta_1,\ \beta_2,\ \cdots,\ \beta_m)$ 为 Cox 模型的偏回归系数。当 $\beta > 0$ 时，表明该因素为危险因素，即对产学研联盟稳定性有负向影响；当 $\beta < 0$ 时，表明该因素为保护因素，即对产学研联盟稳定性有正向影响；当 $\beta = 0$ 时，表明该因素为无关因素，即对产学研联盟稳定性无影响。

二、产学研联盟稳定性的生存分析

本章所要研究的事件为产学研联盟的稳定性，将被调查企业产学研合作创新在考察期内是否持续进行定义为生存状态变量,其中,该变量为二元变量:"1"为已经不合作,"0"为仍然合作。其生存时间计算公式为:企业产学研合作创新结束年份 - 开始开展产学研合作创新的年份 + 1。根据上述定义,采用 Kaplan-Meier 法分析不同属性特征的产学研联盟的生存时间的差异,运用 Cox 回归模型分析影响产学研联盟稳定性的因素。

(一) 数据收集

选取 2004 年初至 2013 年末十年期间的数据分析我国产学研联盟的稳定性以及影响因素。通过发放问卷,调查具有产学研合作创新经历的企业管理层或参与产学研合作项目的员工,共发放问卷 400 份,回收 314 份,剔除数据缺失和不合理的问卷 40 份,有效问卷 274 份,有效回收率为 87.26%。从性别上看,男性占 67.4%,女性占 32.6%;从被调查对象的受教育程度上看,大专及以下学历占 6.7%,本科学历占 42.6%,研究生及以上学历占 50.7%;从职位上看,高层管理者占 10.7%,中层管理者占 32.8%,基层管理者占 29.2%,普通员工占 27.3%。

(二) Kaplan-Meier 生存分析

资金实力、研发水平、员工素质等的差异使得产学研合作创新持续时间各不相同,本书主要聚焦于产学研合作的三种方式,即技术转让、委托开发和合作开发,不同的合作方式可能会对产学研联盟稳定性产生不同的影响;同时,利益分配是否得当也是产学研合作成功与否的关键,合理的利益分配能够保障产学研联盟的稳定性,而利益分配不当则能导致合作关系的终止。图 2 - 3、图 2 - 4 以及图 2 - 5 分别反映了不同企业性质、合作方式和利益分配方式下的产学研联盟的生存概率。

图 2 - 3 显示了国有企业、民营企业和私有企业三种性质的企业进行产学研合作时,联盟稳定性的情况。从图中可以看出,上述三种性质的大约有 40% 企业的产学研合作创新活动能维持到第 2 年,大约有 20% 企业能持续到第 5 年;国有和民营企业有较少数的合作关系保持 7 年,而私有企业最长的合作关系保持了 6 年。从图中还可以发现,国有企业、民营企业和私有企业的生存概率曲线呈上、中、下状态,说明国有企业产学研合作关系的稳定性高于民营企业和私有企业,且私有企业合作稳定性最低。

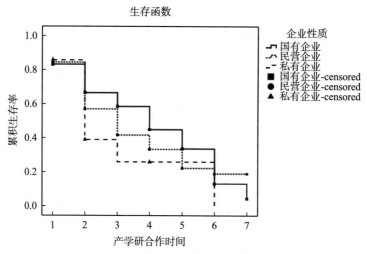

图 2-3　不同企业性质下的产学研联盟生存概率

资料来源：SPSS 统计输出。

图 2-4 反映的是不同合作方式下的产学研联盟生存概率情况。从图中可看出，合作开发的生存概率明显高于技术转让和委托开发这两种合作方式，说明合作开发的创新模式能够加深产学研之间的关系，促进各方利益共享、风险共担以积极的态度来完成合作项目，从而使得产学研联盟关系更加牢固，维持

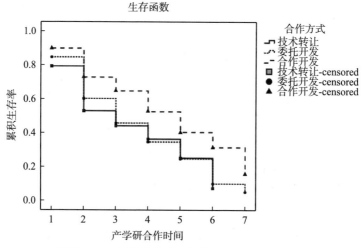

图 2-4　不同合作方式下的产学研联盟生存概率

资料来源：SPSS 统计输出。

时间更加长久。其中，对于合作开发，大约有70%的企业在产学研联盟中持续参与合作2年左右，接近50%的企业其合作关系能够保持5年。然而，对于技术转让和委托开发而言，大概50%~60%企业的产学研合作在第2年结束，30%企业的产学研合作可以进行到第5年。由此可见，产学研各方共同合作开发的形式能够加强彼此间的合作关系，使得合作关系更长久一些。

图2-5显示了产学研联盟中不同利益分配方式对联盟稳定性的影响，从图中可知，按股投入的利益分配方式下合作关系维持的时间较长，显著优于按销售额提成和科研基金的分配方式。按股投入是通过合同约定好的股份进行分配，无论是企业还是高校、科研机构都会积极对待合作项目，从而建立长期稳定的合作关系。

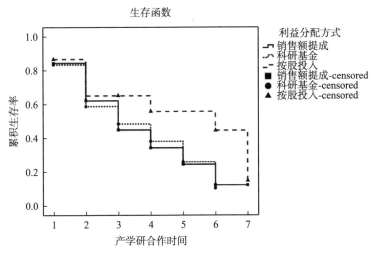

图2-5　不同利益分配方式下的产学研合作创新生存概率

资料来源：SPSS 统计输出。

（三）Cox 回归模型生存分析

基于扎根理论我们探索了影响产学研联盟稳定性的因素。为了进一步分析这些因素对产学研联盟中合作创新的生存函数的影响，本节运用 Cox 回归模型分析科研实力、地理距离、知识资源互补性、合作声誉、沟通交流以及合作态度等因素对产学研联盟稳定性的影响程度，具体分析结果如表2-2所示。

表 2 - 2　　　　　　　　　　　　Cox 回归结果

影响因素	β	SE	Wald	df	Sig	$Exp(\beta)$
科研实力	- 0. 338	0. 216	2. 447	1	0. 118	0. 713
地理距离	- 0. 159	0. 121	1. 742	1	0. 187	0. 853
知识资源互补性	- 0. 602	0. 354	2. 885	1	0. 089	0. 548 *
合作声誉	- 0. 913	0. 480	3. 621	1	0. 057	0. 401 *
沟通交流	- 1. 325	0. 450	8. 682	1	0. 003	0. 266 ***
合作态度	- 0. 755	0. 372	4. 112	1	0. 043	0. 470 **

注：* $p < 0. 1$；** $p < 0. 05$；*** $p < 0. 01$。
资料来源：SPSS 统计输出。

由表 2 - 2 可发现，科研实力、地理距离、知识资源互补性、合作声誉、沟通交流以及合作态度 6 个因素的回归系数 β 均小于 0，表明这 6 个因素对产学研联盟的稳定性呈现正向相关关系。其中，科研实力和地理距离的相对危险度 $Exp(\beta)$ 分别为 0. 713 和 0. 853，但其显著性较弱，表明学研机构的科研实力对稳定性没有显著影响，企业和合作伙伴的地理距离的远近也对稳定性没有明显的影响作用；产学研合作伙伴间的知识资源互补性的回归系数 β_3 为 - 0. 602，相对危险度 $Exp(\beta_3)$ 为 0. 548，在 $p < 0. 1$ 水平下显著，表明合作伙伴彼此知识资源的互补性越大越有利于产学研合作关系的长久性；合作声誉的回归系数 β_4 为 - 0. 913，相对危险度 $Exp(\beta_4)$ 为 0. 401，在 $p < 0. 1$ 水平下显著，说明良好的合作声誉对产学研合作创新具有重大的促进作用；合作伙伴彼此沟通交流的回归系数 β_5 为 - 1. 325，相对危险度 $Exp(\beta_5)$ 为 0. 266，在 $p < 0. 01$ 水平下显著，显示了合作伙伴间经常性的沟通交流能够促进相互间的了解和信任，对维持合作的长久关系具有重要的推动作用；参与产学研合作创新合作态度的回归系数 β_6 为 - 0. 755，相对危险度 $Exp(\beta_6)$ 为 0. 470，在 $p < 0. 05$ 水平下显著，表明以积极的态度参与产学研合作创新能够有效维持合作关系，有利于合作关系的长远发展。

三、产学研联盟稳定发展的实现路径

第一，稳固产学研联盟各方关系，保证合作创新持续发展。为此，在产学研合作创新过程中要充分发挥政府在产学研联盟中组织协调、政策引导、工作推动的主导作用；注重科技中介服务的发展，利用现代网络技术，建立交互式科技信息服务平台和技术交易平台。同时，也鼓励其他社会力量参与科技中介服务体系建设，共同促进产学研合作向纵深开展。

第二，探索产学研联盟的新机制新模式。鼓励不同性质的企业积极开展产学研合作创新活动，并努力探索既有利产业发展又符合各方利益诉求的合作模式和分配机制。大力支持企业在高校院所共建实验室等研发机构，健全完善技术入股、股权激励等合作机制，促使建立多方参与、分配合理、激励到位、形式多样的产学研合作新机制、新模式，以促进产学研合作的长期稳定发展。

第三，鼓励产学研联盟各方以积极的态度应对合作项目，增强沟通交流，减少由于信息不对称而产生的误解。在合作期间，学研方要不断提高自身科研实力，产方则要积极提升把握市场、应对市场的能力，以使得产学研彼此间形成良好的互补性合作关系。同时，产学研合作并不是一次性交易，它讲求的是合作的长远持久性，因而声誉对于合作的每一方来说都是尤为重要的，因此，在合作中产学研各方都应该杜绝任何不利于合作关系维持的投机行为。

第三章　产学研联盟稳定性的提升与治理

第一节　产学研联盟稳定性的提升路径

一、产学研联盟稳定性提升路径的话语探析

目前，我国产学研联盟存在的主要问题为稳定性形成较难和形成后持续保持性较差，这会对联盟战略目标的实现产生不利影响。产学研联盟稳定性问题主要是考察企业和学研机构如何相互协同、相互作用促成联盟稳定有序运行，且在形成后，随时间推移能否通过相互间持续协同互动保持联盟的稳定有序运行状态；并且考察联盟形成的稳定性在内外部扰动影响下，能否通过有效控制来恢复其稳定运行。因此，探究实现产学研联盟稳定性的焦点就转到联盟稳定性形成前主体间协同和形成后通过联盟主体间相互促进、相互约束来有效驱动以及维持联盟的稳定有序运行的问题上。本节将基于产学研联盟整体运行的视角挖掘产学研联盟稳定性的实现路径。产学研联盟稳定性实现的两种途径如图3-1所示。

由图3-1可发现，产学研联盟在主体协同形成稳定后，一种情形是各主体通过相互促进，保持稳定有序运行，另一种情形是受扰动刺激出现涨落，在各主体的协调约束下又恢复稳定有序运行。基于此，可以从上述两种情形出发，探究产学研联盟稳定性的实现路径。具体而言，要实现产学研联盟的稳定运行，首先要考虑的就是主体间的协同，因此，本书利用话语分析这种质化方法从主体的协同性角度出发分析产学研联盟的主体特征，首先通过具有协同特征的主体相互作用促使联盟稳定有序运行，并通过各主体间持续的协同互动，

促使彼此间进行及时、有效的信息交换以及积极参与联盟决策，从而保持产学研联盟的稳定有序运行状态；此外，当主体间出现矛盾或受到外界干扰时，则需要通过相互间的沟通、协调、融合以及协作，共同应对干扰，削弱其对产学研有序运行的影响，维护产学研联盟的稳定发展。

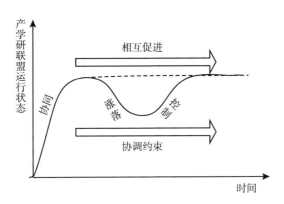

图 3 - 1　产学研联盟稳定性实现的两种情形

资料来源：笔者自制。

（一）话语背景

话语分析是一种较为新颖的质性分析方法，它超越了以词句或语法规则等为主的语言内部规律的考察，而将研究重点扩展到语言在社会情境下的应用领域方面，能够加深人们对人类社会内在机制和变化规律的理解（吕源，2012）。在管理领域中，话语分析可以被用于具有探索性过程和难以定量分析的不确定性问题的研究中，通过编码分析、语词聚类、效度检验等过程对研究的核心论题进行话语分析（李文博，2014），以探索在社会情境下被研究论题的内在机理和变化规律。

前文本书已经论述了产学研联盟形成以及发展的必要性，我们知道随着技术创新过程中不确定性和风险性的增加，依靠单个企业进行技术创新已经不能适应目前竞争异常激烈的环境，因而，大多技术创新活动需要由多个合作主体组成联盟来共同完成。为此，全球越来越多的企业选择与高校或科研院所组建产学研联盟，基于产业技术的需求，有效聚集并整合优势资源和前沿技术，突破技术创新瓶颈和攻克关键技术难题，推动科技成果转化与应用，提高技术创新效率。在推行产学研联盟的实践中，美国硅谷是全世界最早最成功的产学研联盟典范，它为其他国家或地区开展产学研联盟提供了借鉴。目前，我国产学研联盟也在迅速发展，如中关村、武汉·中国光谷等产学研联盟，均已取得了较大的合作成效，但还需要进一步结合已有的理论和实践经验，探索促进我国产学研联盟长久稳定发展的作用路径。

（二）话语收集

多元化的话语收集途径是保证话语分析研究品质的前提，一般而言，话语资料通过专家访谈、问卷调查和文献查阅来获取。为保障收集数据客观全面，选择了 30 位受访对象进行咨询，其中 EMBA 或 MBA 培训的企业高层人员共 12 人，多年从事技术创新领域研究或具有产学研合作经历的教授专家 10 人，利用社会网络关系邀请到亲属朋友所在公司或高校的中高层人员、教授、专家 8 人参与访谈来探究产学研联盟稳定性实现的主体协同作用路径。此外，还通过网络引擎检索文献和其他相关资料。为了不遗漏访谈中的重要内容，在访谈过程中，进行录音、笔记等，之后对其进行认真整理，从中发现实现产学研联盟稳定性的相关路径。

首先，对于同一地区或近距离专家，在访谈之前，要把访谈提纲提前送到专家手里，访谈提纲问题要简单明了，涉及的专业词汇，要备注清楚，以方便专家理解、作答。例如，"联盟主体间哪些特征会影响贵公司与高校或科研机构合作的长久性？"这里将"稳定性"描述为"合作的长久性"，还可以描述为"合作关系维持时间的长短""合作关系的友好性""高效运行"等。

其次，以问卷形式来访谈地理距离较远的高校和企业专家，以获取较多的话语分析数据。将设计好的问卷通过电子邮件或邮寄的方式送到其他高校具有产学研合作项目的资深教授和企业中高层人员手中。为了不影响问卷作答者对问题的回答结果，问卷以开放性题目为主，但考虑到作答者时间的宝贵性，问卷设计避免使用专业性较强词汇，而是用简洁明了的语句来设计问题，例如，"企业、高校和科研院所合作中哪些因素需要有效协调才能保障合作的高效运行？"

最后，在 *Science Citation Index*、*Social Sciences Citation Index* 及中国学术期刊网（CNKI）中，以 university-industry、school-enterprise cooperation、collaborative innovation、strategic alliance、产学研、校企合作（联盟）、创新联盟为主题词进行第一次检索，在此基础上限定 partners、collaboration、interaction、coordination、complementarity、合作主体、稳定性、协同、互动、互补等主题词进行第二次检索，共收集 30 余篇较为相关的文献，通过搜索引擎、实地调研获得公司内部出版物、内部文档、分析报告、网络资料以及媒体资料等二手资料。将上述检索到的文献和资料进行梳理汇总，从中总结归纳出促进产学研联盟稳定发展的作用路径。

（三）编码分析

通过对上述途径收集的话语数据进行整理分析，梳理部分原始语句间的关系脉络，如表 3–1 所示。表 3–1 由 3 列组成，从右向左依次是：收集的原始语句、提炼对应语句的概念以及同一范畴的概念集合。同时，表 3–1 中括号中的 m—n 表示第 m 个调查对象对第 n 个问题的回答。

表 3–1　　　　　　　　　　部分原始语句叙事展现

范畴	概念	原始语句
主体特征	主体多元性	产学研联盟创新主体主要来自企业、高校，还有一部分来自科研院所（01—01）
	资源互补性	企业和高校各有各的优势，其中，企业具有资金、技术等优势，高校具有人力、前沿知识等优势（05—03）
	实力匹配性	对于战略联盟来说，并不是和实力越强的组织合作效果就越好，实践表明，实力相当的组织结成联盟更好一些，产学研联盟也不例外（10—06）
	目标兼容性	企业、高校组织性质不同，所追求或看重的目标和结果也有很大差异，合作中制定一致的目标很重要（06—07）
行为整合	合作行为	产学研都是本着需要和自愿的原则结合在一起的，合作中职责和任务分配是否清楚，直接影响合作任务能否顺利完成（15—10）
	信息交换	产学研联盟合作中离不开信息的交换，充分有效地交流、共享成员间有价值的信息对联盟的发展非常重要（20—04）
	共同决策	企业与科研院所合作时，所有成员都应该清楚需要解决的问题和期望达到的目标，并通过协商来共同参与决策（23—08）
界面管理	相互沟通	解决产学研联盟成员合作中出现的冲突和矛盾，沟通是一个必不可少的手段（17—12）

续表

范畴	概念	原始语句
界面管理	相互协调	由于产学研联盟成员来自不同组织机构，相互间交流会存在一些障碍，需要协调彼此间的合作关系，减少相互间的冲突行为，使所有成员构成一个整体（30—13）
	相互融合	企业、高校和科研院所拥有不同的文化、背景、价值观，相互间的矛盾和冲突会影响联盟研发合作的有效性和持久性，在合作中需要彼此融合（03—02）
	相互协作	对于技术难题，企业、高校或科研院所应该发挥自身优势，协同合作，共同应对（28—15）
产学研联盟稳定性	联盟关系满意度	产学研联盟中企业、高校对联盟合作关系的满意度会影响联盟研发创新活动进行（13—18）
	联盟绩效水平	通过联盟来增加创新产出和提高创新效率是企业与高校组建联盟的动力和目标（12—21）
	继续联盟的愿望	产学研联盟要想长久持续下去主要看成员是否有继续维持合作的意愿和期望（25—24）

资料来源：笔者根据访谈资料整理。

（四）语词聚类

对话语收集的原始语句进行语词抽取，获得能够代表原始语句信息的关键词。例如，"企业、高校和科研院所间深度协调、沟通和协作有利于研发创新活动的顺利开展"，从该语句中可提取并概况出"协调""沟通""协作""顺利开展"这4个关键词；"企业、高校和科研院所等异质性主体在研发创新中会产生不同的组织界面，在不同界面间存在物质、资金、人员等资源的流动和交换"，从该语句中可提取并概括出"异质性""组织界面""资源""流动""交换"这5个关键词。将所有语句中的关键词都提取出来之后，按照关键词出现频次的高低来进行统计整理，选取出现频次较高的48个关键词。将上述选取的48个语词中语义相近的聚拢为一个初始概念，共计14个，将这14个初始概念归纳为4个不同的范畴来剖析产学研联盟形成稳定有序结构的作用路径，如表3-1左侧一列所示。

利用上述归纳的4个范畴，进一步提炼联盟主体协同驱动产学研联盟稳定发展的故事线，分析提取和归纳47个高频语词和14个概念间的关系，运用

Bibexcel 和 Pajek 软件绘制 47 个高频语词和 14 个概念间的聚类网络，如图 3 - 2 所示。

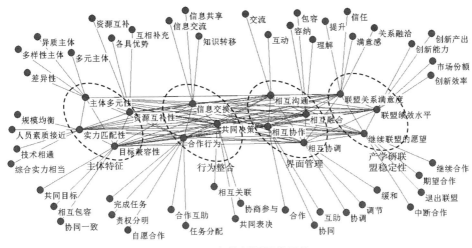

图 3 - 2 初始话语聚类网络

资料来源：笔者自制。

图 3 - 2 可以看出，主体多元性、资源互补性、实力匹配性和目标兼容性被聚拢在一起构成实现产学研联盟有序运行的前因变量，即主体特征；合作行为、信息交换和共同决策被聚拢在一起，沟通状况、协调状况、融合状况和协作状况被聚拢在一起，二者共同组成促进产学研联盟有序运行的中间变量，即行为整合和界面管理；联盟关系满意度、联盟绩效水平和继续联盟的愿望被聚拢成为产学研联盟性的结果变量。围绕上述产生的故事线和聚拢分块，提炼出诱导产学研联盟形成稳定有序结构的作用路径。

（五）效度检验

通过上述分析，初步探析出联盟主体协同驱动产学研联盟稳定性实现的作用路径主要有：主体特征→产学研联盟稳定性，主体特征→行为整合→产学研联盟稳定性，主体特征→界面管理→产学研联盟稳定性，主体特征→行为整合、界面管理→产学研联盟稳定性，但是否全面有效，还需要进行效度检验。其检验要满足以下两条要求：一是当从新的原始话语语句中提取和归纳关键词和概念时，新提取的语词和概念没有形成新的范畴；二是新的话语语句概括出的范畴，彼此间的作用关系没有变动，即无新的话语规则产生（李文博，

2015）。因此，作者用预留的50条语句进行效度检验，例如，"企业、高校和科研院所是独立的主体，其文化存在差异，合作中如果没有有效的沟通，会产生分歧，不利于合作的开展"和"对于企业和高校合作中产生的冲突，双方应该进行及时的沟通，对不一致的地方进行协调，否则会影响合作效率"，从这两个语句中提取的关键词为主体多元、沟通、协调、合作效率，所属范畴为主体多元性、沟通状况、协调状况和联盟绩效水平，遵循的话语规则为伙伴特征→界面管理→产学研联盟稳定性，因此，发现没有新范畴和规则产生，表明话语效度通过检验。

虽然通过专家咨询和文献、资料整理，运用话语分析初步探析出联盟主体协同作用下产学研联盟稳定性实现的粗略路径，但上述前因变量和中间变量提升产学研联盟稳定性的具体路径还需要进一步探讨和验证。因此，根据研究主题，对与主体特征、行为整合和界面管理的相关理论进一步整理，以构建出产学研联盟稳定性实现路径的理论模型。

二、产学研联盟稳定提升的模型构建

（一）主体特征与产学研联盟稳定性

在产学研联盟中，识别和选择相匹配的研发创新活动行为主体是提升其稳定性的首要路径（Jiang X，2008）。一般而言，主体间可观测特征能为合作主体的正确选择提供依据，不同学者从不同方面对联盟主体特征进行了归纳和分析。李健等（2007）从目标一致性、资源互补性、市场相似性、文化差异性来描述联盟主体的匹配性，并分析联盟主体选择与联盟绩效的关系。刘云（2007）从合作主体关系的匹配性、冲突管理的有效性和信息沟通渠道的顺畅性方面分析技术联盟的稳定性。蔡继荣从资产互补性、经营实力匹配度和目标兼容性三个维度表征联盟主体特征，并实证分析联盟主体特征对战略联盟稳定性的影响作用。产学研联盟稳定性是在联盟主体有效合作下产生的成功运营的状态（Jiang X，2008），而联盟的不稳定主要是由主体间的冲突和不协调造成的，因而，要提升联盟的稳定性，首要是选择适宜的联盟主体。学者研究认为合作渠道的多元化可以增加获取资源的途径，并增进彼此间信任感，有利于维护合作关系的稳定（Niedergassel B，2011）。在研发创新中，联盟主体投入联盟系统的资源包括设备、资金等物质性资源、技术或工艺等知识性资源，不是同类重复的，而是互补性资源，能够增强联盟主体间的依赖性，也有利于联盟关系的稳定（蔡继荣，2012；Murray J Y，2005）。还有学者研究显示，强弱企业间联盟成功率仅为30%左右，远低于实力相当企业间联盟的成功率，这表明联盟主体的匹配性是联盟稳定发展不容忽视的要素（Bleeke J，1993）。同时，在产学研联盟中，企业、高效和科研院所间除了主体多元、资源互补以及实力匹配外，还应该具有一致的或相兼容的合作目标来促使联盟主体形成共同的合作愿景，增强合作关系，推动联盟的长久稳定发展。基于上述分析，提出如下假设：

假设3-1：主体特征对产学研联盟稳定性具有正向影响，即联盟各主体间特征越明显，越有利于产学研联盟稳定性的提升。

（二）行为整合的中介作用

行为整合是指团队成员相互交流与合作的互动行为，主要由合作行为、信息交换和共同决策构成（Hambrick D C，1994）。其中，合作行为指团队成员间合作互助是否自愿、职责界定是否清楚、合作任务是否顺利完成等；信息交换指团队成员相互间信息交流的充分性和决策信息的共享性等；共同决策指团队成员清楚共同需要解决的问题、彼此间期望和需求以及自身与其他成员行动的关联性等。有学者将行为整合分为社会维度和任务维度，其中社会维度指成员间的合作行为，任务维度指信息交换和共同决策（Simsek Z，2005）。成瑾等（2013）从信息交换、集体决策和团队合作这三个要素来表征行为整合，认为三者相互联系、相互影响，且着重指出信息交流活动是集体决策和团队合作的基础。在产学研协同创新中，行为整合可以使企业、大学和科研机构构成的创新团体，通过协同互动，变成互惠互利、合作共赢的创新团队，从而有效实现共同任务目标。

在产学研联盟中，主体多元性、资源互补性、实力匹配性和目标兼容性等特征使得联盟主体相互促进、相互依赖，共同构成有机的联盟整体，为联盟主体间的沟通互动、协同合作奠定了基础。联盟前主体特征是寻求合作伙伴和建立联盟的重要依据（蔡继荣，2012），使得联盟找到具有共同认知和预期目标，且互惠互利的合作伙伴，进而有利于联盟后运作中各主体合作互助、沟通互动行为的发生，促使各主体满意并维持激励相容的关系状态（Maria H，2001）。研发创新过程中，联盟主体间沟通交流、互动合作行为是联盟主体行为整合的体现（Hambrick D C，1994），通过行为整合能将松散的联盟团体变成紧密结合的联盟整体，提升联盟的整体性（Simsek Z，2005）。刘宁等（2012）实证验证了研发团队多元特性对团队成员行为整合和创新绩效具有正向影响，同时成员多元性通过行为整合会显著正向促进研发团队创新绩效的提高。陈伟等（2013）通过结构方程模型实证表明，组织成员间行为整合效果越好，越有利于组织知识治理绩效，从而对组织成员合作关系的稳定性具有积极的影响。此外，还有学者研究发现，行为整合能够提高组织战略决策的质量，减缓组织衰退的速度（Abraham C，2006）。因此，联盟主体特征的显著程度会直接影响其行为整合的效果，而行为整合效果又会对联盟合作稳定性产生一定的影响。基于上述分析，本书提出以下假设：

假设 3 - 2： 主体特征对行为整合具有正向影响，即联盟主体特征越明显，联盟主体间行为整合效果越好；

假设 3 - 3： 行为整合对产学研联盟稳定性具有正向影响，即联盟主体行为整合效果越好，越有利于产学研联盟保持其稳定性。

根据假设 3 - 2 和假设 3 - 3，推演出行为整合在主体特征与产学研联盟稳定性关系中起中介作用。

（三）界面管理的中介作用

界面管理源于工程技术领域，界面是指各种仪器、设备、部件及组件间的接口（刘芳，2012）。在管理领域，界面被用来表征组织间相互联结、相互作用关系，主要是指组织间或组织与外部环境间进行物质、信息和能量传导的介质或载体（Pavitt T C，2014）。基于此，界面管理也超出工程技术领域中所表示含义，成为学者关注焦点。有学者认为，界面管理是为了保证组织及时有效地合作沟通，对平行或垂直部门间的合作进行管理（Crumrine T，2005）。产学研联盟研发创新是跨组织边界的创新活动，在研发创新过程中，各种信息、物质、资金、人员等要素在政府、企业、大学、科研机构、中介服务机构和金融机构各创新主体间发生流动，形成了多种管理界面（杨慧，2011），通过界面管理可以有效实现创新主体间各类信息、物质、资金、人员和设备等要素的突破和融合（王炳富，2014），有利于产学研协同创新活动稳定有序进行。

产学研联盟中合作项目来自交叉学科，不同企业、高校和科研院所共同参与并形成共同边界（杨慧，2011），联盟创新主体间互惠互利，实现各类信息、物质、资金、人员和设备等要素的突破和融合，有效推进相互间协调互动、协同创新。但由于各创新主体组织文化存在一定差距，若在合作中彼此间

缺乏沟通，会导致权责不明晰、目标不明确，容易引发冲突和不协调（Aharo-
ni Y，2010），影响联盟的稳定性，甚至造成联盟关系终止，此时界面管理就
显得尤为重要，有学者认为，有效的界面管理能够很好地协调不同部门间合作
关系，缓解交流障碍，确保能力效应的充分发挥，有利于创新能力的提升
（Wang Q，2002）。还有学者研究指出，界面管理能有效缓和研发与营销部门
在专业分工和协作中的冲突和矛盾（Song M，2006）。欧阳桃花等（2011）以
海尔研发营销界面协同过程为案例，研究认为，界面管理能有效提高企业研发
部门与市场部门的信息协同、资源整合、目标协同程度，有利于提高新产品的
开发绩效。刘芳（2012）根据产学研合作跨组织边界的特点，引入界面管理
作为中介变量，实证研究认为界面管理在社会资本对产学研合作知识转移绩效
中起显著的中介作用。因此，界面管理是协调产学研联盟主体间冲突的中间桥
梁，使得跨界面的交流、合作可以有效进行，促使联盟形成稳定有序结构。基
于上述分析，本书提出以下假设：

假设3-4：主体特征对界面管理具有正向影响，即联盟主体特征越明显，
界面管理效果越好；

假设3-5：界面管理对产学研联盟稳定性具有正向影响，即界面管理效
果越好，越有利于产学研联盟保持其稳定性。

根据假设3-4和假设3-5，推演出界面管理在主体特征与产学研联盟稳
定性关系中起中介作用。

基于上述理论假设分析，提出产学研联盟稳定性实现路径的理论分析框
架，如图3-3所示。

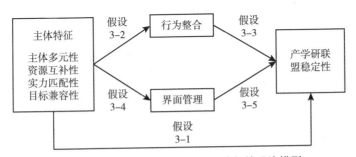

图3-3　产学研联盟稳定性实现路径的理论模型

资料来源：笔者自制。

三、产学研联盟稳定性提升路径的实证分析

（一）投影寻踪模型的引入

投影寻踪是通过数值优化计算把高维数据投影到低维空间，从而找到反映数据结构特征的最优投影的一种多元数据处理方法。假设某一数据组的因变量为 $y(i)$ （$i=1, 2, \cdots, n$），对应的自变量为 $\{x(i, j) \mid i=1, 2, \cdots, n; j=1, 2, \cdots, p\}$，利用投影寻踪的思想，先将所有的自变量 x 进行线性投影得到对应的投影特征值 $z(i)$，在此基础上，建立 $y=f(z)$ 的函数关系来代表 $y=f(x)$ 的关系特性，从而达到变多元分析为一元分析的目的（赵小勇，2006）。

主体特征、行为整合、界面管理和产学研联盟稳定有序结构 4 个变量的测度指标间可能存在非线性相关关系，各变量可能处于联合非正态分布且具有高维性，会给回归分析带来较多不便，且易产生多重共线性，影响实证结果的准确性（史丽萍，2012）。为了规避上述现象，以往有学者以各变量对应测度指标的均值来代替各变量的实际测度数值，但这会忽略各个测度指标的权重，也会对实证结果产生不利影响。基于此，需要在考虑指标权重的条件下运用投影寻踪模型来实现各变量高维指标数据的降维处理。投影寻踪模型是通过数值优化计算把高维数据投影到低维空间，从而找到反映数据结构特征的最优投影的一种多元数据处理方法，其具体步骤如下（张目，2011）：

首先，计算各变量投影值 $z(i)$：

$$z(i) = \sum_{j=1}^{p} a(j)x(i, j) \qquad (i=1, 2, \cdots, n) \qquad (3-1)$$

式（3-1）中，$x(i, j)$ 为第 i 个被调查者回答第 j 个度量题项无量纲化后的数据，$a(j)$ 为各度量题项的投影方向。

其次，构造投影指数函数：

$$Q(a) = S_z D_z \qquad (3-2)$$

式（3-2）中，S_z 为 $z(i)$ 的标准差，D_z 为 $z(i)$ 的局部密度，即：

$$S_z = \sqrt{\frac{\sum_{i=1}^{n} (z(i) - E_z)^2}{n-1}} \qquad (3-3)$$

$$D_z = \sum_{i=1}^{n} \sum_{j=1}^{n} (R - r_{ij}) u(R - r_{ij}) \qquad (3-4)$$

式（3-3）、式（3-4）中，E_z 为 $z(i)$ 的均值；R 为局部密度的窗口半径，$r_{ij} = z(i) - z(j)$ 为样本之间的距离；$u(t)$ 为单位阶跃函数。

再次，优化投影指标函数。当样本集给定时，投影指标函数只随着投影方向的变化而变化。构造以 $\{a(j) \mid j = 1, 2, \cdots, p\}$ 为优化变量的复杂非线性优化函数。常规的优化方法难以处理，利用加速遗传算法求解投影指标函数最大值和最佳投影方向 a^*，即：

$$\begin{cases} \max Q(a) = S_z D_z \\ \text{s. t.} \sum_{j=1}^{p} a^2(j) = 1 \end{cases} \quad (3-5)$$

最后，计算各变量的投影值。把各题项最佳投影方向 a^* 代入式（3-1）即可求得对应变量的 $z(i)$。

（二）多重中介模型

中介效应分为简单中介效应和多重中介效应，其中，简单中介效应是检验一个中介变量在自变量和因变量间的作用效果，而多重中介效应则是验证两个或两个以上中介变量在自变量和因变量间的作用效果，其受到国内外学者们的青睐，诸多学者选用多重中介效应模型探讨各自领域的相关问题（Alvarez A N，2010；谢宗晓，2013）。由于本节涉及两个中介变量，因而选用多重中介效应模型，运用 SPSS 16.0 软件分析行为整合和界面管理在主体特征与产学研联盟稳定性间的中介效应，即分析自变量 X（主体特征），中介变量 M_1、M_2（行为整合、界面管理），因变量 Y（产学研联盟稳定性）之间的关系，其相应的多重中介效应的回归方程如下（宋娟，2012）：

$$Y = \tau X + \varepsilon_1 \quad (3-6)$$

$$M_1 = \alpha_1 X + \varepsilon_2 \quad (3-7)$$

$$M_2 = \alpha_2 X + \varepsilon_3 \quad (3-8)$$

$$Y = \tau' X + \beta_1 M_1 + \beta_2 M_2 + \varepsilon_4 \quad (3-9)$$

式（3-6）至式（3-9）中，τ、α_1、α_2、τ'、β_1、β_2 为估计系数，ε_1 至 ε_4 为残差。

由式（3-6）至式（3-9）得出的估计系数可计算出 X 对 Y 的总效应为：

$$\tau = \tau' + \alpha_1 \beta_1 + \alpha_2 \beta_2 \quad (3-10)$$

由式（3-6）至式（3-9）得出的估计系数可计算出总体中介效应检验为：

$$\tau - \tau' = \alpha_1\beta_1 + \alpha_2\beta_2 \qquad (3-11)$$

对于总体中介效应的检验的统计量计算，采用 McGuigan-Langholtz 统计量，其基本公式为：

$$t_{N-2} = \frac{\tau - \tau'}{\sqrt{\sigma_\tau^2 + \sigma_{\tau'}^2 - 2\rho_{\tau\tau'}\sigma_\tau\sigma_{\tau'}}} \qquad (3-12)$$

式（3-12）中，σ_τ 为样本 τ 的标准误差，$\sigma_{\tau'}$ 为样本 τ' 的标准误差，$\rho_{\tau\tau'}$ 为 τ 与 τ' 的相关系数，$\rho_{\tau\tau'}\sigma_\tau\sigma_{\tau'}$ 为均方误差。在实际估算中，式（3-12）中的 $-2\rho_{\tau\tau'}\sigma_\tau\sigma_{\tau'}$ 项可忽略，即可得：

$$t_{N-2} = \frac{\tau - \tau'}{\sqrt{\sigma_\tau^2 + \sigma_{\tau'}^2}} \qquad (3-13)$$

由式（3-6）至式（3-9）得出的估计系数可计算出个别中介效应检验，即行为整合的中介效应为 $\alpha_1\beta_1$，界面管理的中介效应为 $\alpha_2\beta_2$；而个别中介效应检验的统计量估计公式为：

$$Z_{first}^{(i)} = \frac{\alpha_i\beta_i}{\sqrt{\alpha_i^2\sigma_{\beta_i}^2 + \beta_i^2\sigma_{\alpha_i}^2}} \qquad (3-14)$$

由式（3-6）至式（3-9）得出的估计系数可比较行为整合和界面管理的中介效应大小，其基本公式为：

$$Z_{\alpha\beta} = f_c / \sqrt{\mathrm{var}(f_c)} \qquad (3-15)$$

式（3-15）中，$\mathrm{var}(f_c) = \beta_1\sigma_{\alpha_1}^2 + \beta_2\sigma_{\alpha_2}^2 + \alpha_1\sigma_{\beta_1}^2 + \alpha_2\sigma_{\beta_2}^2 - 2\beta_1\beta_2\sigma_{\alpha_1\alpha_2} - 2\alpha_1\alpha_2\sigma_{\beta_1\beta_2}$；$f_c = \alpha_1\beta_1 - \alpha_2\beta_2$。

第二节 产学研联盟稳定性提升的实现模型

一、问卷及数据收集

本节的问卷主要参考相关国内外文献和高质量的成熟量表，并结合产学研合作领域专家咨询的意见以及实地调研了解的情况，经过深入分析探讨，最终设计出适合本章研究主题的优质评价量表。其中，主体特征从主体多元性、资源互补性、实力匹配性和目标兼容性四个方面设计 8 个题项；行为整合从合作行为、信息交换和共同决策三个方面设计 6 个题项；界面管理从界面沟通状况、界面协调状况、界面融合状况和界面协作状况四个方面设计 8 个题项；产学研联盟稳定性从联盟关系满意度、联盟绩效水平和继续联盟的愿望三个方面设计 6 个题项。采用 likert 5 点量表，1 表示完全不符合，5 表示完全符合。

为了提高数据的可靠性，主要调查对象为参与产学研联盟企业的管理人员、大学和科研机构的研发人员。调研时间从 2014 年 5 月开始，到 2015 年 6 月结束，调研地区主要为中国的东中部地区。这期间通过课题组成员、与学校有协作关系的企业的部分管理者、参加高校 EMBA 和 MBA 课程培训的公司人员、相关政府部门以及相关社会资源，完成了实地访谈、问卷发出与回收、网络调研等工作。共发放问卷 300 份，收回 284 份，回收率为 94.7%；有效问卷 261 份，问卷回收有效率是 87.0%。在有效问卷中，从性别来看，男性占 58.7%，女性占 41.3%；从组织性质来看，企业占 50.8%，大学占 38.4%，科研机构占 10.8%；从职位来看，研发项目负责人占 45.7%，研发人员占 48.5%，非研发人员占 5.8%；从行业类型来看，医药制造行业占 24.4%，航空、航天器及设备行业占 9.7%，电子及通信设备行业占 21.5%，计算机及办公设备行业占 19.6%，医疗仪器设备及仪器仪表行业占 12.4%，信息化学品行业占 9.3%，其他占 3.1%。

二、数据分析

（一）信度和效度分析

运用 SPSS 17.0 软件对量表信度和效度检验，一般而言，当量表的信度系数 Cronbach's $\alpha \geq 0.5$ 时，量表信度可被接受。由表 3-2 可知，各量表变量的 Cronbach's α 均大于 0.7，说明量表可靠性较高。量表的效度分析采用因子分析进行验证，从表 3-2 可看到，KMO 值均大于 0.7，显著性概率均为 0.000（$p < 0.001$），累积解释总方差变异均大于 50%，各变量对应的因子载荷均大于 0.7，表明量表具有良好的效度。

表 3-2　　　　　　　　　量表的信度、效度检验结果

变量名称	变量数（个）	α	KMO	累积解释总方差变异（%）
主体特征	8	0.796	0.778	54.692
行为整合	6	0.832	0.828	54.561

续表

变量名称	变量数（个）	α	KMO	累积解释总方差变异（%）
界面管理	8	0.884	0.900	55.264
产学研联盟稳定性	6	0.749	0.793	66.466

资料来源：根据 SPSS 统计输出整理所得。

（二）数据降维结果

通过 Matlab 7.1 软件采用投影寻踪模型对主体特征、行为整合、界面管理和产学研联盟稳定性 4 个变量的高维测度指标数据降维处理，求得上述 4 个变量对应测度指标数据的最佳投影方向，结果如表 3-3 所示。

表 3-3　　　　　　　　　各变量的最佳投影方向

变量	最佳投影方向							
X	(0.3084	0.2923	0.4102	0.4184	0.4006	0.0306	0.3879	0.4052)
M_1		(0.4240	0.4240	0.4240	0.4240	0.3181	0.4239)	
M_2	(0.3460	0.3513	0.3487	0.3444	0.3547	0.3791	0.3476	0.3553)
Y		(0.4470	0.4679	0.4499	0.4472	0.4222	0.0245)	

注：X 代表主体特征，M_1 代表行为整合，M_2 代表界面管理，Y 代表产学研联盟稳定性，下同。
资料来源：笔者自制。

根据表 3-3 中各变量的最佳投影方向可求得主体特征、行为整合、界面管理以及产学研联盟稳定性的投影值，将其作为上述 4 个变量的测度数值。由于有效问卷为 261 份，数据量较大，在此不予列出。然后，将上述 4 个变量的投影值输入 SPSS 17.0 软件中对四者的均值、标准差、最值以及相关性进行分析。由表 3-4 可知，4 个潜变量间的相关系数均在 $p < 0.01$ 水平下显著，数据适合用多重中介效应模型进行检验。

表 3-4　　　　　　　　变量的均值、标准差、最值和相关系数

变量	样本量	均值	标准差	X	M_1	M_2	Y
X	261	1.572	0.356	1.000	—	—	—
M_1	261	1.526	0.370	0.694**	1.000	—	—

续表

变量	样本量	均值	标准差	X	M_1	M_2	Y
M_2	261	1.552	0.471	0.391 **	0.333 **	1.000	—
Y	261	1.391	0.334	0.538 **	0.570 **	0.591 **	1.000

注：** 为 $p < 0.01$，双尾 Pearson 检验。
资料来源：笔者自制。

三、实证结果

将通过投影寻踪降维处理得到的主体特征、行为整合、界面管理和产学研联盟稳定性 4 个变量的测度数值代入多重中介效应模型中，运用 SPSS 17.0 软件对主体特征、行为整合、界面管理与产学研联盟稳定性间的关系进行实证分析，实证结果如表 3-5、图 3-4 所示。

表 3-5　　　　　　　　　　多重中介模型估计结果

$X \to M_1(M_2)$	系数	SE	t	p
M_1	0.694 ***	0.045	15.497	$p < 0.001$
M_2	0.391 ***	0.057	6.828	$p < 0.001$
$M_1(M_2) \to Y$	系数	SE	t	p
M_1	0.327 ***	0.061	5.407	$p < 0.001$
M_2	0.426 ***	0.047	8.990	$p < 0.001$
$X \to Y$ 的总效应 τ				
τ	0.538 ***	0.052	10.282	$p < 0.001$
$X \to Y$ 的直接效应 τ'				
τ'	0.145 *	0.062	2.344	$p < 0.05$
总体参数	R^2	Adjust R^2	F	p
模型	0.516	0.511	91.390 ***	$p < 0.001$

注：*** 表示在 $p < 0.001$ 水平下显著，** 表示在 $p < 0.01$ 水平下显著，* 表示在 $p < 0.05$ 水平下显著。
资料来源：根据统计结果整理。

由表 3-5 可知，$\tau = 0.538$，在 $p < 0.001$ 水平下显著，表明联盟主体特征对产学研联盟稳定性的形成具有显著促进作用，假设 3-1 得到验证；$\alpha_1 =$

0.694，$\alpha_2 = 0.391$ 均在 $p < 0.001$ 水平下显著，说明联盟主体特征对行为整合和界面管理具有显著的正向影响，假设 3 - 2 和假设 3 - 4 得到验证；$\beta_1 = 0.327$，$\beta_2 = 0.426$ 均在 $p < 0.001$ 水平下显著，证明了行为整合和界面管理对产学研联盟稳定性的实现具有显著正向作用，假设 3 - 3 和假设 3 - 5 得到验证。

由式（3 - 11）求得联盟主体特征与产学研联盟稳定性的总中介效应为 0.394，相应的 Z 检验结果为 4.857，在 $p < 0.001$ 水平下显著；行为整合的中介效应为 $\alpha_1\beta_1 = 0.227$，其 Z 检验结果为 5.065，在 $p < 0.001$ 水平下显著，界面管理的中介效应为 $\alpha_2\beta_2 = 0.167$，其 Z 检验结果为 5.484，在 $p < 0.001$ 水平下显著，说明行为整合和界面管理在联盟主体特征和产学研联盟稳定性中的中介效应显著。同时，由于 $\tau' = 0.145$，在 $p < 0.05$ 水平下显著，进一步说明行为整合和界面管理在联盟主体特征和产学研联盟稳定性中起部分中介作用。

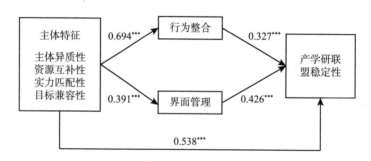

图 3 - 4　产学研联盟稳定性实现路径的实证结果

注：*** 表示在 1% 概率水平下显著。

资料来源：笔者自制。

上述分析已经证明行为整合和界面管理在联盟主体特征和产学研联盟稳定性间的中介效应成立，而这 2 个变量的中介效应的大小可通过式（3 - 15）来检验，即通过式（3 - 15）可估算出 Z 约为 10.924，且 $p < 0.001$，这表明行为整合和界面管理的中介效应存在差异，在主体特征对产学研联盟稳定性形成的影响中，行为整合的中介效应要比界面管理的中介效应大。

四、实现路径

通过运用投影寻踪和多重中介模型对产学研联盟稳定性实现路径的理论框

架进行实证验证发现：联盟主体特征越显著，越有利于产学研联盟的稳定发展；行为整合和界面管理均在联盟伙伴特征与产学研联盟稳定性关系中起部分中介作用，且二者的中介效应存在差异，行为整合的中介效应要比界面管理的大。

基于实证检验结果，可以根据主体特征、行为整合和界面管理这三个变量与产学研联盟稳定性间的关系，提出实现产学研联盟稳定有序运行的两条路径：一是产学研联盟主体协同互动形成稳定有序结构，并通过主体间的行为整合实现持续协同互动，以维护和保持产学研联盟的稳定运行；二是产学研联盟事前形成的稳定性受干扰发生涨落波动后，通过主体间的界面管理来消除干扰削弱涨落，以恢复联盟的稳定有序运行。

（一）产学研联盟稳定性实现路径一：主体协同→行为整合→实现稳定有序运行

主体特征主要是通过主体多元性、资源互补性、实力匹配性和目标兼容性四方面来表征，这四方面是联盟主体合作的前提，更是主体间协同关系的体现；行为整合在联盟运行中起到推动联盟主体相互合作、资源共享、共同参与联盟创新决策的作用，促进联盟实现稳定有序运行。由前文分析可知，行为整合主要是通过合作行为、信息交换和共同决策三方面来反映。

根据实证检验结果，在产学研联盟中，各主体参与联盟的主要目的是通过相互联系、相互促进、相互协同来有效促进联盟主体间知识和技术转移、整合及创造，提高主体间的合作效率和促使联盟趋向稳定发展。具体而言，要实现产学研联盟的稳定运行，首要考虑的就是主体间协同，由于产学研联盟的主体是多元异质性的主体，相互间相对独立且具有各自不同的利益诉求，因而需要这些主体不仅在资源互补、实力匹配和目标兼容等方面协同一致；同时，更需要协调联盟主体间合作行为，促使其进行及时、有效的信息交换以及积极参与联盟决策，促使联盟各主体结合成有机整体。基于此，产学研联盟稳定性实现的第一条路径主要是通过联盟各主体相互协同、共同参与研发创新活动而形成稳固的合作关系，并促使主体间的创新行为进行有效整合，实现和保障各主体能够持续协同互动，从而推动和维护产学研联盟的稳定运行，如图3-5所示。

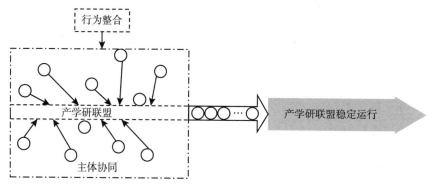

图 3 - 5　产学研联盟稳定性实现路径一

资料来源：笔者自制。

（二）产学研联盟稳定性实现路径二：涨落波动→界面管理→实现稳定有序运行

界面管理能够调节产学研联盟各主体间的联盟关系，协调各主体参与研发创新的积极性，突破信息不对称所导致相互间隔阂，有效抑制各主体利己的机会主义倾向，保障产学研联盟创新活动顺利进行。由前文分析可知，界面管理主要是通过相互沟通、相互协调、相互融合和相互协作四方面来体现。

根据实证检验结果，产学研联盟相互间主体多元性、资源互补性、实力匹配性和目标兼容性能够促进主体协同，并可以通过各主体间有效的界面管理来增加相互间的互融性和协调、缓和相互间的矛盾和冲突，促进产学研联盟的稳定有序发展。一般而言，产学研联盟稳定性具有一定的动态特性，即在产学研联盟中，主体协同形成的稳定性会受内外部扰动影响而出现涨落波动。鉴于此，要消除产学研联盟运作中的扰动干扰来实现联盟稳定有序运行，则需要联盟各主体间通过相互沟通来了解相互间的需求和倾向，避免矛盾和冲突的产生；通过相互协调来梳理和调和彼此间的合作关系，减少相互间的冲突行为；通过相互融合来彼此理解和包容以减少矛盾、冲突等不利于联盟稳定运行的因素滋生；通过相互协作来降低投机行为的发生概率，促进合作行为，减少冲突行为。综上可知，产学研联盟稳定性实现的第二条路径主要是产学研联盟事前形成的稳定性受干扰发生涨落波动后，通过主体间有效的界面管理，消除联盟内部的扰动刺激，削弱联盟稳定性涨落波动现象，促使联盟恢复稳定有序状态，从而实现产学研联盟的稳定存在和有序运行（如图 3 - 6 所示）。

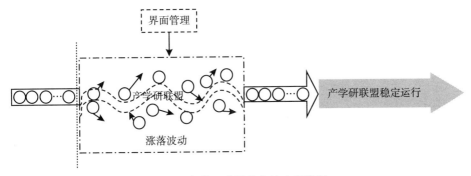

图 3 - 6　产学研联盟稳定性实现路径二

资料来源：笔者自制。

第三节　产学研联盟稳定性的治理机制

产学研联盟的研发创新活动受外部环境和内部主体行为的影响，运作过程可能会出现一些波动，其稳定性须在不断自我协调约束中实现。一般来说，企业和学研机构作为联盟的创新主体，要积极应对外部扰动，适应外部环境的变化，减少扰动对联盟稳定性的冲击，同时还要协调和约束相互间的主体行为，消除二者间的矛盾和冲突，有效抑制联盟中出现的涨落波动，确保产学研联盟的稳定性。因此，在产学研联盟事前形成的稳定性受到干扰发生涨落波动后，企业和学研机构应制定相关的协调机制来应对联盟中出现的扰动，调节和约束企业和学研机构间的冲突行为。具体而言，在企业和学研机构的协调机制作用下，根据产学研联盟的运行状况以及各创新主体间的合作反馈，采取有效的协调机制来治理企业和学研机构间的冲突行为，消除引发联盟稳定性涨落波动的干扰，促使产学研联盟恢复稳定有序的运行状态。产学研联盟稳定性实现的协调机制框架如图 3 - 7 所示，产学研联盟稳定性实现的协调机制主要从关系治理和契约治理两方面来协调和约束联盟关系和创新行为，具体设计了体现关系治理的承诺信任、协调互动和声誉互惠三个机制，以及体现契约规范、目标约束和监督奖惩三方面机制。

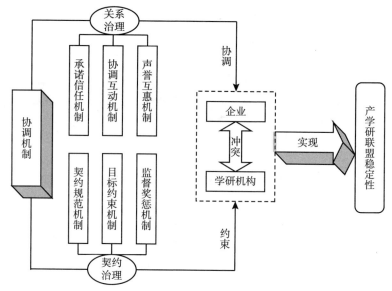

图 3－7　产学研联盟稳定性实现的协调机制框架

资料来源：笔者自制。

一、关系治理

（一）承诺信任机制

企业与学研机构间的承诺和信任是其合作研发的基础，因而，可以通过建立承诺信任机制来维护企业和学研机构间的联盟关系。

在产学研联盟中，企业和学研机构间的承诺和信任是相互依存的。首先，承诺不是漫无边际的允诺，企业和学研机构要根据合作研发项目的需要以及自身的资源和能力，向对方做出合理有效的承诺，如企业承诺学研机构会尽可能地给予科研资金支持及分配一定比例的收益，学研机构承诺企业将投入最大的努力和科研资源来完成合作研发项目，同时，二者要相互承诺在合作期间会尽最大努力投身到研发项目中，不会出现背叛联盟的投机行为。其次，信任也不是毫无根据盲目的信任，它是基于企业和学研机构深入了解，形成相互信任的联盟氛围而建立的信任关系。

（二）协调互动机制

在产学研联盟中，通过协调互动机制能够指引和推动企业和学研机构为了联盟研发目标而共同承担创新难题和风险，有助于增加相互间的信任程度和稳定感，并有利于减少彼此间的戒备心理，促使企业和学研机构都能以最大限度的努力投入研发创新中，从而对产学研联盟稳定性产生积极的影响。具体来说，产学研联盟创新主体间的协调互动机制体现在协调关系和互动交流两方面。首先，对于协调关系而言，一方面要协调企业和学研机构间的矛盾和冲突，减少机会主义行为，增进相互间情感和对合作共赢的认同感，积极努力地投入合作，不断提高相互间的知识转移效率；另一方面要协调企业和学研机构的相互学习和吸收能力，将相互转移的知识尽可能地创造较多收益，以驱动企业和学研机构间的联盟关系趋向稳固。其次，对于互动交流来说，需要企业和学研机构通过定期成果汇报、技术洽谈会等互动交流的形式，在联盟中形成良性互动的氛围，促使联盟成员相互带动彼此激励，提高企业和学研机构间协同合作的倾向和意愿，提升联盟协同效应。

（三）声誉互惠机制

企业和学研机构由于拥有共同的愿景而结合成为利益共同体，彼此间的联盟关系是长久性的而不是一次性交易。因此，需建立声誉互惠机制，通过声誉传播来抑制企业和学研机构的消极合作的投机行为。

在产学研联盟中，声誉互惠机制主要是依据企业和学研机构在合作研发中的表现来协调和约束主体行为的。具体以企业和学研机构相互间知识转移效率来代表二者的合作表现，如图 3－8 所示，即产学研联盟中创新主体 A 向 B 知识转移，除了 B 能感知 A 的主体行为外，联盟内其他创新主体也会察觉到，因而，主体 B 和联盟的其他主体就会作为传播途径对 A 的合作声誉进行传播。当 A 高效率知识转移给 B，主体 B 获得了提升，联盟关系和谐稳定，A 的好声誉被传播。反之，A 的坏声誉被传播。当主体 A 的声誉度一旦形成，联盟内外部主体会根据 A 的声誉度来决定是否与其发生互惠关系。因此，在产学研联盟中通过建立声誉互惠机制来协调、约束企业与学研机构的主体行为，可以有效防止消极合作行为的产生，维护产学研联盟的协调稳定发展。

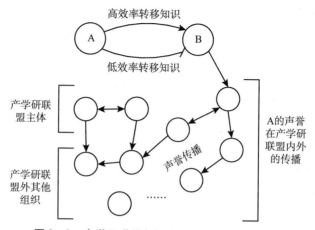

图3-8 产学研联盟创新主体声誉互惠机制示意

资料来源：郑昊力. 间接互惠通过声誉机制促进人类合作 [N]. 中国社会科学报，2013-09-09（B02）。

二、契约治理

（一）契约规范机制

契约是企业和学研机构合作利益的保障，完善的契约能够有效约束合作各方的行为，促进合作目标的达成；相反，不完善的契约则会给合作主体制造钻契约空子的机会，容易产生机会主义行为，不利于产学研联盟研发项目的稳定开展。因此，在产学研联盟中，要根据研发项目特点，制定详细的契约条款来明确规定企业和学研机构在合作研发中投入情况和研发收益分配比例，即通过契约来合理规定企业和学研机构的义务（研发投入）和权力（利益分配），以此规范相互间的联盟关系，确保产学研联盟的稳定运行。

对于契约规范机制，主要是如何协商确定企业和学研机构在联盟中的义务和权力，即契约中如何对二者的研发投入和利益分配做出合理规定。产学研联盟各创新主体均具有追求自身利益最大化的倾向，各主体参与产学研联盟也是为通过合作研发获得较为客观的收益，因而需要设定公平合理的合作收益分配系数。按劳分配是较为公平合理的分配方式，即联盟创新主体最终获得的收益与其投入的努力水平呈正相关关系，但也不排除一些大规模联盟即使采取均分利益也不会对联盟的稳定性产生很大影响，这主要是因为通过联盟获得利益远多于单独创新。因此，通过契约规范机制，明确合理地规范企业和学研机构的研发投入和利益分配，会减少相互间的摩擦和冲突，有利于产学研联盟研发创新活动的稳定开展。

（二）目标约束机制

产学研联盟稳定性是其战略目标实现的重要前提，同样，明确的战略目标也会对企业和学研机构的行为产生一定的约束，促进联盟的稳定有序运作。

在产学研联盟中，目标约束机制主要包括两方面，一是通过事前契约明确联盟预期目标，为企业和学研机构的研发创新活动指明方向；二是在预期目标统筹下制定动态目标约束机制，即根据项目对接、合作研发、试验试制以及产业化这四个阶段的特点，分别制定明确的阶段性目标，具体指明每个阶段企业和学研机构要完成多少任务，取得何种成效。将产学研联盟的总体目标分阶段划分有利于企业和学研机构根据不同阶段的目标及实现情况，及时调整各自的规划和主体行为，以防偏离产学研联盟的总目标。

（三）监督奖惩机制

在产学研联盟中，由于信息不对称和契约不完全等，企业和学研机构间无法了解对方参与合作研发的真实努力水平，在此种情形下，容易产生机会主义行为，引发矛盾和冲突，因而需要在产学研联盟中建立监督奖惩机制来弥补产学研联盟创新主体间信息不对称和契约不完全的缺陷。

监督奖惩机制具体分为监督和激励两方面。首先，根据企业和学研机构在合作研发中所承担的职责，对二者的主体行为进行实时动态监督，并互派科研人员到对方的组织机构中进行深入交流，感受相互间的合作倾向，及时了解并掌握对方的需求和合作动态，发现问题并及时治理。其次，制定有效的奖惩机制，设定奖惩系数来激发企业和学研机构投入研发创新的积极性和努力程度。通常来说，奖惩机制的实施是以企业和学研机构间约定投入努力水平为基准的，即在创新过程中，企业和学研机构投入的努力水平至少要达到基准水平。当企业或学研机构投入的努力水平未达到基准水平，就会受到对方的惩罚；当企业或学研机构投入的努力水平超过基准水平，则会受到对方的奖励。同时，企业和学研机构投入的努力水平会随着相互间奖惩系数的增大而增加，因而通过奖惩机制会有效降低企业和学研机构在合作研发中道德风险的发生概率。

第四章　创新网络的形成与发展

第一节　创新网络的内涵

随着产学研联盟的不断发展，众多学者尝试采用定量或定性的方法描述、刻画产学研联盟的存在形式。随着产学研联盟不断发展演化，学者们发现原有的联盟形式逐步演化成网络形态，不同产业或区域间的产学研联盟亦逐步显示出不同的网络结构特性。本章作者将聚焦产学研联盟发展到复杂组织形态后的创新网络，探究始于联盟的创新网络的形成与发展。

一、创新网络的国内外研究现状

（一）国外研究现状

有关创新网络的研究，最早由学者弗里曼提出，他将创新网络定义为一种制度安排，该种制度可以应对复杂性、系统性的创新行为（Freeman C, 1991）。网络的基本连接机制是企业间的创新合作关系。在此基础上，国外学者主要从结构、功能、演化及绩效等方面对创新网络进行深入研究。

1. 创新网络的结构与功能

创新网络是一个动态、开放的复杂系统（Laumanns, 2008）。创新主体作为行为决策的理性人，会在合作过程中不断根据自身需求调节策略。为了获取更多的竞争优势，中小企业与利益相关者进行合作并获取社会资本，因此，有学者认为社会资本是驱动创新网络形成的内在要素（Cristina, 2015）。有学者将创新依赖性引入网络结构中，构建了科研合作的网络架构（Hiroyasu,

2014），认为组织邻近性对创新网络的生成具有重要的作用，邻近性越高，网络结构紧密性越强（Cowan，2013）。通过对德国地区专利合作网络进行实证分析后发现，网络密度、网络凝聚性、网络中心势、区域内企业联系、区域外关联度等指标对创新网络结构均有不同程度的影响（Kratke，2010）。高校与学研机构的复杂关系构成了创新网络，因此，其在网络中处于重要的位势，影响着网络的密度，并与其呈现正相关关系，即网络密度越大，创新网络中的学研机构越多（Graf，2009），其中地理距离、技术及产业相似性对区域创新网络的形成有较大影响（Maggioni，2009）。从研发费用角度考虑，有学者探讨了研发费用对创新网络中节点重要性的影响，通过实证分析发现，研发基金持有率越高，企业在创新网络中所处位置越重要（Tom，2015）。此外，还有学者探讨了技术多样性对创新网络结构的影响，通过调查分析发现，网络中的知识共享与扩散促进了节点技术多样性的获取，进而影响网络结构的形成（Frank，2015）。

2. 创新网络的演化

对于创新网络演化的研究，主要集中于创新网络拓扑结构演化及其影响因素。有学者利用社会网络分析法研究了高技术创新网络动态演化情况（Woo，2011），发现不同连接机制对创新网络的演化具有不同影响，且随着时间的推移，网络中的技术日趋成熟化（Taeho，2012）。核心实力主体的加入，会使创新网络结构从松散化向集中化发展（Fleming，2007），因此，创新网络的结构最终将演化为平均路径长度较短、凝聚力较强的小世界网络形态（Ebadi，2015）。针对影响因素的研究，有学者研究认为，地理邻近性、组织邻近性以及制度邻近性对创新网络生成和演化有积极影响，而认知邻近性则会产生负面影响（Balland，2011）。此外，还有学者引用复杂网络中的博弈理论，从不同拓扑结构的网络环境入手（Lee，2011），利用"囚徒困境""雪堆模型"等经典博弈模型（Apicella，2012），结合仿真分析探究创新网络的演化情况（Alvarez，2015）。

3. 创新网络的绩效

现有研究表明，影响创新网络绩效的三个外生因素分别是，网络治理形态、网络生成类型与网络发展阶段（Kenis，2009）。有学者证实跨网络关系等网络开放性对于集群绩效有着积极作用（Markusen and Fadyen，2004）。企业形成合作联系的数量与企业的创新产出正相关（Kastelle，2010），而处于中心位置的企业能赢得更多信息和资源控制优势，拥有较大的非正式权力（Corsara, 2012)。通过对不同国家的创新集群进行实证研究后发现, 网络强度对于创新绩效具有一定的促进作用。随着环境不确定性的增强, 网络对于创新绩效的作用越小, 同时, 网络环境越开放, 创新绩效越高 (Eisingericha, 2010)。组织在网络中的守门人位置与其创新产出之间呈正 U 型关系 (Graf, 2011); 无标度网络结构可以促进网络成员的学习效率, 进而提升创新网络绩效 (Jinho, 2013); 网络资源的获取对创新产出有直接正影响 (Ginta, 2015)。有学者通过对发展中国家创新网络的研究后发现, 处于创新网络中的中小企业, 由于资源稀缺性导致创新绩效较低, 但是网络规模的大小对创新绩效却有显著影响, 规模越大, 中小企业所获取资源越多, 创新绩效越高 (Abiodun, 2015)。针对区域创新网络的协同发展研究, 有学者发现网络强度对协同创新发展的促进作用会随着环境不确定性的增加而降低 (Eisingericha, 2010)。组织在网络中的守门人位置与协同发展能力呈正 "U" 型关系 (Graf, 2011)。有学者通过对发展中国家区域创新网络的研究发现, 网络规模的大小对协同创新绩效有显著影响, 规模越大创新主体所获取资源越多, 协同创新的发展速度越快 (Abiodun, 2015)。

(二) 国内研究现状

国内较早提出创新网络的是学者盖文启, 他认为创新网络是一种稳定的系统, 该系统建立在异质性行为主体的长期合作交流的基础上 (盖文启, 1999)。该种网络系统会随着外部创新主体的加入、内部主体关系的增强而发生结构的演变, 进而影响创新网络的绩效。近年来, 国内学者针对创新网络的研究主要集中于三个方面。

1. 创新网络的结构与功能

国内学者针对创新网络结构的研究多以复杂网络为基础, 从复杂网络的小世界、无标度拓扑结构特点入手, 分析创新网络的结构特点。基于静态角度, 有学者认为当结构嵌入性具有更加重要的价值时, 创新网络的网络规模会更大、集聚现象会更加明显, 整个网络更加具有小世界网络特征 (胡祖光, 2010), 有利于合作创新的展开, 可以更好地促进科技成果转化, 推动我国经济的增长 (冯锋, 2008)。通过对专利数据的相关研究发现, 我国创新网络呈现规模增长的演化趋势, 网络兼具小世界与无标度特性 (高霞, 2015)。基于动态角度的研究发现, 不同阶段的创新网络具有不同的拓扑特征: 形成期内, 创新网络具有聚类系数; 成长期内, 创新网络具有较高的小世界特征; 成熟期内，创新网络具有较短的平均路径长度（花磊，2013）。基于知识流动的角度，组织间互补程度及知识整合效率很高时，创新网络具有较短的平均路径长度与较低的集聚系数，此时网络具有随机网络特征；组织间互补程度及知识整合效率很低时，创新网络具有较长的平均路径长度与较高的集聚系数，此时网络具有规则网络的特征；异质性主体之间在资源互补效率相当时，创新网络具有消食拓扑结构特征（单海燕，2012）。此外，有学者基于"利用式—探索式"创新分析框架，研究了不同创新偏向下的网络结构特征，认为趋向于探索式创新的网络，其具有较短的平均路径长度以及较高的聚类系数等拓扑特征（林秋月，2010）。

2. 创新网络的演化

创新网络的演化是在核心企业的主导下，不同创新主体进行结网互动的过程，这一过程的有序演进，需要创新主体根据创新进程不断调整网络的行动参与者（刘锦英，2014）。针对创新网络的演化研究主要包括以下五个方面。

第一，基于知识匹配过程视角。创新主体为了获取自身所需知识，会与网络中的知识互补源进行匹配，该匹配过程会引起核心主体的出现（党兴华，2009），并促进网络知识的流动；随着内外部环境的变化，创新网络的组织、技术与空间会出现去中心化特征（吕国庆，2014）。

第二，基于市场环境的不确定性。由于环境的不确定性，使创新网络产生了萎缩、稳定、加强、动态平衡、紧缩和动荡六种类型，不同类型的网络最终将演化出"完全突破型""市场突破型""技术突破型"三条技术发展路径（程跃，2011）。通过回声模型的构建与仿真，发现核心企业对于关键基本组件的剥离比率低下是制约我国此类创新网络演化发展的瓶颈因素（付韬，2011）。

第三，基于价值形成视角。创新网络是一个价值网，网络主体间关系的形成是为了更好地进行学习、协调，因此，不同网络关系的主体与网络组织动态能力的相互匹配作用，共同推动着创新网络的演化（喻科，2011）。在此基础上，通过综合分析协同发展的价值链、知识链与物联网三种路径，提出了协同发展的单核、多核及星型模型。

第四，基于行为博弈视角。有学者通过构建多阶段演化博弈算法，结合复杂网络的相关拓扑结构特征，通过仿真分析发现，网络平均节点度呈"U"型分布，节点数量呈"L"型分布；选择"积极合作"策略的企业和学研机构存在最佳合作规模；度择优连接机制不利于无标度网络节点创新扩散（曹霞等，

2014）。

第五，基于竞争与合作视角。有学者认为共生作用对创新主体之间的演化具有决定性作用，处于互惠共生情境下，各创新主体都从其他创新主体受益，使得发展潜力增加，然而当创新主体处于恶性竞争时，两方主体会由于其中一方的资源消耗较大而产生一方生存、一方消亡的局面（叶斌，2015）。此外，有学者通过实证分析，利用国际合作论文数据检索与挖掘，通过基尼系数、中心性等指标的引入，分析了相关合作网络的结构及演化特性（刘云，2015）。在空间演化的基础上，有学者深入分析创新网络的时空演化特点，利用生命周期和拓扑结构的相关理论，通过数学建模的方法，构建了产学研创新网络的时间、空间双维度演化模型，通过仿真实验发现，网络演化先后经历了混沌形成、无序扩张和有序发展三个阶段（刘国巍，2015）。

3. 创新网络的绩效

现有研究表明，网络连接机制、网络开放性、网络结构特征对创新效率的提高存在不同程度的影响（于明洁，2013）。不同的网络结构连接机制，对创新网络绩效产生不同的影响。创新网络从随机网络演化为无标度网络极大地提高了网络内企业技术学习的绩效（王月琴，2012）。网络平均距离与创新绩效之间呈指数增长分布轨道；选择度值较大的节点进行合作，有利于提高创新网络的创新绩效（曹霞等，2015）。

网络开放性作为企业间依赖与企业合作绩效间重要的中介，显著影响着企业合作的绩效。研究表明，创新网络的小世界性与创新绩效呈现倒"U"型关系，但此种关系只在一定开放度下的网络演化到某一时段时才能出现。在网络演化的其他阶段，小世界性对创新绩效并未构成显著影响（张古鹏，2015）。处于市场竞争中的企业，其开放度又将受到环境不确定性的制约。实证分析发现，技术环境不确定性越高、竞争环境的不稳定性越强，网络开放度与协同度对创新网络的创新绩效影响越显著。市场与技术环境都稳定时，网络合作度对集群绩效影响较为显著；网络合作度与开放度相关性不显著（王松，2013）。此外，企业间联合依赖与不对称依赖的程度会影响企业在合作过程中的开放度，同时也会影响企业的合作绩效（李玲，2011）。

企业的节点度及其网络中介中心度对企业创新绩效存在正向影响，企业节点之间距离越近，对创新绩效的影响越显著，因此，地理邻近性能够正向调节网络密度对创新绩效的影响（赵炎，2015），而结构洞的特征对企业创新绩效不存在显著的正向关系（范群林，2010）。然而，有学者对东北三省装备制造业创新网络的实证研究后却得出了相反的结论，发现结构洞与中心性对创新绩效产生正向影响，同时，合作网络的密度对于网络的中间联系效果作用显著，网络呈现能力择优的连接倾向（陈伟，2012）。

二、创新网络的界定

国外学者普遍使用"innovation network"或"university-industry network"来表述创新网络。弗里曼于 1991 年首次提出了创新网络这一概念，认为与一般的合作网络不同，创新网络是一种服务于主体系统性创新的基本制度安排，其网络架构的主要联结机制是企业间的创新合作关系。基于弗里曼的相关研究，有学者发现，高校及科研机构作为创新观点的提出者与试验者，对于推动企业技术进步起到了至关重要的作用，因此，企业、高校与科研院所共同构成了创新网络的主体（Daniela C，2012）。然而，由于创新主体的合作目的不尽相同，出于个人利益最大化考虑，"规则破坏者"会干扰创新网络的形成与发展，此时，政府作为权利与政策的释放者，对维护创新网络的稳定运行起到了重要的协调作用（Carayannis E，2014）。此外，作为技术与资金的融通方，金融机构与科技中介组织在创新网络中起到了"搬运工"的作用，为创新网络的持续创新注入资源（Chiara Criscnolo and Carlo Menon，2015）。创新网络是技术创新发展到一定阶段的产物，其产生与发展对研发主体的创新激发和运行起到了重要作用。

国内学者盖文启于 1999 年将创新网络引入国内研究中，认为创新网络是地方行为主体（企业、大学、科研院所、地方政府等组织及个人）之间在长期正式或非正式的合作与交流关系的基础上，所形成的相对稳定的系统。基于上述研究，有学者将创新网络当成一种有组织的市场（王缉慈，2004），还有学者将创新网络当成一种技术的共同体（洪军，2004）。技术创新是一种非稳定性的活动，会受到诸多不确定性因素的影响，为了降低风险，创新主体多选择与其他主体进行合作，以便获取更多的资源（朱恒源，2006）。有学者认为企业是创新网络的核心成员，其创新活动所在的网络即为创新网络，因此，在技术创新过程中将围绕企业形成各种正式或非正式的合作关系（王大洲，2001）。创新网络作为一种组织平台，为创新主体提供了丰富的资源，实现了知识、信息、技术等在不同创新主体之间的最优配置，达到了资源的最大化利用，同时满足了各方主体的利润追求（惠青，2010）。创新网络中的政府、金融机构以及科技中介组织等服务主体，为创新网络的高效运行提供了相关服务（张卫东，2011）。

综上所述，本书将创新网络界定为：不同层次的组织，基于共同的创新目标而建立起来的一种网络组织形式。目的是解决创新的不确定性、资源稀缺性以及创新能力有限性等问题，以帮助创新主体更好地利用外部资源实现创新目标，最终使创新网络中的所有主体共同获益。

三、创新网络的特点

在产学研联盟发展演进到一定时期后，形成了具有网络结构特征的创新网络，因此，创新网络亦保留着产学研联盟的部分特征。由于创新网络中的各个行为主体及其之间的网络联系随时在发展变化，网络中流动的知识、信息要素也在不断更新，使创新网络具有了一定的动态性。基于网络动态演化的发展规律，创新网络的特点主要表现为开放增长性、择优连接性以及复杂多主体性三个方面。

（一）开放增长性

创新网络是一个开放的复杂系统，创新主体为了吸收更多的互补资源、降低创新成本而进行合作。随着合作主体数量的增加，合作关系的多元化发展，主体之间的信息流、技术流、资金流的转化、利用和耗散更加复杂。创新网络的增长性主要表现在创新主体的数量增加以及创新资源的增长。

经济市场的开放性使网络外部成员可以通过开放的竞争市场分析内部成员的活动及利益获取情况，从而不断加入网络中，创新网络的主体数量随即增长（于明杰，2013）。基于创新活动的属性不同，创新网络中的企业在成长初期，为了获取学研机构的创新知识而加入网络中，完成市场导向下的技术创新活动。创新网络中的学研机构为了实现自身的社会价值与企业进行创新合作，实现实验室科技成果商品化（张古鹏，2015）。因此，网络外部的企业与学研机构会不断加入创新网络中，进行深入合作，从而更快地完成知识创新活动。

（二）择优连接性

网络资源是创新网络合作关系建立的根本依据（谢永平，2014）。有学者认为核心企业的形成是基于其自身知识、资金等资源优势（Müller Seitz G，2012）。协同创新的前提是双方建立对等的合作关系，而合作关系的建立往往取决于合作双方的自身资源。理性的合作者通常会选择具有较强优势的合作伙伴，这种连接初衷，使得创新网络具有了择优连接的特性。创新网络的内部成员根据各自所拥有的资源进行互补合作，在合作过程中不断培养自身的核心竞争力。网络外部成员则会根据内部成员的社会地位、知识互补情况、信息获取便捷性等，选择自身的协同创新伙伴。

（三）复杂多主体性

创新主体的主动适应性形成了网络连接与发展的复杂性。创新网络是各类不同资源、要素的有机集合，而并非简单相加与堆积。各类要素通过非线性相互作用，进而形成了一个有机的复杂整体。该种网络的存在模式、运行均表现出一定的系统复杂性（曹洋，2008）。创新活动中产生的新技术或新知识，可以通过异质性创新主体之间的模仿、学习进行迅速扩散，从而增加整个网络内的知识、技术存量。基于以上特点分析，我们可以发现，与产学研联盟相比，创新网络具有更加复杂的网络与系统特性，其是产学研联盟逐渐演化发展后所形成的一种高级复杂系统。

第二节　创新网络的测度

一、复杂网络的引入

随着创新网络研究的不断深入，有学者发现，创新网络逐渐演化出一定的自然规律，因此，将复杂网络或社会关系网络引入创新网络的研究中，能够科学有效地解释原有线性合作所不能解决的复杂问题（孙耀吾，2011）。复杂网络是一种由节点及其关系组成的图的集合。复杂网络节点数目众多且多样化，节点间连接的产生或消失随时变化，多重行为融合导致其具有高度的复杂性及进化性（Leskovec J，2010），主要表现在结构复杂性、网络演化性以及节点多样性等方面。基于对复杂网络与创新网络的相关概念、特征的分析可以发现，复杂网络与创新网络在网络属性方面具有如表 4 – 1 所示的相似点（董微微，

2013）。

表 4 - 1 　　　　　　　　复杂网络与创新网络的网络属性比较

复杂网络的主要属性	创新网络的网络属性
网络节点数量、种类多	创新网络数量不断增加，网络中拥有产、学、研等不同的创新主体
网络结构复杂	创新主体之间的连接存在着大量的非线性正负反馈作用，使创新网络成为一种结构复杂、关系错综、目标功能多样的复杂系统
动态时空演化	创新网络具有复杂的演化特性，创新主体根据资源禀赋的偏好差异进行节点的变换性连接；同时吸引外部主体加入网络中，使创新主体之间的关系不断变化，创新网络随之发生演化现象

资料来源：笔者自制。

二、创新网络的测度指标

由于创新网络具有与复杂网络相似的特征，即网络节点多样化，连接复杂性，并且具有一定的演化特性，因此，国内外学者普遍利用复杂网络的相关测度指标，对创新网络进行测度及研究。通常情况下，学者们采用度分布、平均路径长度及聚类系数来描述复杂网络的拓扑结构（张宝建，2011）。节点的度是指复杂网络中其他节点与指定节点直接相连接的边的数目，记为 k_i；处于网络中的众多节点，随机选择的节点度为 k 的概率，我们称为度分布，记作 $P(k) = \sum_{i=k}^{\infty} P(i)$。度是衡量网络中节点之间的关系的指标。常见的、最重要的度概率分布是正态分布，其具有明显的特征标度，即钟形曲线的峰值；另外一种概率分布则是具有幂率特性的长尾分布，长尾分布意味着大部分个体取值都比较小，但是会存在少部分个体取值较大的情况，由于其没有特征标度，因此也被称为无标度分布。

（一）平均路径长度

平均路径长度（Average Path Length）指网络中两个节点 i 和 j 之间的最短路径 L：

$$L = \frac{1}{\frac{1}{2}N(N-1)} \sum_{i \geqslant j} d_{ij} \qquad (4-1)$$

式中，N 代表网络中节点数量，d_{ij} 为两个节点之间的测地距离。平均路径长度越小，代表节点之间的距离越短，也就是说达到目标位置所需要消耗的时间越短，失真性越小。

（二）聚类系数

聚类系数（Clustering Coefficient）是衡量网络的聚集程度，节点 i 的聚类系数 C_i 表示与 i 直接相邻的节点间实际存在的边数占最大可能存在边数的比例。聚类系数是网络中节点中介能力的体现，衡量了复杂网络中每一个节点的周围节点、它们之间的联系程度。网络的聚类系数越高，说明系统凝聚力越大，系统的稳定性越高：

$$C_i = \frac{2e_i}{k_i(k_i - 1)} \qquad (4-2)$$

式中，e_i 表示节点 i 的 k_i 个相邻节点之间，实际存在的边数，复杂网络聚类系数为所有节点聚类系数的平均值，即：

$$C = \sum_{i=1}^{N} C_i \qquad (4-3)$$

（三）形成规则

复杂网络科学理论提出了两种经典的复杂网络形成规则，即小世界网络与无标度网络。小世界网络是国外学者提出的一种常见的复杂网络。小世界网络的节点度分布呈现正态分布特性，该网络具有较高的聚类系数和较短的平均路径长度（Strogatz S，2001）。随着对小世界网络的深入研究，有学者发现，现实社会中的网络并不是具有固定数目的，一些网络会不断扩张。对于科研合作网络的统计物理研究发现，这类网络的节点度并没有明显的长度。因此，学者们又提出了一种新的网络模型，被称为无标度网络。该网络的构建规则遵循增长及择优连接特性，无标度网络的节点度分布呈现幂率特性，该网络具有较低的聚类系数和较长的平均路径长度（Bianconi G and Barabasi A，2001）。与小世界网络的生成规则不同，无标度网络具备无限扩张及择优连接的特点。

第三节　创新网络的形成与演化

一、创新网络的形成规则

构建产学研合作创新网络 $G(V; E)$，其中 V 为创新网络中所有主体的集合；E 为创新网络中所有关系的集合。通过统计创新网络在 t 时间下的拓扑结构变化情况，描述创新网络的动态演化状态。考虑本书所研究的创新网络是大量创新主体基于技术资源获取而产生连接关系，因此，创新主体将在网络内部选择具有较大节点度的主体进行连接，以保证学习对象具有强劲的技术创新能力。

借鉴无标度网络的节点增加、择优连接机制，构建基于技术创新能力择优的网络演化模型：从一个具有 m_0 个创新主体的连通网络开始，每次引入一个新的主体并且连到 m 个已存在的创新主体上，这里 $m \leqslant m_0$，新主体与已经存在的主体相连接的概率 Π_i 及主体 i 的技术创新能力 k_i 满足如下关系（汪小帆，2012）：

$$\Pi_i = \frac{k_i}{\sum_j k_j} \qquad (4-4)$$

在网络增长过程中，节点度满足如下所述的幂率关系：

$$k_i(t) = m\sqrt{\frac{t}{t_i}} \qquad (4-5)$$

式中，$k_i(t)$ 为第 i 个节点在时刻 t 的度，t_i 是第 i 个节点加入网络中的时刻，因此有，

$$\frac{k_i(t)}{k_j(t)} = \sqrt{\frac{t_j}{t_i}} \qquad (4-6)$$

意味着 $k_i(t) > k_j(t)$，$t_i < t_j$。

在上述关系中，创新网络的发展呈现"马太效应"趋势，即越老的节点具有越高的节点度，后来者并不能居上。然而基于上文分析，创新网络尤其是新兴产业创新网络具有技术尖端、专业化等特点，因此技术领域相似性将对创新关系的形成产生重要影响，原有基于经验主义的无标度网络形态并不能准确

描述新兴产业网络。为了解决无标度网络的单一择优机制引发的随机干扰问题，有学者提出了适应度模型，该模型在传统无标度网络的基础上引入参数 η 用以表征网络其他属性对连接机制的影响（Bianconi G and Barabasi A，2001）。

借鉴改进适应度模型，构建基于技术创新能力及技术领域相似性的二元属性创新网络演化模型：此时，新主体、与已经存在的创新主体 i 相连的概率 Π_i、主体 i 的技术创新能力 k_i、技术领域相似度 η_i 之间满足式（4-7）：

$$\Pi_i = \frac{\eta_i k_i}{\sum_j \eta_j k_j} \qquad (4-7)$$

二、创新网络的演化过程

根据上文所述的创新网络演化模型构建方法，基于节点涌现的增长机制与创新扩散的择优连接机制设计仿真步骤如下：

步骤 1 $T=0$ 时刻，随机生成具有 m 个节点的网络，由于在网络初期，创新主体较少，因此设置 $m \leqslant 20$ 且为正整数；

步骤 2 计算随机生成的联通网络中每个节点的节点度 k；

步骤 3 新加入 n 个节点，并且按照式（4-7），与步骤 1 生成网络中的节点相连接；

步骤 4 对 η 进行赋值，为了防止 η 赋值对网络平衡性的影响，按照步骤 2 所计算的节点度 k 对 η 值进行标准化处理；

步骤 5 重新计算新生成网络中各个节点的度；

步骤 6 重复步骤 2 至步骤 5，达到设定的演化轮次后，仿真终止。

基于空间拓扑结构演化维度，在迭代次数为 100 时，设置网络节点规模依次由 100、200、500 扩张至 1000。利用 Matlab 软件，执行上述仿真步骤，计算并生成创新网络演化拓扑结构数据图、度分布、平均路径长度以及聚类系数。

（一）节点度分布

空间拓扑结构演化过程中，网络节点数量不断增加，根据增长、择优连接机制，生成创新网络演化过程中的节点度分布，如图 4-1 所示。随着创新主体不断加入到创新网络中，网络的节点度分布呈现"幂率—正态分布"状态，即该网络中的主流度分布为幂率分布，创新网络中存在部分技术资源掌控能力强的创新主体，此类主体呈现出强者越强的状态。但是，随着网络规模的不断扩张，创新网络的度分布逐渐出现正态分布的状态，即网络逐渐出现了"均质聚集"现象。当网络规模不再扩张时，在网络扩张过程中所呈现的"均质集聚"现象与"强者越强"现象逐渐弱化，节点在进行优化重连过程中逐渐松散。

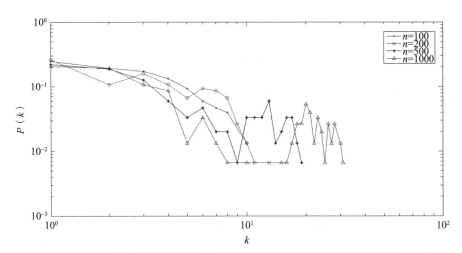

图 4 - 1　空间拓扑结构维度下战略性新兴产业创新网络节点度分布
资料来源：利用 Matlab 仿真生成。

创新网络在形成初期，主体数目较少，具有较强技术创新能力的主体较少，因此技术学习与模仿对象相对匮乏，技术资源稀缺、信息不对称等原因导致网络呈现出一定的"马太效应"，即强者主体在网络中更容易受到关注从而产生连接关系。随着网络不断扩张，新兴产业技术日益尖端、前沿，信息、技术等资讯在网络中的传播逐步畅通，因此创新主体会自发进行重连，并根据自身战略需求，选择技术领域相似性较高、创新能力较强的主体进行互补学习，网络从初始的无标度特性逐渐向小世界特性演化。当网络规模趋于稳定时，产业集聚成熟甚至衰退，此时网络技术创新发展至瓶颈期，新兴领域技术可能将受到研发水平、资金、人才等因素的限制，创新主体之间的技术水平势差减小，连接关系随之松散。

结论 1　创新网络的度分布随着节点数目的扩张逐渐呈现"边缘—多核型"形态；在创新网络规模趋于稳定后，网络度分布在原有形态基础上逐渐衰减。

（二）平均路径长度

空间拓扑结构演化过程中，网络节点数量不断增加，根据增长、择优连接机制，生成创新网络演化的平均路径长度，如图 4 – 2 所示。随着网络规模的扩张，创新网络平均路径长度不断降低。

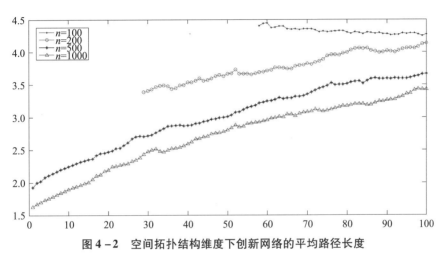

图 4 – 2 空间拓扑结构维度下创新网络的平均路径长度

资料来源：利用 Matlab 仿真生成。

在技术资源驱动下，创新主体不断寻求增强自身核心竞争力的技术创新资源，在不断探索研发中寻找稳定的标杆企业进行技术学习。随着创新网络成员的增加，技术扩散及交流效率逐渐提升，网络中创新主体之间的相互联系日益增多。同时，原有的信息不对称现象逐步被复杂的连接关系所冲击，因此网络平均路径长度不断缩短。当网络规模趋于稳定时，随着技术创新能力及技术领域势差的缩小，新兴企业与技术资源不再增长，主体之间技术交流的机会成本变大，因此网络主体相互学习的频率降低，创新网络平均路径长度随之增加。

结论 2 创新网络的平均路径长度随着节点数目的扩张逐渐缩短。

（三）聚类系数

空间拓扑结构演化过程中，网络节点数量不断增加，根据增长、择优连接机制，生成创新网络演化的聚类系数，如图 4 – 3 所示。随着网络规模的扩张，创新网络的聚类系数不断增加。

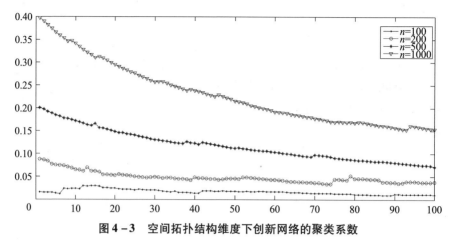

图 4 - 3　空间拓扑结构维度下创新网络的聚类系数

资料来源：利用 Matlab 仿真生成。

随着创新网络规模的扩张，创新主体不断汲取其他创新主体所掌握的资源，频繁吸收、学习活动使创新网络聚类系数逐渐增加，网络主体技术凝聚力增强。当创新网络内部可利用资源被完全扩散、共享后，网络主体之间的原有关系逐步断裂，网络聚类系数随之减小，技术凝聚力及扩散效率降低。

结论 3　创新网络的聚类系数随着节点数目的扩张，逐渐增加。

综上所述，随着产学研合作创新网络中创新主体的不断涌入，网络中技术学习、研发活动逐步增多，网络技术交流频繁、技术凝聚力增强。当网络规模稳定后，创新主体由于技术势差的缩小，连接关系日益瓦解，网络呈现松散状态。说明技术资源驱动下创新网络的发展依赖不断融入的技术资源，资源注入与研发学习能力越强，创新网络的凝聚力越强，创新扩散效率越高。

三、案例：我国新能源汽车产业创新网络的形成与演化

新能源汽车产业以其环保、节能等独特优势，被列入战略性新兴产业与《中国制造 2025》的重点规划领域。该产业自 20 世纪 90 年代发展以来，历经了论证、研发、产业化阶段，发展日渐成熟。同时，专利合作与引用情况可以较为准确地反映不同主体之间的连接程度，基于专利合作网络的属性测度可以直观衡量创新网络的演化情况。因此，本节将对 2000 ~ 2015 年间的中国新能源汽车产业创新网络进行实证分析，以验证上文中的仿真结论。利用德温特专利分析和评估数据库（Thomson Innovation，简称 TI 数据库）搜索新能源汽车

专利引用数据，利用 TDA 软件对数据进行清理并生成专利引用网络，通过 UCINET 对专利网络相关属性进行逐年测算。借鉴庞德良、汉森莱姆等的研究（庞德良，2014；Haslam G E，2014），在 TI 数据库中使用关键词检索法。关键词检索范围为专利信息的题目或摘要。最终确定关键词为 Hybrid Vehicle、Electric Vehicle、Fuel Cell Vehicle、FCV。在此基础上，确定指向电动汽车专利的关键词 electric car、electric vehicle、electric motor car、electric motor vehicle、electrically driven vehicle、electrical driven vehicle、electric automobile、electric traveling vehicle、electric motorcar、electrical powered vehicle、charge controller for vehicle、electric storage device and vehicle、battery pack，利用关键词对已检索到的专利进行筛选，剔除非电动汽车相关专利，去掉题目中含有"hybrid"一词的专利，避免出现混合动力技术相关专利。通过数据清理后得到逐年专利引用数据。

2000～2015 年新能源汽车产业创新网络节点数目呈现增长趋势，专利引用数量及频次不断增多。由于平均路径长度仅能在全连通网络中测度，而该产业网络尚未形成全连通状态，因此作者选取衡量网络结构属性的聚类系数、中间中心势进行网络演化测度。节点数目 N 代表该年度创新网络中的节点数量，网络聚类系数 ACC 反映了网络创新主体的凝聚力，聚类系数越大，网络凝聚力越强；中间中心度 NCI 反映了节点对资源的控制能力，中间中心度越高说明网络技术资源越集中于少数主体，间接反映新增主体技术获取路径较长，不利于资源的快速扩散、利用。计算各属性值如表 4-2 及图 4-4 所示。

表 4-2　　　　　　　新能源汽车产业专利引用网络演化数据

年份	N	ACC	NCI	年份	N	ACC	NCI
2000	82	0.647	0.317	2008	727	0.837	0.040
2001	73	0.434	0.160	2009	662	0.830	0.016
2002	181	0.248	0.139	2010	1211	0.689	0.027
2003	238	0.245	0.248	2011	1438	0.752	0.033
2004	269	0.357	0.097	2012	1275	0.996	0.023
2005	233	0.743	0.068	2013	1349	1.3466	0.007
2006	666	0.504	0.292	2014	1283	1.214	0.007
2007	551	0.807	0.022	2015	552	0.906	0.001

　　如图4-4所示，随着新能源汽车产业创新主体数量的不断增加，网络平均聚类系数增加，网络规模与平均聚类系数的变化趋势趋同，说明新能源汽车产业整体向集聚化、网络化方向发展，网络主体技术凝聚力较高，技术创新扩散效率较高。同时，随着网络规模的扩大，网络标准化中间中心度减少，网络规模与中间中心度的变化趋势相反，说明随着新能源汽车产业的发展，网络技术资源趋于平均化，各个节点获取、学习知识的路径变短，技术资源利用效率提升。验证了仿真实验的结论2与结论3。

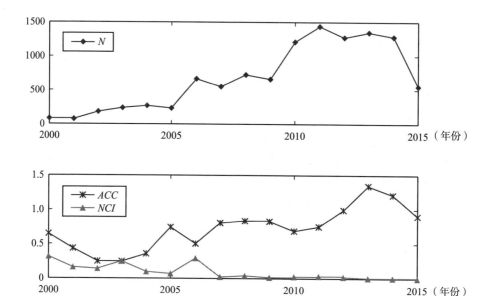

图4-4　新能源汽车产业专利引用网络演化数据

资料来源：根据统计数据整理。

下　篇

基于创新网络的协同创新机制构建

　　无论是产学研联盟抑或是创新网络，其本质都是通过一定的组织形式，帮助各类创新主体积极合作，产生协同效应，从而推动国家科技创新的进程。因此，如何在现有发展形势与环境下构建协同创新机制以促进多方主体的合作共赢，是本书下篇重点阐述的问题。

第五章 基于创新网络的协同创新机制框架

第一节 协同创新的内涵分析

一、协同创新的研究现状

（一）国外研究现状

针对协同创新的研究，国外学者主要从协同创新的内涵、过程、绩效及机制等方面展开。

1. 协同创新的内涵及过程模式

哈肯在协同学理论中，首次提出了"协同"这一概念（Haken，1978）。基于"协同"与"创新"的概念整合，美国麻省理工学院研究院的学者给出协同创新（collaborative innovation）的定义：由自我激励的人员所组成的网络小组形成集体愿景，借助网络交流思路、信息及工作状况，合作实现共同的目标。企业和科研机构合作可以扩充企业的专业知识范围，并且可以支持跨行业的商业创新（Muscio，2012）。有学者基于三重螺旋系统，提出了知识经济的自组织形式是构成协同创新的理论基础的观点（Loet，2003）。在知识交流日益低成本的时代，协同过程中的溢出效应增强了企业的创新潜力，当企业无法单独承受创新的高成本时，协同合作以其"风险共担"的优势，逐步被创新企业所采纳（Tietze，2015）。

创新主体间的协同合作主要有两种协同模式：制度模式与个人合同模式，

交互关系包括公司与学术机构之间正式的和捆绑的契约，执行上没有大学的直接牵连（Isabel，2012）。有学者基于组织内部管理理论将协同创新主体分为三种类型，认为学院派特征的主体更适合进行协同创新活动（Michael，2010）。协同创新过程必须考虑社会、认知、文化等对过程的影响，有学者设计了协同创新过程中的空间知识创造模型，提出保证协同创新平稳运行的措施（Markus，2014）。在此基础上，有学者改进了SECI模型，提出了知识辅助创新的崭新路径（Anne，2013）。

2. 协同创新的绩效

国外学者多从影响因素的角度出发，对协同创新的绩效进行研究。有学者认为，良好的协作创新关系、开放的交流环境会增加企业的创新绩效（Derya，2015），但是必须注意外部知识搜索的方向和成本（Sofka，2010）。有学者认为，协同创新通过知识整合机制影响创新主体的创新绩效。反之，当市场知识深度对产品创新绩效没有间接影响的时候，市场知识广度会有直接影响。大学与企业相互间文化、价值观的差异等是影响大学和企业协同创新绩效的重要因素（Bercovitz，2008）。有学者利用权变理论研究了市场知识和跨功能协作对产品创新绩效的影响，讨论了知识整合机制和跨功能合作对产品创新绩效的影响（Luigi，2007）。有学者分析了强弱联系的结合对组织间协同研发的创新绩效影响（Michelfelder，2013）。有学者认为信息风险、利益风险以及知识的传递性能共同影响着协同创新的绩效；管理成本过高则是创新绩效的主要影响因素（Gilsing，2011）。有学者通过实证研究发现，政策条件越优越，企业拥有的协同项目越多，进而提升了企业的协同创新绩效（Yiannis，2015）。有学者认为营销和研发能力对企业协同创新绩效具有显著影响（Shengce，2015），在此基础上，有学者通过引入柯布 – 道格拉斯生产函数，实证分析后发现，较高的研发水平会显著提升企业的创新绩效（Christoph，2015）。此外，企业的投入、学术界的研究质量和合作的物理距离也会对协同创新绩效产生一定的影响（Bishop，2011）。

3. 协同创新机制

协同创新机制多是指对各要素之间在协同过程中可能产生的问题进行设计，以克服此类问题对协同创新可能产生的消极影响。国外研究多集中于协同创新的知识创造机制、道德风险、利益分配机制等。

研发和创新活动的成功与企业能够获得、创造和转移企业内部以及超越企业边界的知识和资源息息相关。在协同创新过程中，集群内大型企业与集群外组织有紧密联系，且充当守门人把外部知识转移给合作企业（Morrison，2008）。有学者建立了合作创新过程中的知识生产模型，通过案例分析发现，不同的组织结构文化其知识生产效率不同（Nicole，2015）。有学者利用网络理论，通过深度访谈研究，分析了合作过程中知识扩散的机理及动力（Samir，2015）。合作研发中的道德风险是合作效率低下甚至导致合作失败的主要原因之一（Achetti，2011），企业与高校合作已经呈现互相依赖的状态，道德问题和协同关系逐步成为实现协同创新，建立长效合作机制的重要前提（Roland，2011）。有学者在案例分析的基础上，提出了更加独立的协同创新制度机制（Stefan，2015），在此基础上，有学者探究了基于税收影响的制度机制对协同创新的影响（Rumina，2015）。由组织文化差异等引发的利益冲突和谈判是协同创新过程中的重要问题（Perkmann，2011），有学者利用 Shapley 值法探讨了网络中合作利益分配行为对企业发展的影响（Flam，2003），利用经典博弈模型与仿真分析相结合的方法，研究了合作双方利益分配的最优化问题（Harrison，2011）。此外，还有学者研究了研发伙伴的选择对合作创新的影响，提出了基于层次分析法的合作伙伴优选决策（Razmi，2005）。

（二）国内研究现状

针对协同创新的研究，国内学者主要从协同创新的内涵、过程、绩效及机制等方面展开。

1. 协同创新的内涵及过程模式

与一般性的合作创新不同，协同创新强调了"协同"作用，是合作中共赢和整体最优的体现，突出了异质性创新主体，发挥自身优势，进行资源互补与整合，推进技术创新进程，从而实现整体网络中知识增值的现象（陈劲，2012）。因此，协同创新是以知识增值与价值创造为核心，企业、学研机构、政府、中介组织和用户等为了实现重大科技创新而开展的大跨度整合的创新组织模式。协同创新是实现创新驱动发展战略的关键（唐震，2015），对经济社会发展有着重要的推动作用（戚湧，2013）。协同创新的影响因素主要包括主体支撑因素、政策环境因素、协同机制因素和关系网络因素，其协同程度主要包括方式协同、企业与企业之间的协同、企业与研究所之间的协同、企业与高等院校之间的协同、企业与中介机构的协同、企业与政府的协同、创新要素的协同与空间协同八个方面；协同创新影响因素与协同程度之间基本呈现正相关关系（解学梅，2015；万幼清，2014）。

面对当前跨国公司主宰的全球价值链体系，有学者从价值生成角度将协同创新过程分为信息获取、学习吸收和应用三个阶段，基于四个假设构建了协同创新模型，从五个步骤解析了联动创新过程（高伟，2012）。协同创新活动开展的目的就是形成资源互补、优势共享的局面，从而实现价值增值（杨林，2015）。有学者基于协同学理论构建了协同创新分析框架，并将协同创新分为孕育、萌芽和成长三个阶段，通过实证研究发现，企业在协同创新的过程中起到了主要的作用，随着政府等其他机构的协同推进，创新主体间协同创新程度也逐渐加深（陈芳，2015）。

2. 协同创新的绩效

协同创新背景下，企业在技术创新网络中与外部创新群体的协同关系对创新绩效的影响研究已广受关注。有学者通过实证调研发现，企业所处的网络位置与企业自身的创新能力对创新绩效具有显著的正影响；网络位置的中心度变量在企业协同能力和技术创新绩效间起部分中介作用，结构洞中介作用不显著（徐建中，2015）。技术距离对协同创新绩效具有显著的促进作用，地理距离对协同创新绩效具有显著的抑制作用，且正效应大于负效应（刘志迎，2013）。有学者依据 SCP 分析范式引入复合系统协调度模型，应用两个并行互动的创新三螺旋对协同创新能力进行评价（康健，2014），通过实证研究发现，战略联盟模式等创新方式与企业的创新绩效呈现正相关作用，协同效应在中小企业协同创新模式与创新绩效关系中具有显著的中介效应（解学梅，2015）。在构建区域科技协同创新绩效评价指标体系的基础上，刘志华（2014）通过实证分析指出，我国区域科技协同创新绩效整体处于较低水平，并呈现层次化特点。

3. 协同创新机制

协同创新机制是保障协同创新平稳运行的制度方式，确立知识协同、路径协同、动力协同有利于高技术企业突破知识吸收瓶颈、增加绩效和利润（王毅，2014）。国内学者对于协同创新机制的研究主要集中于协同创新过程中的知识共享、利益分配、信任及治理。不同创新要素的匹配以及连接产生了不同的协同效应，网络中的技术溢出、知识扩散等行为所产生的"外溢效应"促进了网络成员的资源获取能力；同时，信任以及制度环境是协同创新良好发展的保证。因此，政府等权力机关应该努力进行制度创新，构建有效的协同机制，从而提升创新网络内部主体的协同创新能力（解学梅，2013）。

基于协同创新的相关理论，有学者构建了我国产业集群的协同创新机制模型，分析了政府作用、知识协同、组织协同和创新服务平台在协同创新中的重要作用（韩言虎，2013）。基于协同学、生态学等相关交叉学科的理论整合，有学者从动力协同、路径协同、管理协同三个角度，构建了产学研协同创新机制（王进富，2013）。还有学者基于组织学习的视角，从知识流动、知识扩散、交易学习的角度提出了协同创新机制（李兵，2004）。知识是企业进行创新的战略性资源，知识资源的多少决定着创新企业竞争力的大小，且随着合作范围的扩大，企业愿意提供更多的知识共享量（柴国荣，2010）。在集群创新网络内部，各类知识水平呈现增长趋势，集群企业各类知识的增长速度由快到慢（蔡猷花，2013）。企业对转移知识与对方企业知识之间的结构关系的认识程度越高，对知识转移过程中的信息流动的促进作用越大（蒋军锋，2008）。有学者通过对知识的转移过程进行分析，引入知识学习能力以及知识学习对象的匹配度，构建了协同创新过程中的知识流动匹配模型，通过实证研究表明，处于核心位置的主体可以协调创新网络中的知识流动速度，从而对网络知识的传递进行控制（贾卫峰，2010）。知识扩散与溢出是创新网络内部主要的知识流动渠道（傅利平，2013）。针对协同创新过程中的知识扩散与溢出，有学者认为，协同创新过程中的知识扩散受社会关系网络中个体位势的影响，占据"结构洞"位置和度数中心度高的权威个体，在知识管理领域知识扩散中发挥着最为重要的作用；该领域主要通过团队成员间的平行复制和不同团队间的知识多样化融合来实现知识的扩散与创新（刘璇，2015）。有学者从知识扩散与知识创新两个方面进行了理论分析，提出了合作紧密度与技术创新网络知识增长呈倒"U"型关系的研究假设（禹献云，2013）。此外，还有学者对高技术企业创新网络中知识分类及特性进行了研究，设计了最优知识转移时间的嗜血模型，为协同创新过程中的知识时间转移及优化提供了新的思路与方法（吴传荣，2013）。

协同创新价值链的整体利润及利益主体的利润受到创新主体的努力程度和合作程度双重因素影响（刘勇，2015），黄波（2015）探讨了协同创新过程中的利益分配机制，构建了创新引导基金模式下的协同创新博弈模型。有学者运用对策论、博弈模型以及 Shapley 值讨论协同创新过程中利益分配的数学定义及分配方案模型，构建了协同创新的委托代理模型，提出了协同创新不同阶段的最优分配方案（罗利，2000；詹美求，2010；李柏洲，2013）。

针对协同创新中创新主体间的信任问题，有学者基于演化博弈理论和混沌理论，建立了创新网络中组织间信任演化模型，分析了组织间信任的复杂性、初值敏感性、分岔行为及内随机性等混沌特性，采用稳定性理论进行混沌性判定，得到了信任从有序进入混沌的一般条件（韩亚品，2014）。还有学者针对文化嵌入性对企业在创新网络中的重要性影响进行了研究，结果表明，企业身份认同度越高，越有利于相互交流和学习；但过强的文化嵌入会导致协同创新能力的丧失（杨艳萍，2015）。

此外，随着合作研发活动的深入开展，对于协同创新的治理问题受到国内学者的广泛关注。有学者基于知识治理的视角，从理论上分析了影响合作企业知识治理绩效的因素，建立了核心企业知识治理的概念模型（谢永平，2014）。有学者通过对深圳 LED 产业创新网络的实证分析发现，协同创新的发展主要源于强大的环境支撑体系，包括技术需求环境、技术供给环境和政策扶持环境，其中政府的定位和行为对于三个支撑环境的完善具有重要作用（张志丹，2014）。还有学者构建 Logistic 动态分析模型，仿真不同机制政策下的激励效果（叶伟巍，2014；项杨雪，2014）。有学者综合"创新驿站"的思维理念，从研究型大学、科技中介机构、企业以及政府的角度，构建了"四位一体"的协同创新体系（许彩侠，2012）。

二、协同创新的内涵分析

（一）协同创新的界定

自熊彼特于 1928 年首次提出了"创新"这一概念以来，技术创新经历了需求拉动、技术推动、耦合互动、一体化及第五代网络化模式。"协同"是指协调两个或两个以上的不同资源或者个体一致地完成某一目标的过程或能力。其更加强调子系统之间复杂的相互非线性作用，从而实现系统整体功能超越各子系统功能总和的目的。国外学者首次将协同的概念引入企业管理中，运用"协同"解释了整体与各个子系统相互融合的互动关系，并且强调了各种关联因素的互动会产生"1+1＞2"的效应（Ansoff，1965）。协同是合作的更高级表现形式。正是因为协同与创新两者具有共性，协同创新才能汇集资源、互动互补而产生合力，因此，协同创新是将各个创新主体要素进行系统优化并创新的过程（Gerwin D，2002）。

综上所述，本书将协同创新定义为：异质性创新主体根据集体愿景，借助社会关系网络，通过合作交流思路、信息，实现知识互补、利益共享、风险共担，进而推动创新发展。协同创新包含了合作与协同，强调了各个子系统在合作的前提下，进行有序的交互作用，进而达到协同的效果。

协同创新作为合作创新的更高级体现形式，与合作创新既有相似之处，又有较大的差异。合作创新是指企业间或企业与学研机构之间的配合创新行为，其更加关注的是合作主体间的合作行为。与一般性的合作创新不同，协同创新更加强调宏观的"协同"过程，即异质性的多创新主体之间，在创新活动中发挥各自的能力和优势，从而整合不同的资源，实现优势互补、知识增值、互利共赢，从而加速创新成果的推广进程（陈劲，2012）。协同创新的主体在创新过程中因相互影响而产生共同进化和共生的现象（Ehrlich，1964），这有利于技术性人力资本的存量增加，降低创新学习成本，实现创新能力提升（Rothwell，1973），使企业获得更多的创新收益。

（二）协同创新的特点

协同创新是一项复杂并且重视要素间结合效果的创新组织方式。其核心要素是企业与学研机构，能否形成兼顾企业、学研机构以及政府等外部主体之间的连接关系，是协同创新得以开展的关键所在。异质类创新主体在不同需求驱动下开展合作，对创新网络中的资源进行获取、整合，从而实现"1 + 1 > 2"的非线性效应。相对于传统意义上的合作创新，协同创新更加强调要素的协同作用，包括企业与学研机构的合作创新、政府的推动、金融机构的支持以及科技中介的相关服务（陈劲，2010）。因此，协同创新具有了以下的特点：

1. 整体性

协同创新强调了要素的相互作用是创新要素的有机集合而并非简单的相加。任何创新资源要素与创新主体要素都不能脱离其协同对象而单独存在，创新主体与创新要素在协同过程中的存在方式、目标与功能都体现出统一的整体性。

2. 动态性

协同创新是一个不断变化的过程，这种变化体现在协同对象及协同要素的变化上。对于企业或学研机构等创新主体来说，其在创新过程中要根据自身的需求选择协同对象，并在协同创新过程中逐渐积累自身的社会资本，进而丰富主体的网络位势，不断完善自身能力，以期获取更强的竞争优势与效益。同时，创新资源在协同创新的过程中也不断变化。知识资本作为创新的基础与能量，在转移与交换过程中再创造，呈现出一种螺旋式的上升状态。此外，作为协同创新支持者的政府、金融、中介组织也在创新过程中不断调整自身的行为，从而更好地推动协同创新的全面开展。

3. 耗散性

创新主体在协同创新过程中必然要与外界进行信息、能量和物质的交换，以保证创新资源的持续互补性，获得创新所必须要的相关能量。创新主体在创新过程中会不断地伴随着有效能量的减少，如自身知识资源的消耗、人脉资源的有限获取等。此时，开放状态的协同创新伙伴在合作过程中的资源交换等互动，有利于增强创新网络的新资源引入，从而不断推动创新资源的更新换代，使协同创新从低级到高级不断演化。

三、协同创新的主体要素构成

协同创新的本质是构建一个创新系统，这个系统的目标是追求整体最优，这样才有利于实现各个创新主体的局部最优（刘英基，2014）。协同创新组织中涵盖着众多创新子系统，各个创新子系统内部、外部之间相互作用、连接，进而形成了复杂的创新网络。因此，协同创新系统具有了一定的网络组织形态，此种网络形态为各类主体进行创新活动提供了良好的资源交流平台。基于创新网络的协同创新系统中包括企业、高校以及科研机构等研发创新主体。这类主体通过正式或非正式的连接进行合作，有效地实现了知识、技术等资源的转移、吸收以及再创造。

企业作为创新网络中协同创新的主要参与者，是支撑创新网络运行的核心力量。企业是创新网络中的重要节点，是将实验室技术转化为市场产品的重要源头。创新网络中的企业通过与其他企业或学研机构进行合作，获取创新人才、知识、技术，从而保持持续的创新能力。由于企业是市场竞争的最密切接触者，因此可以快速获取市场需求，并通过合作的方式为学研机构输送研发资金，委托学研机构进行新技术的研发，同时降低交易成本，提高自身创新能力与创新绩效。

学研机构是创新网络中新思想、新产品、新技术创造的活跃群体（喻登科，2012），也是企业进行协同创新的知识要素源泉，在创新网络中充当了关键的角色（Graf H，2009）。格拉夫（Graf，2011）在对专利网络进行研究后发现，大学和科研机构相当于守门人的角色，在转移外部知识方面起到了重要作用。因此，创新网络中的学研机构在协同创新过程中为企业提供资源，提升了网络的整体创新水平。与此同时，在协同创新过程中的知识溢出效应也有助于创新网络中的其他参与主体进行学习，从而提升网络的整体创新扩散效率。

政府、金融机构、科技中介组织在创新网络中主要扮演外部支持与保障者的角色。政府在协同创新过程中的作用主要表现在满足创新主体的创新需求、为创新主体提供相对稳定的资源供给以及维护创新网络的运行环境三个方面。金融机构在协同创新过程中起到了为创新主体融资并进行风险转移的作用（陈华，2011）。保险业作为风险承担行业，可以鼓励科技创新，使创新者更加广泛地开辟新的生产领域；同时，保险业在技术创新过程中可以对创新专利进行保护，防止知识专利盗用给创新企业带来损失。资本市场为企业融资、上市提供了开放的流通场所，其资本化程度决定了社会公众对于技术创新的关注与支持力度。此外，资本市场可以快速弥补企业研发经费的不足，为协同创新的不同发展阶段提供不同形式的股权性质资金服务。企业进行技术创新需要长期的融资支持，若外源融资渠道受阻，则会大大降低企业的技术创新效率。科技中介组织作为技术创新的转移、交易平台，为创新网络中的创新主体提供了丰富的技术交易产品。协同创新的主体要素构成如图 5-1 所示。

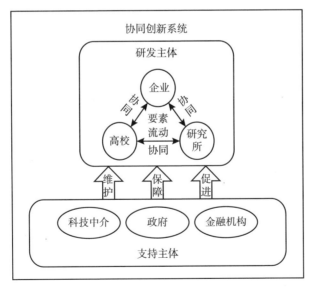

图 5-1　协同创新的主体要素构成

资料来源：笔者自制。

第二节　协同创新的机理分析

一、基于创新网络的协同创新动力分析

协同创新是企业、学研机构在政府、金融机构以及中介组织的协助下，为实现科技创新而展开的整合各方资源的合作组织形式。协同创新在异质性主体的资源互补、整合基础上提升各自的竞争实力，从而产生协同效应，获取竞争优势。因此，协同创新的动力是激发协同行为的外部环境驱动力与内在行为激励力的源泉所在（周正，2013）。有学者认为，协同创新的动力主要来源于三方面，即创新主体所拥有的知识能力差异、创新交易成本的降低以及知识技术的独占性（Veugelers R，2005）。还有学者认为产学研协同创新的动力来源于两方面，其一是外部动力，包括市场的需求状况和政府的政策推动；其二是内部动力，包括创新主体对于潜在利润的追求。邵景峰等（2013）将协同创新的动力分为内源动力与外源动力，认为科学、技术、经济、社会、政策以及合作主体利益等是协同创新的动力所在。夏红云（2014）认为内部动力和外部动力是影响产学研协同创新的动力因素，包括激励、战略、创新能力等要素。

综上所述，"协同"是主体间的非线性作用，实现单个主体所不能达到的效果。基于系统论的视角，主体间相互作用的驱动力主要包括外界环境的影响，以及主体内部的目标诉求。因此，基于国内外学者的研究，本书认为协同创新的动力主要包括内部动力与外部动力。内部动力是推动研发主体进行合作并产生协同效应的动力要素，主要包括研发主体对高额利润的追求、对资源的渴求以及自身发展战略的需求。外部动力主要来源于市场技术需求、网络成员的流行性压力的拉动以及政府相关政策的推动。

（一）协同创新的内部动力

协同创新的内部动力是指存在于创新主体的内部动力因素，是协同创新活动的内在驱动力，主要包括主体的利润追求、资源的互补需求、战略的发展要求三个方面。主体进行协同创新，其目的之一就是为了在较低成本的消耗下，获取较高的利润，实现企业的经营价值。企业通过协同合作可以提高自主创新

能力，从而提升自身的核心竞争力。高校通过合作，在企业获取市场需求的基础上进行科学研发，实现自身的研发价值，从而获取研发利润；同时，对于创新需求的有效把控，也可以帮助学研机构拓宽自身的研究视角，寻求与市场需求相吻合的技术要点，提高研发的市场有效性，进而获得源源不断的研发利润。科研院所通过合作可以实现自身知识的成果转化。因此，对于利润的追求是推动主体间进行合作的内部动力之一。

协同创新过程是一个资源互补的过程，各个主体根据自身优势不同进行合作，获取双方所需的资源，降低彼此之间的资源势差。学研机构拥有较多的科研资源，通过合作关系的建立，此类资源可从大学、研究所流向企业，同时，来自学研机构的技术人才可以通过合作关系进驻企业，协助企业进行技术研发活动。创新主体在协同创新过程中，可以综合各方的优势资源，推动技术创新，进而促进科技成果转化。因此，对于稀缺资源的需求，成为创新主体进行协同创新的内部动力。

企业是技术创新的主力军，学研机构是知识、技术等资源的供给者，产学研三方在共同战略发展需求的基础上进行技术创新，进而完成科技成果商业转化的一致性战略目标。因此，异质性创新主体之间共同的战略发展目标是产学研各方进行合作创新的动力。一致的战略目标对创新主体的价值取向和创新行为产生引导作用，从而推动各方准确定位自身的创新方向，实现合理的技术分工，在合作过程中不断优化自身策略，从而实现学术研发与产业开发的有机结合。共同的战略目标使异质性创新主体从"单打独斗"走向"群体合作"，驱使创新网络中的成员达成一致目标，从而推动创新的协同发展。

（二）协同创新的外部动力

协同创新的外部动力要素通过诱导、刺激、调控等方式，对创新网络的内部相关研发主体产生推动作用。主要包括市场技术需求推动、流行性创新压力的拉动以及政府相关政策的支持。

当今市场竞争不断加剧，技术不断变革，任何一个创新主体如果不能快速适应此种变化，终将会被淘汰。市场对于技术创新的不断需求推动着创新主体通过合作提升自身能力。市场需求是创新活动的起点，当企业自身无法满足市场技术需求时，就会迫切地与外部组织进行合作，协同开展技术创新活动，响应市场需求。因此，技术需求成为推动创新主体之间进行协同创新的重要动力因素。

　　创新压力是市场机制激发技术创新行为的重要动力因素。处于创新网络环境下的创新主体，在其他成员的创新激发下进行创新活动，从而保持自身的竞争优势。创新网络为主体进行创新活动提供的良好的交流平台，处于网络中的创新主体，会随时关注其他成员的行为。为了获取不败的竞争地位，当其他成员进行积极创新，提升自身竞争力时，基于网络创新压力的拉动，未进行创新活动的主体将主动进行技术创新，防止被日益变换的市场所淘汰。为了加快创新速度，提升创新效率，此时，在网络创新压力的拉动下，创新主体将选择协同创新，快速获取资源，达到创新目标。

　　政府是协同创新的支持者，政府支持推动协同创新主要表现在协同行为的动力引导方面。在行为引导上，政府对主体间的协同牵引起到纽带作用，对于我国来说，大部分高校和研究机构都属于政府出资，政府出面作为担保，撮合推动协同创新的发展，从而使各方主体获益。尤其在现阶段，我国政府正大力引导产学研进行合作，推动协同创新的良性发展，在此种动力的支持下，协同创新才得以开展。基于创新网络的协同创新动力要素及作用如图 5-2 所示。

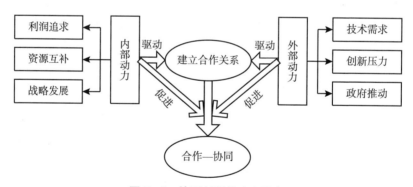

图 5-2　协同创新的动力要素

资料来源：笔者自制。

二、基于创新网络的协同创新机理分析

（一）协同学理论的适用性

　　协同强调各个子系统在合作的前提下进行有序的交互作用。协同理论认为：一个开放系统中的不同子系统，会在一定的客观条件下，通过彼此之间的相互作用产生相应的协同作用和协调效应，当这种协同作用达到一定的临界点

时，系统会通过自组织产生新的有序变化。协同学理论通过分类、类比来描述各种系统和运动现象中，从无序到有序转变的共同规律，表征了系统内的元素如何在适当的外在环境条件下，根据其内在的分合机制，经过竞争合作完成系统相变的组织过程。系统通过不断适应外界环境而进行自发的改变。系统内部各个子系统之间相互竞争的同时相互协同，才产生自组织，因此，竞合关系是自组织演化的重要条件之一。此外，子系统之间进行的非线性相互作用是形成整体系统有序性的内在根源。在非线性作用下，系统内部发生正、负反馈作用。其中，正反馈促进了各个子系统的协调同步，是子系统之间所产生的协同效应；而负反馈则产生振荡，放大某种涨落，使涨落力大于系统保持稳定演化的惯性力，从而使系统发生不稳定变化。

基于创新网络的协同创新系统，是一个由企业、大学、科研机构组成的研发子系统与政府、金融机构以及中介组织组成的保障子系统所构成的开放式系统。子系统内部与子系统之间可以通过资源、能量等的交换与互动进行非线性作用，从而提升各个组织的有序进化，使创新网络中的协同创新由无序走向有序，从而产生"1+1>2"的整体协同效应。因此，协同创新具备了自组织系统从无序到有序的进化过程。对于协同创新的机理分析主要包括了影响协同创新由无序到有序的序参量、子系统内部及子系统之间的能量交换以及在序参量及能量交换作用下的自组织演化过程。

（二）协同创新序参量的确定

序参量是支配系统由无序走向有序的慢变量。在序参量的作用下，创新网络中的异质性主体产生合作关系，随着合作的不断深入，创新主体之间的协调水平随之上升，同时提升了序参量水平。在这一循环上升的过程中，序参量一直贯穿其中并支配该演化过程。最终促使各创新主体逐步达到有序状态。因此，协同创新序参量的确定是分析协同创新运作过程的重要步骤。

1. 质化扎根过程

（1）访谈设计。在本阶段研究中依托国家自然科学基金项目"产学研合作创新网络演化机理、模型及政策研究""基于创新网络的新兴技术扩散机理及路径研究"以及教育部人文社科基金项目"基于创新网络的产学研协同创新机制构建及政策研究"，选取与课题组有合作关系的部分高校、研究所及企业作为创新网络协同创新序参量的调研对象。分别在每家单位选择访谈对象进行长达90分钟以上的深度访谈，选取对象主要为三类：第一类为管理科学与工商管理专业的专家教授；第二类为参与过或正在参与合作创新项目的企业高管、学研机构科研人员；第三类为科技园区、高校"2011 计划"办公室相关人员以及金融机构、政府官员。从被访者特征来看，工作年限为 5 ~ 10 年，年龄为 33 ~ 50 岁，男性占大多数，约为总数的 71.4%。在一对一深度访谈中，不仅可以直接交流并记录被访者的话语，而且可以根据被访者的动作、语气和神态等掌握访问的氛围和节奏，还能够观察被访者回答的真实性。访谈内容主要为：①进行合作创新的主要动机是什么？②若所在地区的企业选择合作进行技术创新策略，贵企业将如何决策？③企业确定合作伙伴的主要影响因素有哪些？④如果政府无政策鼓励，企业是否还愿意进行协同创新活动？如果愿意主要考虑哪些因素？如果不愿意，原因是什么？⑤在选择合作创新时，企业愿意从创新供给方直接获取技术还是愿意寻求中介组织的帮助？⑥企业认为金融机构在合作创新过程中起到什么作用？⑦在合作创新过程中，贵单位更倾向于哪些资源的获取？

通过深度访谈共获得 21 份个人访谈记录，随机选择 16 份个人访谈记录作为利用扎根理论识别基于创新网络的协同创新序参量的编码分析原始材料，其余 5 份访谈记录作为理论饱和度检验、使用扎根理论对识别和归总结果进行再次验证的依据。

具体方法步骤见第二章第二节。

（2）开放式编码。开放式编码是将访谈记录原始材料的语句进行概念化的过程。在开放式编码过程中，作者对访谈对象的话语进行归纳、整理、标记，通过逐步分析探究协同创新的相关序参量作为初始概念。通过访问调查一共获得了 583 条原始语句，通过对原始语句的提炼和多次梳理最终得到 12 个范畴，通过开放式编码得到的若干范畴如表 5 - 1 所示（A07 等表示受访者编号）。

表 5 - 1   开放式编码范畴化结果

范畴	原始资料
知识转移 与知识 创造	A07 技术人员需要向创新提供方学习创新的原理和相关知识 A12 在协同创新过程中，如果企业的技术人员短时间内不能够完全掌握创新的基本原理和操作，需要引进这方面的人才，这些也都需要费用 A03 我们希望能在合作的过程中学到更多的知识 A10 知识交流得越快，越可以推进我们的创新进度

续表

范畴		原始资料
合作者的信任及创新意识	A04	企业如果想可持续发展就一定要有持续的创新能力，然而这种创新能力通过自己独立研发肯定是浪费人力物力财力的
	A10	××汽车是我们行业内一直做这方面产品的企业，对于专业技术的合作学习，我们肯定是期望与其合作的
	A05	信息准确与否的判断，还要公司内部的高层领导确定
	A07	我们希望找到和我们具有相同价值观的合作伙伴进行合作
隐性知识的学习能力	A16	把自己技术专利的使用权转让给别的企业可以获得一部分收益
	A09	企业向创新接受方转移技术能促进整个社会的发展
	A12	沟通有助于隐性知识的扩散
	A13	交流很重要，可以促进隐性知识的传递
	A08	很多时候我们同其他公司的交流是通过朋友介绍的
合作利益的公平分配	A01	合作者的研发态度很重要，他们越努力我们的研发效率会越高
	A15	科研人员的研发态度与报酬有时是成正比的
	A16	我们肯定会关注最终利益怎么分配及是否合理
机会利益的惩罚	A14	一般合作方为了可持续发展会更愿意重视长远利益，这种对长远利益的追求，使他们放弃了对于机会利益的追逐
合作过程中的风险分担	A11	技术创新是一项有风险的活动，如果有合作者一起进行研发，不仅可以提高效率形成资源互补优势，还可以共同分担风险
	A14	高技术带来高风险，但是不一定会有高收益
创新是否可以实现稳定持续的创收	A10	一项新的技术或者专利产生后，不仅仅要用于原始需求方，还应该广泛推广与扩散，才能不断摊平研发成本
	A08	创新不仅仅是双方技术生产的部分，还应该在社会中得到广泛应用
	A02	技术扩散很重要
风险项目的有效评估	A03	对项目进行动态的风险评估，是降低创新风险发生的重要环节
	A02	创新体系不可避免地会面临不确定性
	A13	我们会在项目选择初期采用简单的 NPV 法衡量项目风险
	A06	风险大小不是一个绝对值，应该综合考虑风险承受者的自身能力
政府激励工具的使用	A15	政府制定了相关的政策，鼓励我们与高校、研究所进行协同研发
	A05	在协同创新过程中，尤其是高端技术创新时需要购买设备，成本太高，政府如果能给些经济上的补贴，就能解燃眉之急了
	A03	政府的政策对我们吸引高水平研发人员是有推动作用的
	A07	政策导向对于我们选择是否进行合作有很大的作用
金融机构的投融资支持	A02	有时我们确实会遇到资金周转的问题，会向银行贷款，但是审批程序太麻烦了，所以我们不会轻易选择这种融资方式
	A11	企业的信贷水平可以反映出其信誉情况
辅助科技成果转化	A13	我们国家中介的科技成果转化过程太麻烦了
	A11	如果有中介组织帮助分析市场状况，有助于我们制定更好的营销策略

续表

范畴	原始资料
提供候选合作群体	A06　技术创新是一项高技术活动，需要研究所的前期技术支持 A08　企业几乎每年都参加行业协会举办的活动，通过这种平台企业和很多高校、研究所建立了联系 A04　在选择合作者时，我们更倾向于寻找那些在专业领域实力比较强的伙伴 A05　如果有中介协助我们选择合作者，这样可以大大降低支付成本
评估及咨询服务	A12　企业长年与特定的科技中介服务机构建立联系，通过这样的中介组织企业获取了很多先进、成熟的创新信息 A11　企业在面对多项选择时，由于专业知识有限，可能无法完全理性地评价和选择，所以需要中介为企业提供更多的信息 A16　有的时候中介组织也不那么可靠，我们经常无法获取准确的信息

资料来源：根据访谈资料整理。

（3）主轴编码。主轴编码确定开放式编码过程得到的各个范畴之间的内部关联，并从内部关联中推导出主范畴。本书开放式编码得到的 12 个独立的范畴之间具有某种潜在的逻辑关系，通过发现这 12 个范畴的具体性质以及它们之间的内在联系，对其进行重新归类和归纳，得到知识共享、利益激励、风险管理、政府推动、金融支持以及中介服务 6 个主范畴，每个主范畴对应的开放式编码范畴及其具体内涵如表 5-2 所示。

表 5-2　　　　　　　　　　　　主轴编码结果

主范畴	对应范畴	范畴的内涵
知识共享	知识转移与知识创造	网络结构带来的高效知识转移渠道能够促进合作伙伴的知识共享
	合作者的信任及创新意识	对于合作伙伴的信任及较强的创新意识可以有效提升知识共享效率
	隐性知识的学习能力	对于隐性知识的学习吸收能力是提高知识共享效率的重要因素
利益激励	合作利益的公平分配	获取合理的合作利益是协同创新的重要驱动力
	机会利益的诱惑惩罚	网络平台可以有效遏制机会利益的蔓延
	合作过程中的风险分摊	通过合作可以降低个体所需承受的风险

续表

主范畴	对应范畴	范畴的内涵
风险分摊	风险项目的有效评估	多方参与可以明确技术创新是否有必要进行
	政府激励工具的使用	政策工具的使用能够推动协同创新的发展
政府推动	金融机构的投融资支持	金融机构的支持可以协助创新主体完成协同创新活动
金融机构支持	辅助科技成果转化	科技成果有效转化是提升协同创新绩效的手段
科技中介服务	提供候选合作群体	中介组织结构洞的位置能够有效获取候选伙伴资源
	评估及咨询服务	中介组织的辅助可以有效提供创新效率

资料来源：根据访谈资料整理。

（4）选择性编码。对协同创新序参量的范畴进行确定与规范后，进一步选取核心范畴，这一步骤被称为选择性编码。在主轴编码阶段得到知识共享、利益激励、风险管理、政府推动、金融支持以及中介服务六个主范畴后，需要通过选择性编码挖掘归纳核心范畴与主范畴和其他范畴间的故事线，也称为典型关系结构，随即挖掘出实质理论框架。主范畴的典型关系结构如表5-3所示。

表5-3 选择性编码结果

典型关系结构	关系结构的内涵
创新合作过程中的知识共享可以提升协同创新能力与效率	合作创新过程中创新主体之间的知识无障碍共享是提升创新网络中协同创新绩效的主要正向驱动因素
创新合作过程中的利益激励可以提升协同创新能力与效率	合作创新过程中创新主体之间利益的公平合理分配是提升创新网络中协同创新绩效的主要正向驱动因素
创新合作过程中风险的管理可以提升协同创新能力与效率	合作创新过程中对于技术创新的有效风险管理是提升创新网络中协同创新绩效的主要正向驱动因素
创新合作过程中政府的政策调控可以提升协同创新能力与效率	政府协同创新政策或创新补贴等行为是提升创新网络中协同创新绩效的主要正向驱动因素
创新合作过程中金融机构的支持可以提升协同创新能力与效率	区域金融机构对合作过程中的融资支持是提升创新网络中协同创新绩效的主要正向驱动因素

续表

典型关系结构	关系结构的内涵
创新合作过程中中介组织的服务可以提升协同创新能力与效率	科技中介组织高效的咨询、成果转化等服务是提升创新网络中协同创新绩效的主要正向驱动因素

资料来源：作者自制。

（5）理论模型饱和度检验。理论模型饱和度检验是为了保证理论模型建立的严密性和科学性，利用资料依次经"开放式编码—主轴编码—选择性编码"的过程来确认是否需要增加或减少上述研究的范畴和主范畴。作者抽取了创新网络专家 2 名、EMBA 学员 3 名以及剩余文献 20 余篇作为理论饱和度的检验对象，分别进行开放式、主轴式和选择式译码，对上述扎根质化研究步骤反复地进行循环编码，确认未有概念范畴和主范畴的删减现象。

2. 序参量的确定

通过对访谈资料的开放式编码、主轴编码、选择性编码和理论模型饱和性检验等多个步骤的循环往复，得到基于创新网络的协同创新序参量。具体来说，主要分为 6 个主范畴，分别为知识共享、利益激励、风险管理、政府推动、金融支持以及中介服务。

合作创新过程中的不同序参量，驱动着主体进行合作，随着序参量的不断调节，进而形成了创新由合作到协同的高端形式。协同创新的理想有序状态是创新网络内部不同资源在创新主体的有效配置下，通过整合与互动实现创新绩效。

企业对于知识的需求促使其在网络中寻找合适的学研机构进行合作创新，而学研机构的知识转化需求促使其与企业达成共识（胡平，2016），完成合作创新。在此过程中，彼此之间的信任促进了知识资源共享行为，同时知识的公开化共享又增进了彼此之间的信任，创新网络中分散化的知识在合作过程中进行整合，有助于多方主体进行创新，实现了知识的协同管理（张省，2014）。由于技术创新存在高风险性，而合作创新的多主体参与特征，使不同的创新主体承担了不同的风险，这从很大程度上分散了独立创新的风险。合作创新过程中的有效风险管理机制降低了单个主体的风险感知，并通过合理的收益进行风险补偿，使创新行为不至于因为高风险而失败。政府作为制度创新主体，同时也是创新网络的政策发展推动者。由于市场机制下，创新者无法创造一个完全有利于协同创新发展的市场结构和市场环境，为了克服市场机制在引导创新方面的局限性，政府作为政策工具的提供者，可以运用经济、政策等方式进行宏观调控，从而促进协同创新的形成与发展（李振华，2016）。金融机构作为协同创新的资金流供给者，为协同创新活动的开展提供资金及规避风险。金融机构可以对创新项目进行更专业化的风险识别，可以在创新风险发生前有效地对其进行控制。此外，金融机构为协同创新提供的资金支持，也有利于创新主体在短时间内获取充足的创新资源，而创新产生的收益作为金融机构的利润回报可以使金融机构的资金与创新活动之间，形成良好的循环互动（卢亚娟，2016）。中介组织作为创新的枢纽，对协同创新及网络的形成起到了重要的辅助作用。中介组织可以有效地促进异质性主体沟通合作，对创新网络中的信息进行有效集成和管理，并提供专业化的咨询服务，为创新科技成果产业化提供帮助。

在合作创新过程中，不同主体在同一目标下进行创新，同时共享资源与创新收益，共担风险。创新主体的要素互补过程驱动和诱导了简单的合作创新走向协同。创新双方在合作创新过程中共同投入一定的创新成本，由于网络合作关系最适合用来转移复杂的隐性知识与技术（Yanmin，2004），在网络合作过程中所产生的信任、声誉以及惩罚机制形成了一定的约束效应，抑制网络成员的机会主义趋向，从而规避了机会主义风险的发生，降低不必要的交易成本（Jarillo J，1988；John Hagedoorna and Judith B S，1998）。此外，由于创新主体拥有的资源库不同，而创新知识的专业化程度较高，因此，创新资源在主体中的分布具有一定的有限性，专业化分工使每一个创新主体都拥有了不同的专业知识，合作关系带来的资源互补使创新主体突破了自身资源的束缚。合作关系带来的分工整合使创新主体的成本大大降低（陈学光，2007），也进一步实现了网络资源的拓展（Holsapple，2008），使简单的合作逐步向协同方向发展（Holsapple C W，2008）。不同资源流在创新主体之间流动使创新主体产生相互非线性作用，不同的作用效果在自组织中产生正、负反馈效应，从而促进或抑制协同创新的发展，使协同创新实现由"沟通—协调—合作—协同"的自组织升级过程。

三、基于协同学理论的协同创新机理

如上文分析，基于创新网络的协同创新系统，由研发子系统与支持子系统构成，企业、大学与科研机构作为研发子系统的组成部分，通过合作关系，保持知识、利益等资源的有效流动；政府、金融机构以及中介组织，根据自身的功能不同，为研发子系统的平稳运行提供保障。在研发子系统与支持子系统内部及子系统之间的合作沟通过程中，形成了相对稳定的组织。假设创新网络中的运行子系统与保障子系统的动力学方程分别为：

$$\dot{x} = f(x) \tag{5-1}$$

$$\dot{y} = g(y) \tag{5-2}$$

在知识互补、利益共享与风险共担的过程中，不同研发主体随着环境不断改变自身的资源获取能力，形成了自我升级过程；与此同时，保障主体根据自身的使命，促进着研发主体的相关创新活动，使各个主体之间出现了互动现象，即由于序参量的支配，使运行子系统与保障子系统之间产生了耦合作用，其动力学方程随着创新时间的推移变为：

$$\dot{x} = f(x) + p(x, y) \tag{5-3}$$

$$\dot{y} = g(y) + q(x, y) \tag{5-4}$$

创新主体在合作过程中由于不同的目的而相互作用，最终形成了一个新的二维协同系统，即随着创新主体对外界合作伙伴的能量吸收与交换，他们自身不断变化，从而由原来的稳态达到了一种新的耦合稳态，使不同主体之间进行了整合。在整合过程中，不同主体将受到不同序参量的影响，最终使主体达到了新的耦合协同状态。

基于协同创新系统的角度分析，创新网络中的主体在序参量的支配下进行创新活动，其合作和协调水平随之上升，同时又促进了序参量的水平。随着合作创新活动的不断推进，处于创新网络中的异质性创新主体逐渐进入创新状态，此时，基于资源互补而进行合作的主体开始进行资源交换、更新。由知识转移、共享所形成的新技术在创新网络中进行传播。基于微观个体视角，创新主体通过合作所吸收的新知识转化为技术产品，使创新个体之间的合作与协调水平不断上升；基于宏观网络视角，合作过程中的创新资源在网络中进行扩散，从而提升了整体网络的创新水平。在这一循环上升的过程中，作为资源流的序参量一直贯穿其中并支配系统的自组织演化过程，最终结果是促进了各个创新主体之间的合作，使协同创新活动逐步达到有序状态。创新网络中的异质性创新主体节点间的合作具有非线性特点。知识流以及技术流在网络的主体中进行转移、扩散，对于拥有资源较少的创新主体来说，更具有有益的影响。因此，处于规范运作期间的创新主体在资源流这一序参量的支配下进行创新活动，使每个创新节点实现运作高效、管理有序，从而推动创新活动走向自组织协同状态。此外，由于网络内部的不规范活动或外界环境的干扰，协同创新在稳定演化过程中可能产生涨落波动，此种波动通过放大效应产生新的控制序参量——外部支持参量。此种循环往复过程不断推进着协同创新的自组织演化，进而使各个主体进行协同合作，达到有序状态，最终实现创新网络的协同。基于创新网络的协同创新自组织过程如图 5 - 3 所示。

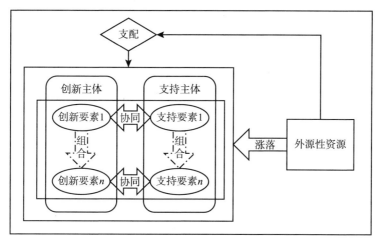

图 5 - 3　基于创新网络的协同创新过程

资料来源：笔者自制。

　　综上所述，协同创新是一个由资源吸收交换与主体要素互动的双向协同过程。资源的相互交流使主体自身达到了协同理想状态，同时，主体合作关系不断变化，不断进行自组织演化，进而达到协同状态。协同创新的竞争优势在于创新主体之间的"关系"产生了正效应。社会资源的禀赋差异及主体的资源整合能力使创新主体之间存在着"创新势差"，主体为了追求更多的创新利益，不断与处于"高位势"的主体进行学习。由于学习、模仿等关系带来的集聚力远大于单独创新的离散力，因此，创新主体之间的合作关系更加紧密，在信任、共享与利益分配的情景下，合作关系不断紧密，主体之间达成了一致的文化、价值观，合作逐渐走向协同。基于创新网络的协同创新机理如图 5 - 4 所示。

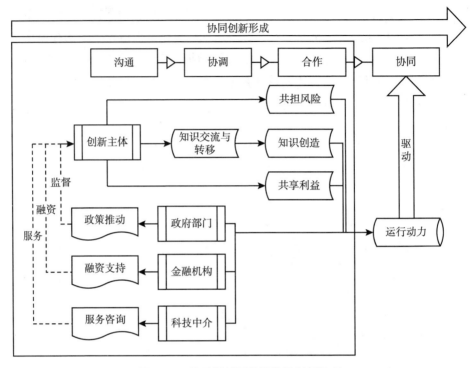

图 5 - 4　基于创新网络的协同创新机理

资料来源：笔者自制。

第三节　基于创新网络的协同创新机制构建

一、基于创新网络的协同创新界定

由于协同创新是异质性的创新主体根据创新需求，借助社会关系网络，进行创新的活动，因此，网络环境是协同创新发展的必要背景。格兰诺维特等学者分析了产业集群中创新环境与社会网络发展的关系，认为此种社会网络可能超越公司和产业边界，从而促进协同创新的发展（Granovetter，1988）；有学者认为协同创新可以协调不同主体的网络利益，通过共享不同资源，共同研发新产品，从而降低研发成本与风险；有学者认为创新可以通过组织间的互动实现知识的转移和创造，从而形成网络式创新（Steiula and Schiel，2002）；范太胜（2008）认为创新网络是一种有效的创新模式和机制，通过合理的协同创新机制可以有助于创新网络中主体的绩效提升。

学者们的研究表明，随着创新的网络化发展，协同创新活动及其绩效越来越受到网络的影响。因此，基于创新网络的协同创新研究，即是将协同创新活动置于创新网络环境下，探讨不同的创新网络结构（关系或连接方式）对协同创新及其绩效的影响。在此基础上，设计合理的协同创新机制，可以帮助创新主体在网络环境下更好地进行创新活动，从而提升创新绩效。协同创新概念继承了熊彼特的创新思想，是不同创新主体及创新要素进行重新组合的表现，强调了要素间非线性作用和系统的自组织特性。不同创新主体之间的连接构成了复杂的创新网络，处于网络中的不同主体，在非线性相互作用下最终达到了单个主体所无法达到的整体协同效果。创新网络中的要素通过整合与互动完成协同创新活动。

二、基于创新网络的协同创新特点

现代战略和政策思想认为，研发和技术创新对于企业、产业甚至国家间的创新和竞争都是极其重要的（Bresnahan，2004）。创新网络是技术创新发展到一定阶段的产物，其产生与发展对研发主体的创新激发和运行均起到了重要的作用。各类要素的非线性协同作用使网络内部的新物质不断涌现。企业、高校以及科研机构在创新活动中，彼此之间产生竞合关系，并进行有效的信息、人才、知识的交流，同时受到主体外部政策、文化等的影响，其协同性主要体现在，运行过程中不同要素之间的交互作用使创新网络呈现出单个组织要素所不具备的功能（苏屹，2015）。

（一）资源获取高效性

由于创新网络具有一定的集聚性，这种特性使网络中的主体可以高效地选择自己所需的资源，提升网络资源的利用效率。创新网络作为一种组织平台，集结了专业的科技成果转化者——企业以及知识的主要供给者——学研机构。

企业是创新活动的重要主体，是创新活动的"第一行动集团"（董瑞华，2009），其参与创新的内部动力来源于对利润的追求以及对市场竞争地位的把控；而其外部动力则来源于其他互补合作主体的资源掌握。企业的创新活动刺激了其他主体的需求，促使提供创新知识、创新人才的学研机构，更加积极地参与协同创新活动。与此同时，在合作创新的推动下，金融、科技中介等外源机构为创新主体的创新活动提供了信息与资金流；政府则通过改善创新环境、推动创新政策的实施为协同创新提供动力保障。创新网络中的竞合关系推动着创新主体之间的合作，为创新主体之间的连接提供了动力平台，有助于互补性资源在平台中的流动。同时，由于创新网络中具有较为丰富的异质类主体，为不同创新者选择适合于自身的创新伙伴提供了合作与资源优化的"动力池"。

（二）创新运行持久性

创新网络为协同创新的运行提供了良好的合作、交流环境。与一般短期性的合作不同，基于创新网络的协同创新汇集了大量的创新主体，使协同创新活动可以持续开展。

协同创新是一种复杂的创新活动，其中涉及知识的转移及再创造、利益激励、风险管理等问题（刘江南，2012）。信息的不对称性阻碍了单线式合作创新的消息传递，使合作外源主体并不能准确地接收合作方信息。而创新网络的开放增长性提升了创新网络主体之间的资源传输效率，同时资源的传递与沟通形成了创新网络的学习型组织，任何一个网络成员与其他成员的合作过程本身就是一种学习过程。创新网络成员的知识、技术创新等都会很快通过合作进行转移，同时将新知识、新技术内化并进行实际运用（关伟，2006）。此外，创新网络中的主体在长期的合作过程中形成了彼此之间良好的信任关系。在信任关系的推动下，主体之间会更加积极、坦诚地进行交易，从而减少外部交易带来的不确定性，在一定程度上降低了创新的风险。

综上所述，创新网络内部的各个创新主体之间通过多次、长期的合作达成信任关系，打破了单个企业的封闭边界，建立了畅通的信息传递渠道。因此，网络成员可以根据其他成员的合作、获利情况，随时调整自身的竞合战略，使创新网络处于平稳、良好的运行状态。

（三）创新氛围可调节性

相关研究表明，公共政策在优化创新网络发展、提升创新网络能力方面扮演着重要的角色，协同创新发展的外部动力主要来源于政府（Furman J L，2002）。创新网络中，政府的任务是提供政策保障，包括供给面、需求面以及环境面的政策，从宏观上为创新网络创造了制度环境（陈劲，2012）。由于创新网络的形成需要一定的时间，因此，地方政府可以根据创新网络的发展情况，随时调整政策导向。不同地区、不同行业的创新网络具有不同的发展特性，因此，创新网络中的政府可以更具有针对性地调整创新政策，为协同创新的运行与优化提供针对性的保障措施。

为了深入研究基于创新网络的协同创新机制，本书的下篇将创新网络作为创新主体进行协同创新所处的网络环境，以复杂社会网络中的相关指标隐喻创新网络的现实特性，为揭示协同创新过程中的不同机制提供科学、可行的方法。

机制是指系统中各个因素之间的相互联系、相互作用方式、结构功能及其所遵循运行规则的总和（孙冰，2003）。协同创新机制是创新网络中的各个创新要素在进行创新过程中相互联系与相互作用所形成的互动关系。协同创新表现为各自系统相互协调、配合、相互促进，从而形成系统的有序结构。在不同创新序参量的作用下，创新网络中的主体不断调整自身行为，与其他主体进行互动，在自组织过程中不断提升协同创新的绩效、能力。对协同创新机制的构建有助于明晰基于创新网络的协同创新要素互动过程，从互动中发掘可能产生的问题，从而帮助创新主体及宏观管理者更好地进行协调，提升协同创新绩效。

机制的构建必须遵循系统的内在运行机理。由协同学理论可知，系统自组织演化使各个子系统达到有序后实现整个系统的协同，因此，系统的自组织演化过程就是系统实现有序、达到稳定运作过程。协同性较强的创新网络，其自我调节与完善功能较强。协同创新是对创新资源和要素的有效汇集、促进协同要素向企业集聚、实现利益共享及风险共担的过程。因此，基于协同创新的相关概念及形成机理视角，下篇提出基于创新网络的协同创新机制，主要包括：研发主体的运行机制以及促进协同要素集聚、推动协同创新活动的保障机制。其中，研发主体的运行机制主要包括创新主体的知识共享机制、利益激励机制及风险管理机制；支持主体保障机制主要包括政府调控机制、金融支持机制以及中介服务机制。基于创新网络的协同创新机制框架如图 5 – 5 所示。

三、协同创新的机制构建

（一）研发主体的运行机制

基于创新网络的协同创新知识共享机制，是创新主体之间进行知识转移、

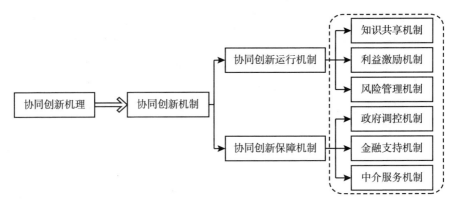

图 5 - 5　基于创新网络的协同创新机制框架

资料来源：笔者自制。

再创造的过程。协同创新主体都迫切需要与网络中的其他主题进行合作，进而推进知识扩散，通过整合知识，实现知识落差的填补。知识共享是协同创新的主要目的之一，只有实现了知识共享，才能帮助创新主体进行技术创新，从而产生更多的创新绩效。协同创新过程中的知识共享机制分析主要是为了挖掘基于创新网络的知识传递及创造过程，从而帮助创新者选择更好的知识共享路径。

基于创新网络的协同创新利益激励机制是创新主体之间进行利益分配的过程。利益分配是企业与学研机构或其他创新主体进行协同创新的重要部分，其目的则是满足资源互补需求。处于创新网络中的主体，其合作行为将受到利益与信息传递、声誉机制等因素的影响。不同的网络结构会影响声誉、信息的传递效率，进而影响利益分配及合作伙伴的长远发展。作为具有有限理性并追求自身利益最大化的创新主体，高额的非合作利益诱惑以及合理的合作利益分配，均将对创新网络中合作主体的创新行为产生影响。因此，利用演化博弈理论构建合作支付矩阵，分析创新主体的行为决策及基于创新网络的协同演化机理，进而构建基于创新网络的协同创新利益分配机制，对创新主体的利益发展具有重要的意义。

基于创新网络的协同创新风险管理机制，是创新主体之间进行风险分担及风险监测的过程。众所周知，任一体系都可能面临不确定性的风险，参与协同创新的主体都将是创新风险的承担者，因此，对风险进行有效的管理与控制，可以协调各方关系，使风险分担主体互利互惠，达到共赢的目的。风险管理机制的构建可以帮助创新主体有效地选择风险项目，并对风险进行有效的预警管理及分担，降低创新过程中的风险损害。

（二）支持主体的保障机制

保障机制是维护创新网络协同创新平稳运行的机制。基于创新网络的协同创新机制主要从政府、金融机构以及科技中介组织的角度，分析外部支持主体是如何通过各自的工具，保障协同创新的平稳运行。

处于创新网络中的创新主体通常具有较为复杂且紧密的关系资本，政府不同导向的政策工具施加于合作双方的创新过程中，对协同创新绩效产生作用效果。由于创新网络中的行为主体具有有限理性及模仿能力，其会通过各种信息渠道获取竞争方或合作方的获利信息，进而模仿对其有利的创新行为。若政府政策导向对合作创新有利，则区域网络内部主体会自发地选择合作行为，进而产生群体演化效应，促进区域协同发展。若政府政策较为盲目，不仅会浪费区域内的创新要素，而且，由于创新主体的理性经济思考，会瓦解其合作意愿，最终降低甚至破坏区域创新网络的协同发展。协同创新过程中的资金流保障着创新活动的持续发展。金融支持是协同创新得以实现的重要保障措施。随着金融中心的不断发展，处于创新网络中的主体，其技术活动创新高度依赖于金融业的直接支持。协同创新过程中的服务咨询可以提高创新主体的协同效率。由于科技中介组织占据着网络中的结构洞位置，能够有效地汇集不同的创新资源，为协同创新提供高效的信息咨询服务。中介服务机制的构建本质是帮助创新主体获取外界资源，帮助研发主体完成外部相关信息的整合，推动合作关系的建立，从而有效促进组织间的协同发展。

四、协同创新机制的互动分析

协同创新的参与要素通过相互作用进行资源的整合与共享，实现价值增值过程。在协同创新系统的自组织发展过程中，存在子机制的独立运动和它们之间各种可能产生的局部耦合以及因环境条件发生的随机波动。知识共享是知识在协同创新过程中产生的"1 + 1 > 2"的知识协同效应，是创新主体进行协同创新所带来的价值增值效应。在知识共享的过程中，创新主体共同承担协同创新的风险，共享创新利益，风险分担与利益分配为双方在创新活动中所创造的价值给予的激励性措施。在激励作用下进行知识合作与共享，将所获得的知识转换为技术或产品，进行扩散，从而实现了基于创新网络的协同创新运行过程。子系统的独立运动或它们之间的局部耦合运动占主导地位时，系统处于稳定状态，因此不会对网络产生较大的影响。当子系统的独立运动与它们之间的耦合活动达到均势阶段，系统将进入相变的临界点，这时个体耦合所形成的涨落将不断冲击系统。金融机制与科技中介组织作为支持协同创新发展的外部主体，在其产生融资困难或需要信息供给时提供一定的支持服务。政府作为协同创新的调控主体，为了使创新网络运行达到一定的经济效果而施加的相关政策，对创新网络中的协同创新活动产生影响，使协同创新向着高层级不断跃迁。

协同创新活动不是由单一机制决定的，而是由不同的子机制以及他们之间的互动作用关系共同决定的。例如，政府协同创新推动政策的传递必然促进科技中介服务与金融机构对协同创新的帮助，这种促进作用会带动研发主体的创新积极性，提升知识共享效率，降低创新的风险性，同时监督协同创新的利益分配。金融机构、科技中介以及政府在协同创新过程中起到了调节主体运行的作用，同时，主体的运行情况又通过不同渠道反馈给外部支持者，使其调整自身的支持策略。基于创新网络的协同创新各个子机制的互动关系如图 5－6 所示。

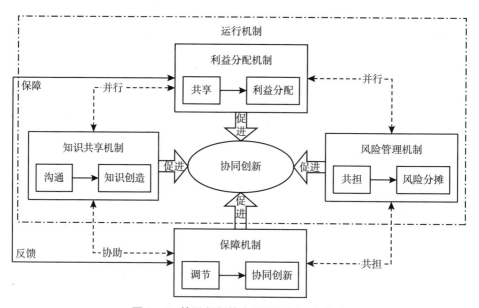

图 5－6　协同创新的主要子机制互动关系

资料来源：笔者自制。

　　需要指出的是，协同创新的各个子机制并非按照时间的顺序依次发生，而是根据实际的创新情况相伴而生的。创新网络的协同创新机制将受到不同创新网络结构的影响，表现出不同的作用效果，呈现出了更大的复杂性与不确定性。因此，为了提升基于创新网络的协同创新绩效，对网络中的协同创新各个机制进行分析具有实际且重要的意义。

第六章　基于创新网络的协同创新知识共享机制

第一节　协同创新的知识共享过程

一、知识共享的内涵

由于知识具有公共物品性、转移性以及集聚性，使创新主体可以顺利地通过合作进行知识转移，从而实现知识共享。对于知识最经典的划分，是国外学者提出的，根据知识是否可以被呈现及其表现程度，将知识划分为显性知识和隐性知识（Sweeney and Kieran，2006；Nonaka，1996）。显性知识，顾名思义是指呈现程度较高的一类知识，通常可以利用书面文字、数字或图表等大众可接受的方式表现出来，显性知识可以通过相关媒介进行有效传播，并被大多数群体所接受；隐性知识是指呈现程度较低、很难通过精确的文字等方式表达、需要通过个体之间的交流学习才能意会得到的知识。因此，合作为隐性知识的传递提供了良好的交流平台，协作双方在合作过程中可以通过学习、捕捉、传递无法用文字确切表述的隐性知识（Haldin Herrgard T，2000）。

组织学习是进行知识有效共享的手段。知识共享有利于组织成员进行沟通，帮助创新主体获得所需要的知识，缩小双方知识势差，从而加快创新扩散速度（Markus F Peschl，2014）。这种高效的知识共享效率有助于隐性知识的显性化，并通过知识外化、内化、结合、吸收，实现知识的再创新（Anne Pässilä，2013），同时将知识扩散到创新网络的组织层面（Nicole Lisa Klenk，2015），完善知识交流，支持技术创新。因此，知识共享是知识获得者实现组织价值增值的动态过程。知识只有通过不同的方式，经过吸收、利用、转化的过程，才能实现螺旋式的上升。通过对系统中的知识进行管理，可以实现知识的四次价值增值，即知识的获取与选择、加工与吸收、共享与转移、创新与创造。知识的共享与转移发生在组织间的交流过程中，知识作为创新主体的中介，通过群体化效应成为整个创新网络中共有的知识，从而实现其价值。

综合学者们的研究观点，本书将知识共享界定为：创新网络中的主体通过知识互补、吸收对方优势进行知识转移及知识再创造的过程。

二、知识共享的过程分析

知识共享过程是创新主体之间进行知识转移、再创造的过程。网络中的创新主体都迫切需要与其他主体进行合作，进而推进知识共享，通过整合知识，实现知识落差的填补。只有实现了知识共享，才能帮助创新主体进行技术创新，从而产生更多的创新绩效。因此，对于创新网络中的知识共享过程分析，主要是为了挖掘基于创新网络的知识传递及创造过程，从而帮助创新者选择更好的知识共享模式。知识共享过程包括了知识转移与知识创造。知识转移强调知识由提供者向接收者传递的过程，知识提供者具有绝对的知识优势，知识接受方根据自身创新需求，通过合作交流而获取互补知识，进行吸收利用。知识创造则强调了隐性知识的社会化与内部化，突出了知识的螺旋式上升过程。

在知识共享的过程中，知识流（knowledge flow）作为创新系统中的序参量，支配着知识的创新过程，通过显性知识和隐性知识的学习，促使其进行转移，进而协助创新网络中的主体进行资源整合，不断激发创新主体的知识创造能力，从而实现知识由整合到创新的螺旋式上升过程。根据国外学者提出的知识创造 SECI 过程，基于创新网络的协同创新知识共享过程，实质就是创新主体利用网络中的知识，实现社会化、外部化、联合化、内部化的过程，基于这一循环过程，创新主体不断增强自身知识竞争力，参与协同创新，从而实现由个体到整体自组织演化过程（Nonaka，1995）。

创新网络为创新主体的社会化活动提供了交流平台。处于社会化阶段的创新主体将根据网络中其他主体掌握资源的情况，选择合作伙伴。在获取隐性知识后，创新主体将其显性化处理，以便进行再次创新，使个体的隐性知识转化为网络公有知识；创新主体通过联合化过程，整合网络中的分散知识，将第一、第二阶段所获取的隐性知识进行汇总，形成创新知识系统，并在内部化过程中自我吸收，通过实践和学习创造新的知识，形成了知识转移、知识处理、知识整合、知识创新的螺旋式上升过程。此外，创新主体通过吸取有用知识，结合自身的优势进行加工，并将新的知识输送到创新系统中，进行转移与分享，实现知识的双向循环。因此，网络主体的创新能力、学习能力以及隐性知识显性化的程度，将影响着网络中的知识共享效率。

综上所述，知识在协同创新的组织之间进行转移、吸收、消化、共享、再创造，实现了沟通、协调、合作、协同的知识螺旋式上升过程。根据创新网络的知识共享过程，设计模型并进行仿真分析，可以帮助创新主体减少在创新过程中的成本投入，缩短科研周期，提高信息时代中不断更新的知识利用效率。

第二节　协同创新的知识共享模型及实现

一、知识共享的模式

根据第二部分的分析可知，创新网络中的知识有两类，即显性知识与隐性知识。显性知识可以通过特定的表达方式进行编码，供网络中的协同合作伙伴学习，易于传达。而隐性知识存在于组织人员的脑中，且无法用特有的文件、图表等进行编码表达，需要通过合作者之间的沟通与交流进行转移。因此，本书将创新网络中的知识共享模式分为三种，即直接共享、间接共享以及混合共享。

（一）直接共享模式

直接共享模式（Direct Pattern，DP）是指网络中的相关知识，通过员工或派遣人员的直接接触而产生的知识共享方式，这种直接接触与学习，通常会促进网络中隐性知识的传递。创新网络中的创新主体在进行合作时，通过彼此交流，由知识提供方转移给知识学习方。由于隐性知识保存于知识提供方的脑中，无法用特定的文字进行编码，而知识接受方可通过连接（合作）关系的建立，对知识进行学习，从而增强自身的知识储备，完成知识转移、学习、增值的过程。

直接共享模式下，假设知识提供方为 P_a，其拥有某类知识 K_{ij}，通过对该类隐性知识的掌握，知识供给方 P_a 可以进行知识二次创新，创新能力为 α，其中 $\alpha \in (0, 1)$；知识学习方为 P_b，其对提供方所转移的知识学习能力为 β，其中 $\beta \in (0, 1)$。通过协同合作关系，P_a 将自身的知识转移给与之相连接的组织，进行一轮知识转移后，知识提供方 P_a 与知识学习方 P_b 的知识增长情况为：

$$I_a(t+1) = I_a(t) + \alpha_{P_a} \cdot I_a(t) \qquad (6-1)$$

$$I_b(t+1) = I_b(t) + \alpha_{P_a} \cdot \beta_{P_b} \cdot I_a(t) \qquad (6-2)$$

（二）间接共享模式

间接共享模式（Indirect Pattern，IP）是指创新网络中的相关知识通过编码后形成固定的文字、图表、公式等进行传递的方式。知识学习方可以直接学习已经编码过的线性知识，从而获取知识。此时，知识供给方 P_a 将所拥有的知识进行显性化表达，而通过编码的显性知识，可能会在编码过程中发生部分缺失或偏移，假设知识的显性化程度为 λ，其中 $\lambda \in (0, 1)$，则通过显性化后，知识学习方的知识增长为：

$$I_b(t+1) = I_b(t) + \alpha_{P_a} \cdot \beta_{P_b} \cdot \lambda_{P_a} \cdot I_a(t) \qquad (6-3)$$

（三）混合共享模式

混合共享模式（Mixed Pattern，MP）下，知识拥有方将以概率 P 按照式（6-1）与式（6-2）选择直接转移；以概率 $1-P$ 按照式（6-3）选择间接转移知识。

二、创新网络的构建

随着知识转移模型的不断发展，学者发现构建单一的网络结构，并不能十分科学地揭示知识在组织中的转移过程（Rosenblat T S，2004）。通过构建超网络模型，可以揭示组织与知识的转移、增值过程，探讨知识超网络下，不同知识转共享模式对知识共享效果的影响。

有些情况下，用一般的网络并不能完全刻画真实世界网络的特征，如供应链中商品之间的交流与社会网络中关系层级之间的交流（Hammond D，2007）、知识合作网络中的知识与通信交流方式（Beckmann M J，1995）、金融网络中的资金流与资金归属者（Daniele P，2003）等。鉴于此，有学者首次将超网络引入学术领域，分析了运输系统的超网络模型（Sheffi Y，1985）。超网络（supernetwork）是指网络中包含着网络的复杂系统，是一种新兴的复杂网络研究方法，由于社会上存在着众多"网络嵌套网络"的现象，因此，对于超网络的研究符合社会网络"网络流"研究需要，可以更加科学有效地解决社会网络中所出现的问题（Nagurney A，2002）。

（一）知识子网络的构建

知识网络的基本构成要素，是网络组织中的相关知识，借鉴文献研究，本章将创新网络中个人拥有的知识通过知识网络树图进行描述（Yunjiang X I，2007；Wang Qian，2013），将组织所拥有的知识划分为知识领域（Knowledge Field）与知识元（Knowledge Unit，KU），如图 6-1 所示。其中，网络节点的知识存量根据其知识的隶属关系表示为同一层级，同一层级中的知识源不存在知识重叠的情况。创新网络中的知识网络表达式为 $NK=(K_k, V_k)$，其中，K_k 为网络节点数，V_k 为网络的连接关系，$V_k=\{(k_i, k_j)|\theta(k_i, k_j)\}$，若 $\theta=1$ 表示 k_i 是 k_j 的子节点，否则 k_i 与 k_j 无连接关系。

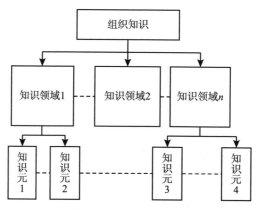

图 6-1　知识网络示意

资料来源：笔者自制。

（二）创新合作网络的构建

创新主体的合作网络描述了创新网络中各个创新主体之间的关系。创新主体连接形式多具有无标度或小世界特性。分别构建具有无标度特性与小世界特性的创新合作网络。合作网络表达式为：$NC = (K_c, V_c)$。其中，K_c 为合作网络中的主体数量，V_c 为合作网络的连接关系，若 $V_c = 1$，表示创新节点之间存在合作关系；若 $V_c = 0$，则表示创新节点之间不存在连接关系。

（三）基于创新网络的知识共享超网络构建

创新合作网络中的网络成员将拥有知识子网络中的相关知识。据此，构建合作网络与知识网络之间的连接关系，此种网络与网络之间形成的关系，就构成了基于创新网络的知识共享超网络，如图 6-2 所示。

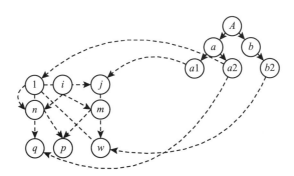

图6-2　知识共享的超网络示意

资料来源：笔者自制。

通过建立数组 $v[n, m]$，表述创新网络成员拥有的知识量多少，二维数组的建立，将合作网络与知识子网络清晰地连接起来，最终形成异质性网络之间的连接关系。假设创新合作网络 NC 中的每个创新主体的初始知识存量 $TK_{PS}(t)$ 为该主体拥有的各类知识的初始存量的总和：

$$TK_{P_a}(t) = \sum_{k_{ij}=1}^{m} v(P_a, k_{ij})(t) \qquad (6-4)$$

合作子网络中的知识总量为：

$$TK_{P_a}(t) = \sum_{P_a=1}^{n} v(P_a, k_{ij})(t) \qquad (6-5)$$

　　根据合作子网络与知识子网络之间的关系，建立超网络表达式 $SN = (K, V, V_{k-k}, V_{c-c}, V_{k-c})$，其中，$V_{k-c}$ 是超网络中知识网络与合作网络中的创新主体节点的连边的集合。仿真时，设置矩阵元素值为 0 或 1，用以表示第 i 类知识领域是否拥有第 j 类知识元。网络中的知识元个数为 m 个，其值为创新主体合作关系网络中所有非 0 元素的总和。

　　高效的知识共享水平可以促进创新主体之间的协同合作，提升创新绩效。知识共享作为协同创新的目标之一，其知识水平的高低衡量了创新网络中知识转移效率快慢。在一定时间内，创新网络中的知识水平增长越快，说明网络的知识共享效率越高，因此，选择知识水平来衡量整个网络的知识共享效率。此外，创新网络中的知识均衡性可以衡量整体网络的知识发展水平，均衡性越高说明网络的凝聚力越强，各个创新主体的知识接受能力越相当。综上所述，本书选择平均知识水平（levels of average knowledge）与知识均衡性（knowledge balance），衡量创新网络的知识共享水平，如式（6 - 6）、式（6 - 7）所示：

$$u(t) = \frac{1}{n} \sum_{P=1}^{n} TK_P(t) \tag{6-6}$$

$$\sigma^2 = \frac{1}{n} \sum_{P=1}^{n} TK_P^2(t) - u^2(t) \tag{6-7}$$

三、知识共享的实现

　　根据前文论述的知识共享超网络规则，设计仿真步骤如下：

步骤 1　生成具有一定节点数目的合作创新网络 NC 与知识网络 NK；

步骤 2　初始化仿真参数，并设定不同的超网络参数值；

步骤 3　按照知识共享的三种模式所述规则运行仿真程序；

步骤 4　执行仿真算法，进行不同网络结构下的知识共享算法；

步骤 5　重复步骤 2 至步骤 4，达到设定的代数后仿真终止，分别生成不同网络拓扑结构下的知识共享效果仿真图。

　　需要说明的是，现有研究表明，现实网络多具有无标度或小世界特性。为了更好地拟合现有网络结构，本书利用复杂网络隐喻创新网络，分别讨论具有无标度和小世界特性的创新网络结构下的知识共享的情况。创新网络的规模，根据文献设置为 500 节点（Zhang L, 2019）。通过上述仿真步骤，利用 Matlab 软件生成不同参数设置下的创新网络知识共享效果图。

（一）无标度网络中的知识共享

图 6 - 3 和图 6 - 4 描述了无标度拓扑结构下的创新网络中，创新能力、学习能力以及显性化程度对知识直接、间接与混合共享路径下，创新网络的平均知识水平与知识均衡协同结果的影响。当创新能力 α 分别为 0.2、0.5、0.9 时，无标度拓扑结构下，创新网络中的平均知识水平与知识均衡性如图所示。

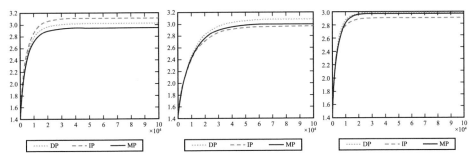

图 6 - 3　当 α = 0.2、0.5、0.9 时 BA 网络中的平均知识水平

资料来源：Matlab 软件仿真输出。

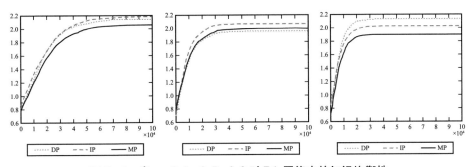

图 6 - 4　当 α = 0.2、0.5、0.9 时 BA 网络中的知识均衡性

资料来源：Matlab 软件仿真输出。

由图 6 - 3 可知，随着节点创新能力的不断增加，无标度网络环境下，创新网络的知识平均水平逐渐呈现直接模式大于混合模式、大于间接模式的状态。这是由于在具有无标度特性的网络环境下创新主体不断增加，根据无标度网络"马太效应"的特点，新加入网络的创新主体，将选择创新能力强、连接关系较多的主体进行合作创新。由于网络内部主体可以通过已编码的文件学习合作伙伴的显性知识，此时，对于创新主体，需要更多的隐性知识补给，通过合作交流传递的隐性知识是创新主体最为需要的，因此，当主体的创新能力较强时，直接共享模式更有利于网络知识的共享及创造。

如图6-4可知，随着节点创新能力的不断增加，无标度网络环境下，创新网络的知识均衡性逐渐由间接共享模式变为直接模式。这是由于知识均衡性反映了网络中各个主体所拥有的知识存量情况。在创新能力较低时，间接模式下的各个主体通过可编码知识，学习到了较为相似的知识，此时，网络均衡性最强；而随着主体创新能力的增强，无标度网络中度值较高的主体，将通过更多的直接沟通获取隐性知识，在隐性与显性知识共同催化下，直接共享模式下的知识协同均衡能力逐渐增强。因此，创新主体在协同创新过程中，应该不断自我评价，掌握自身的创新能力，根据自身能力选择适当的知识共享途径，提升协同效率。

当创新主体的学习能力 β 分别为0.2、0.5、0.9时，无标度拓扑结构下，创新网络中的平均知识水平与知识均衡性如图6-5和图6-6所示。

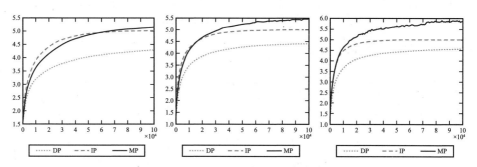

图6-5　当 β =0.2、0.5、0.9时BA网络中的平均知识水平

资料来源：Matlab软件仿真输出。

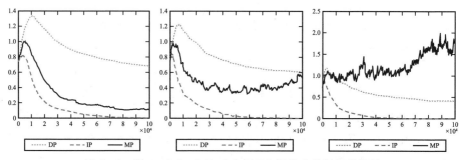

图6-6　当 β =0.2、0.5、0.9时BA网络中的知识均衡性

资料来源：Matlab软件仿真输出。

如图6-5所示，学习能力对合作创新知识共享水平的影响，起到主导作用的主要为混合模式与间接模式。而对知识均衡性起主导作用的主要是混合模式。这是由于学习能力主要体现了创新主体对于合作伙伴给予的显性知识的理解、接受程度，随着学习能力的不断提高，创新主体更易于掌握共享知识，使网络中的知识平均水平达到最高的协同效率。同时，由于无标度网络中，网络节点多与极少数创新能力较高的节点进行合作连接，使网络中创新节点的集聚性较低，知识供给方的连接面积较为局限，使隐性知识的传播受到阻碍。从图6-6中发现，在讨论无标度网络中学习能力对知识共享的影响时发现，网络中的知识平均水平在短期上升后出现了下降的现象，这是由于在学习能力较弱时，间接共享模式在传递、再学习时发生了阻滞，知识的传递方与接收方均不能较好地进行共享，导致网络知识均衡性下降。在学习能力提升后，混合共享模式下的知识均衡性逐渐上升。

当知识供给者的知识显性化程度 λ 分别为0.2、0.5、0.9时，无标度拓扑结构下，创新网络中的平均知识水平与知识均衡性如图6-7和图6-8所示。

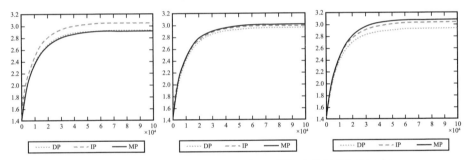

图6-7　当 λ = 0.2、0.5、0.9 时 BA 网络中的平均知识水平

资料来源：Matlab 软件仿真输出。

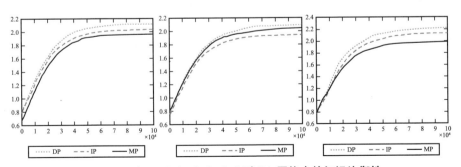

图6-8　当 λ = 0.2、0.5、0.9 时 BA 网络中的知识均衡性

资料来源：Matlab 软件仿真输出。

如图 6-7 和图 6-8 所示，随着知识供给者对于隐性知识的显性化表达程度的提高，创新网络中的平均知识水平在间接模式下达到最高水平。而网络知识均衡性在直接共享模式下达到最高。这是由于隐性知识的显性化程度越高，创新主体越容易从编码文件中获取更多的知识。因此，通过间接共享模式的可视化知识学习，能使网络中的主体学到更多的互补知识并进行创新，从而提升网络主体的创新效率，提高网络的平均知识水平。对于网络知识的均衡性来说，直接共享模式下，无标度网络中的异质性节点更易于获取不同的隐性知识和显性知识。因此，在直接共享模式下，创新主体进行知识共享的路径更为便捷，信息损失相对较小，使网络知识的均衡性达到了最大平衡点。

（二）小世界网络中的知识共享

图 6-9 至图 6-14 描述了在小世界环境中创新能力、学习能力、显性化程度对创新主体平均知识水平与知识均衡的影响。当创新能力 α 分别为 0.2、0.5、0.9 时，小世界拓扑结构下，创新网络中的平均知识水平与知识均衡性如图 6-9 和图 6-10 所示。

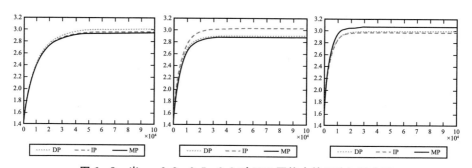

图 6-9　当 $\alpha = 0.2$、0.5、0.9 时 NW 网络中的平均知识水平

资料来源：Matlab 软件仿真输出。

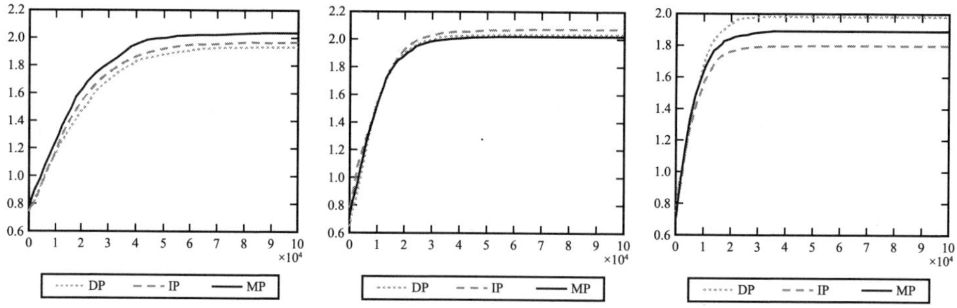

图 6-10　当 $\alpha = 0.2$、0.5、0.9 时 NW 网络中的知识均衡性

资料来源：Matlab 软件仿真输出。

在小世界拓扑结构下，创新网络中的平均知识水平在混合共享路径下达到最大，高于直接与间接模式。这是由于小世界网络更加趋于能力平衡，网络中合作伙伴连接呈现正态分布趋势，创新网络中的主体在协同创新过程中产生的合作连接较为平均，通过均衡的隐性知识、显性知识的综合渠道学习，可以使创新网络知识达到较高水平状态，网络节点对主体的创新能力敏感度较低。而在知识均衡性方面，直接共享模式对于知识方差的影响效果最大，这是由于小世界网络的合作关系紧密，主体之间通过信任直接沟通，获取隐性知识。因此，在直接共享模式下，创新网络的知识均衡性最高。

当创新主体的学习能力 β 分别为 0.2、0.5、0.9 时，小世界拓扑结构下，创新网络中的平均知识水平与知识均衡性如图 6 – 11 和图 6 – 12 所示。

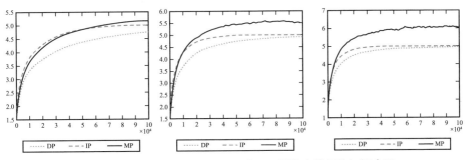

图 6 – 11　当 β = 0.2、0.5、0.9 时 NW 网络中的平均知识水平

资料来源：Matlab 软件仿真输出。

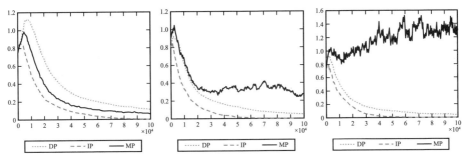

图 6 – 12　当 β = 0.2、0.5、0.9 时 NW 网络中的知识均衡性

资料来源：Matlab 软件仿真输出。

由图 6 – 11 和图 6 – 12 所示，在具有小世界特性的创新网络中，混合的知识共享模式对网络中的平均知识水平以及知识均衡性均起到显著的促进作用。

这是由于小世界网络中信息传播路径较短，创新主体连接关系较为紧密，间接共享模式与直接共享模式均能促进网络的整体知识共享效率及水平，并且在两种模式共同存在时达到最大化。同时，混合共享模式下，随着创新主体学习水平的提升，知识方差表现出了较大幅度的波动。这是由于小世界网络的凝聚性较高，网络连接较为紧密，合作主体的创新能力更强，与其合作的主体更多，导致了网络知识均衡的波动。

当知识供给者的知识显性化程度 λ 分别为 0.2、0.5、0.9 时，小世界拓扑结构下，创新网络中的平均知识水平与知识均衡性如图 6-13 和图 6-14 所示。

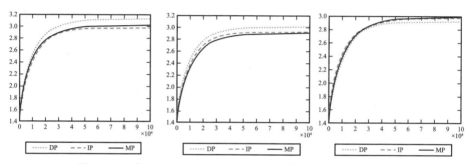

图 6-13　当 λ =0.2、0.5、0.9 时 NW 网络中的平均知识水平

资料来源：Matlab 软件仿真输出。

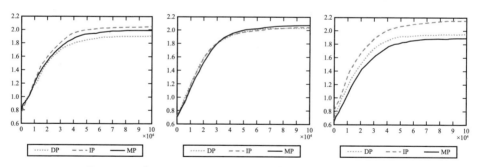

图 6-14　当 λ =0.2、0.5、0.9 时 NW 网络中的知识均衡性

资料来源：Matlab 软件仿真输出。

由图 6-13 和图 6-14 可知，随着知识供给方的显性化能力的提高，混合共享模式下，网络中的知识平均水平达到最大。这是由于小世界网络结构更加稳定，网络中的合作伙伴连接相对平衡，当知识更易被显性化表达时，通过隐性知识、显性知识的混合共享渠道，可以使创新网络中的平均知识水平达到较高的状态。而在知识均衡性方面，随着知识显性化程度的提高，间接共享模式体现出了较为显著的优势。

第三节　协同创新的知识共享机制

基于创新网络的协同创新知识共享机制构建，是为了帮助创新网络中的协同创新主体，更好地实现知识共享。通过知识共享过程及仿真分析发现，创新网络中的创新主体自身的创新能力、学习能力、知识表达的显性化能力对网络的平均知识水平及知识均衡性会产生不同的影响。此外，不同网络环境会对协同创新的知识共享产生不同的效果。因此，我们主要从主体信任机制、知识管理机制以及组织学习机制三个方面构建协同创新的知识共享机制。主体之间的信任机制构建可以帮助创新主体更好地进行无障碍交流，更有助于小世界网络环境下的主体进行合作、沟通；组织学习机制的构建则有助于主体对显性知识进行学习、吸收，同时精准地捕捉到合作过程中的经验性隐性知识；而知识管理机制的构建则有助于创新网络中的成员，进行知识的高效、准确获取，同时帮助成员在知识管理平台中寻求更好的互补资源与伙伴。基于创新网络的协同创新知识共享机构构建如图 6 – 15 所示。

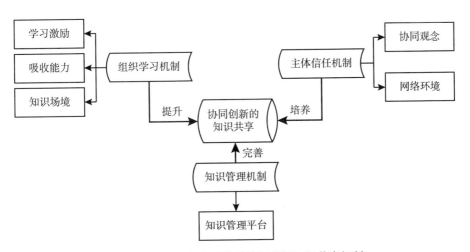

图 6 – 15　基于创新网络的协同创新知识共享机制

资料来源：作者自制。

一、主体信任机制

企业与学研机构作为协同创新的主要参与人，其个体协同能力对创新活动有着重要的影响。创新主体间的信任培养主要从两方面入手，其一是培养合作伙伴之间的协同创新观念，其二是完善创新网络环境。

第一，培育正确的协同创新观念。由于创新网络中具有众多的创新主体，不同主体之间有着不同的企业观念、文化，由于受到不同文化观念的影响，创新主体之间的协同合作往往会产生分歧，多数企业缺乏双赢的合作文化意识，从而导致创新网络中的过度竞争，浪费了创新资源，降低了协同创新效率。因此，培育正确的协同创新观念、达到双赢的目的是现阶段协同创新需要重点树立的企业观念。

第二，完善创新网络环境，增强合作组织间的信任关系。从仿真分析中可以看出，小世界的拓扑结构更利于创新网络进行知识协同创新，而小世界网络最为突出的特点即是网络平均路径长度较短、凝聚力较强，因此，应该不断培养创新网络中各个主体之间的信任度。加强网络中的信任约束，对采取机会主义行为给创新活动带来隐性损失的主体给予声誉惩罚。由于信任违约带来的负面影响是长久的，同时，网络的复杂连接性可能加速或扩大这种负面声誉效应，因此，为了自身声誉和社会形象，创新主体在较高的惩罚力度下，会自觉选择履行义务，完成合作，同时保持良好的协同创新关系。创新组织间的相互信任是提高协同创新效率的重要手段。只有组织间保持了信任关系，才能更好地进行交流、学习，促进隐性知识的转移与传递。通常情况下，创新主体对于自身的知识保护意识会对协同创新过程中的知识获取造成一定的阻碍作用，而信任关系的建立可以有效提升组织之间的知识交流。反之，在缺乏信任的合作关系中，协同创新各方的知识交流可能是不准确的、过时的或无用的。创新网络的存在使创新主体以往的合作历史可以清晰地呈现在其他主体面前，创新主体应该高度严谨地对待每一次合作，保证网络信誉。

第三，提升处于结构洞位置的主体的作用。结构洞是连接两类创新主体的第三方主体。第三方节点可以将自身所拥有的资源传递给与其相连接的两类主体，通过第三方主体的作用，其他两类主体也可以相互交流信息，使所获取的知识、信息进行非重复性累加。因此，结构洞是创新网络中各节点信息搜索和辨别的有利工具，在创新网络中，结构洞越多，越有利于异质类资源的整合，从而提升合作创新网络中的协同创新绩效。对于处于结构洞位置的创新主体来说，应该鼓励其进行知识交流与释放，防止知识单节点堆积造成的资源传递阻塞现象。从而缩短网络的信息传递长度，使网络主体的凝聚力更强。此外，创新网络中的主体可以通过弱关系的建立获取资源信息。在创新网络中，弱关系越多，越有利于网络节点认识更多对自己有利的节点，并让其为自己提供自身所需的异质类资源信息，从而保证了资源信息的获取，提升协同创新绩效。信任可以通过交流沟通、个人魅力以及信息共享等途径实现。此外，若双方并无历史合作，在协同创新前，应通过合同及道德规范进行约束，明确创新各方的权利及义务，防止创新主体的自身利益受到损害。

二、组织学习机制

第一，建立完善的学习激励机制，提升员工知识学习的努力程度，通过努力实现知识的共享与整合过程。创新网络中的各个主体应该不断审视自身的知识发展水平，根据所处的网络环境，在创新合作形成初期，不断培养自身的创新、学习等能力，以便更好地接受网络中的隐性和显性知识；随着协同创新的不断发展，调整自身的知识共享渠道，提升协同创新效率。在协同创新过程中，创新主体要不断培养与合作伙伴之间的信任关系。在双方高度信任的基础上，隐性知识的传递才能更加高效。

第二，提升自身的知识吸收能力，通过学习型企业文化的建立，在创新主体内部构建学习型组织，从而增强组织员工学习知识的能力。创新网络中的主体通过组织学习，可以提升主体的创新能力。对于企业而言，应该积极地与高校或科研院所互动、交流，将自身已有的技术和信息积极地提供给创新合作者，使其可以更快地融入企业的创新活动中。对于学研机构而言，要努力投入合作创新项目中，将自身优势资源共享到网络中，同时将自身知识与企业共享知识有效地结合、吸收，从而创造出更多有价值的知识。

第三，营造有利于组织学习的知识场景。知识是创新的重要能量源泉，但是创新过程中必然会面对创新失败等消极境况。企业应该建立容忍、允许失败的学习环境，强调学习精神与创新精神，通过督促学习和内外部交流，提高创新成员的知识水平，降低因知识差异而导致的知识共享障碍。同时，企业领导者应该创造良好的知识共享机会。此外，企业可以建立内外部培训制度，搭建学习平台，拓宽员工的知识获取渠道。其中，内部培训主要是指企业通过与学研机构或其他企业建立合作关系、聘请相关专家到企业内部进行授课或培训，外部培训以企业员工到外部合作企业或学研机构进行调研、学习为主。内外部培训制度的建立可以帮助员工提高创新主体的知识创造效率。

三、知识管理机制

协同创新系统中的知识管理是指对各种知识在企业、学研机构中的创造、扩散、共享和应用。创新网络中的创新主体，可以通过知识管理获取最新的科学技术知识。可以通过建立合适的知识管理系统平台，将创新主体所需的各种隐性知识与显性知识整合，通过对知识的学习、利用、互换来提高知识管理水平，以便在知识的不断创新中，寻求更广阔的生存与发展空间。因此，构建起一套完备的知识管理系统，可以帮助网络内的创新者得到前沿的科技知识，使创新者在进行研究时，迅速汇集信息，并且及时、便捷地输送到使用者手中。这就解决了分散的信息不能有效地集中到使用者手中的问题。同时，知识管理平台的构建可以为创新网络提供丰富的知识元，受到创新收益边际递减效应的影响，同一类知识的创新作用会随着协同创新的发展而逐步递减，因此，知识管理平台为网络提供的丰富知识元，可以帮助创新主体不断汲取新知识，保持网络内部知识的多样化。

知识管理注重知识的扩散和转移。知识管理可以通过不同形式的转让与中介活动，将科技知识推广，从而促使整个区域乃至国家经济快速发展。由于知识管理直接参与到研究与生产的过程中，因此它为科学研究提供了全程的信息资源。企业乃至整个创新系统应该充分利用知识管理这一理论方法，使其成为整个系统内各个主体交流信息的桥梁，解决产学研之间脱节的问题。知识管理对象包括信息技术、人力资源以及信息资源；知识管理系统的要素包括知识管理客体——知识、知识管理主体——人、知识链、技术工具、企业环境。

在协同创新过程中引入知识管理，首先要考虑的就是方便用户汲取知识，与此同时，使各用户的顺利沟通成为可能，让知识最大化地共享。因此，应将创新网络中的各机构建立在同一平台，以方便其进行交流。其次，知识的传递需要统一的系统，所以一套完备的知识传递系统应成为用户获取已有知识、存入创新知识的必要条件。最后，应当保证整个创新系统平台有一个强大的基础（即可以高效、安全运行的软件、网络服务层），以保证知识储备有序、合理。遵循整体性、实用性、共享性的原则，将知识管理系统平台划分为：用户层、知识的传递层、存储层以及根基层，具体构建如图 6-16 所示。

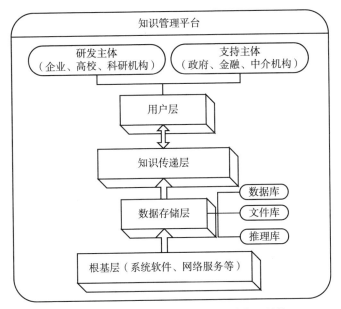

图 6-16　知识管理的协同创新系统体系结构

资料来源：张路蓬，苏屹. 基于知识管理的区域创新系统构建研究［J］. 情报杂志，2010，29（6）：59-62。

（一）用户层

　　人力资源是区域创新系统中必不可少的因素。在上述体系结构中，将创新网络协同创新系统中的研发主体与保障主体作为体系的用户层。其中，研发主体包括协同创新的主要参与者，即企业、高等院校以及科研机构；保障主体包括维护创新网络协同创新运行的参与者，即政府、金融机构以及科技中介组织。由于这些主体是人力资源的一部分，因此，将其统一到一个共享平台可以减少相互交流带来的不必要的成本损失，同时提高了信息的利用效率，消除了创新系统发展的屏障，使企业主体、科研主体、政府、中介及金融机构主体以及它们之间的无障碍交流成为可能。

　　用户层中的企业主体是知识的主要获取者。企业通过完善的计算机网络环境，可以将不断更新的知识应用于产品创新、升级中，并在创新的过程中，将发现的新问题再次储存于计算机系统中，以方便科研主体进行研究改进。与此同时，通过知识管理系统所提供的市场信息，企业主体可以更好地了解瞬息万变的市场环境，以便迅速做出适合于当前市场变化的决策方案。

学研机构主体除了利用知识管理系统中已有的知识外，其在用户层中主要扮演了知识输出者的角色。一方面，学研机构主体主要由科研机构、教育机构组成，并以专业的知识及专门的技术为基础，将系统平台内已经拥有的显性知识结合利用，同时，在应用的过程中不断创新，协助企业主体进行产品的研制及更新。另一方面，由学研机构派往企业的工作人员也可以协助其进行科研工作，这样，不仅在整个创新网络内，而且在独立的用户层中也实现了一个相互交流、互动的循环过程。

在创新网络中，政府主体起着统筹全局的作用。在用户层中，政府主体可以借助知识管理系统从各个方面监督协同创新的运行，并根据不断变化的内部、外部环境，出台相应的政策，为经济的顺利发展创造良好的政策环境。

中介与金融机构主体作为创新网络中的媒介，发挥着桥梁的作用。科技中介服务机构是指面向社会进行技术信息交流、科技评估、成果转化、管理咨询的服务机构。因此，用户层中的中介主体可以根据所汲取的知识选择具有发展潜力的技术成果，在适合的地点进行推介，同时提供咨询服务。此外，中介主体也可以将交流后的新知识重新存储于知识管理系统中，为用户层中的其他主体进行服务。

综上所述，协同创新过程中的研发主体与保障主体不仅仅作为一个用户层整体利用知识管理库中的知识，同时它们也作为不同的个体进行相互交流、创新，从而使隐性知识与显性知识的交流、沟通成为可能。因此，知识管理在用户层中起到了源泉的作用，是基于创新网络的协同创新系统中信息的采集与提供的重要途径。

（二）传递层

知识管理平台中的知识传递层主要包括知识的收集与传播。传递层作为信息资源的载体，将原有的知识以及不断更新的知识恰当地存储于整个体系中。在协同创新系统中建立恰当的收集与传播平台，可以将分散在各机构中的知识集中起来，为知识的合理传播打下良好基础。传递层的建立既解决了系统中信息过于分散的问题，也避免了由于人员流失而造成的经验的损失。

知识的收集是通过各种手段，从各种领域收集有关的数据、信息等素材。这些素材可能是已被分类整理过的，也可能是零散的。知识的收集主要从整个创新网络的内部与外部入手。在内部，不同主体中的个人、团队在实际工作和讨论中会产生相应的经验知识，要将这些不断激发的知识收集到传递层，为整个创新网络的可持续发展服务。外部知识主要来源于网络外部竞争对手、客户、供应商等，对外部信息进行不断收集、实时掌握，有利于保证整个区域经济在社会发展中位于领先地位。知识的传播则主要通过计算机系统将所建立的知识管理系统平台实物化，为创新网络中的各个主体服务。

知识的传递层为知识管理系统的核心层，它不仅可以将存储层中已经存储的各种知识传递给信息的使用者，也可以收集所激发的新的知识。在传递层中，应当建立一个功能强大、安全性能高的知识管理门户，使信息可以快速、准确地实现"收集—传递—收集"这一循环。

（三）存储层

存储层主要包括数据库、文件库以及推理库。从收集层中收录的知识较分散，且归纳性差，数据库将这些知识进行分类，并且归纳、整理，形成一个具有较强规律性的知识数据库。这不仅能够节约寻找知识所需的费用及时间，而且也容易掌握，搜索更为便捷。数据库可以随时将冗余的知识剔除，以确保清晰明了。文件库主要存储一些能用文字和数字表达出来的、容易以数据的形式交流和共享的显性知识，文件库中主要包括文档资料、多媒体资料、图像资料等，以供使用者快速准确地查找到所需要的文件资料。隐性知识由于存在于人脑中，无法被他人应用，因此，推理库就负责将这些原本不可编码的、存储在人脑中的隐性知识存储起来。从推理库出发，可以从知识库中找到具有相似点的信息源，从而推理出具有一定关联度的知识。综上所述，存储层除了负责传统意义上的数据库存储外，还包括将所获取的文件信息、隐性知识转换为可读取的信息格式。而存储层与根基层的相互协调作用可以降低各机构寻找资源的成本，缩短时间，同时，也加快了各机构的研发速度。

（四）根基层

知识的无序化管理将导致信息检索的困难。为了让已经产生的知识给外部带来各种效益，在基于创新网络的知识管理系统平台上，特设了根基层，使数字化与信息化能够深入展开。根基层主要包括支持知识管理体系的系统软件以及网络服务，通过系统软件的设立，可以查找到已经存储的属于区域某个个体内部的知识；通过网络服务，可以将创新网络中的主体所拥有的知识有机结合并相互交换。

　　在建立知识管理平台时，应当注意以下三个问题。（1）安全性。网络是各个主体之间进行交流互动的重要媒介，整个系统中软件、硬件的安全运行也就成为网络内部创新者关注的问题。因此，在构建知识管理平台的基础上，应出台相应的紧急故障防范措施，避免恶性攻击给整个系统带来冲击。（2）应当善于将存在于员工头脑中的隐性知识显性化。由于隐性知识的发掘比较困难，而这些知识往往又是企业的核心竞争力所在，因此，在建立知识管理平台的同时，应当营造一个良好的网络创新环境，建立适当的员工激励机制，使网络创新系统内部的人员乐于相互交流经验、思想。（3）政府部门应当对整个创新系统有统筹的把握，采取积极的干预政策，推进各机构之间的交流。

第七章　基于创新网络的协同创新利益激励机制

第一节　协同创新的利益激励过程

一、创新主体的利益构成

利益共享是创新主体进行协同创新的经济目的之一。协同创新不仅仅是一个技术过程，更是一个社会互动的过程，合作最终能否达成，取决于创新主体对利益的诉求是否满足预期收益。协同创新过程中的利益是多方面的，主要包括经济利益与社会利益。其中经济利益一般会通过有形资产的形式表现，而社会利益则是无形资产的体现，主要包括创新主体的社会信誉、地位等（陈劲，2011）。雷永（2008）将协同创新过程中的利益分为有形利益与无形利益，有形利益是协同创新主体的内在动力和追求目标。段晶晶（2011）将协同创新的利益分为直接利益与间接利益，认为直接利益就是创新主体所获得的实在的东西，如利润、产品等；而间接利益是指无法用货币衡量的利益，如名誉、社会形象等。

学者对利益的划分总结起来主要包括两类，第一类为可以用货币衡量的经济利益；第二类为商誉、名誉等无法用货币形式衡量的利益。但是，无法用货币衡量的名誉、商誉等利益，可以通过伙伴之间的信息传递转化为合作的正、负资源。若创新主体在网络中具有较高的声誉，合作信誉良好，那么会吸引更多的合作伙伴与其创新合作，从而带来可以衡量的经济利益。无形的利益可以通过转化成为有形利益。因此，综合考虑利益的可计算性，结合学者的研究成果，本书将创新网络中的利益分为合作利益与机会利益（易余胤，2005）。合作利益（高宏伟，2011）是指创新主体不因任何外界诱惑而发生违约行为的情况下，依据双方合作前签订的契约，分配给双方的经济利益。机会利益是指双方在合作过程中，由于信息不对称而放弃原有合作并投入到新的合作中而获取的利益，机会利益的大小为额外利益与违约金额的差值（于烨，2013）。

二、利益激励的过程

创新主体进行协同创新的首要目的是利用技术、知识、人才等资源进行快速创新，实现创新主体的利润最大化，因此，利益激励是协同创新过程中的核心问题。创新主体对于利益的追求千差万别，既包括眼前局部利益的微观利益追求，又包括长远利益的宏观需求。在社会经济的发展过程中发现，既能满足眼前利益又能获取长远利益的劳动才是有效的。因此，创新主体在追求价值增值的过程中，必须保证全局的长远价值创新（钟裕高，1996）。而创新网络为协同创新的长远价值实现提供了良好的平台。创新网络的连接多样化、复杂性提升了信息资源的传递效率，约束了创新主体为了个人利益最大化而选择的机会主义行为。

协同创新的利益激励过程中，利益作为影响协同运行的序参量之一，对协同创新的自组织演化起到了一定的引导作用。通常情况下，创新主体间通过签订合约达成共识并进行协同创新后共享合作利益。然而，由于创新主体在资金投入、创新能力、科研规模等方面存在客观的差距，创新主体在进行合作利益分配时出现一定的偏差，进而对协同关系的发展产生一定的影响。因此，合作利益分配的合理与否将引起创新网络中协同合作关系的变化。协同合作的公平利益分配可以促进创新网络中的协同创新稳定开展，催化协同创新的平稳扩张，同时吸引大量的外部主体共同参与协同创新，共享收益。而不合理的利益分配将会在创新网络平台中通过连接关系进行扩散，阻碍创新主体的长远发展。不合理利益分配的创新主体将被孤立在网络平台中，最终退出网络合作。

随着创新主体日益复杂化，创新网络中会存在一部分对高额机会利益的追求者，由道德风险演化的违约现象不断在创新网络中显现（Crama P，2007）。创新主体受到来自创新网络平台外部的高额利益诱惑而产生的机会利益，将干扰以"契约型"合作模式为主导的创新主体间合作的稳定发展（周静珍，

2005），使合作创新双方由于违约而产生信任违背现象（Pavlou P A, 2005）。此时，机会利益作为利益分配序参量，对协同创新的自组织演化起到了干扰作用，使创新网络中的协同连接断裂，导致创新网络结构的变化。此外，合作关系确立后，合作伙伴采取的行动以及对契约的履行态度均难以预料或完全掌握，信息传递效率由于连接主体的复杂性而降低，信息不对称现象逐渐显现（Eric Brousseau, 2011）。因此，违约和信息不对称现象的发生将对创新网络中的协同创新产生影响，使协同合作密度发生变化。如果这种变化出现在少数个体中，对协同创新的干扰不会很大，但若此种机会利益的追逐者过多，将会导致创新网络运行紊乱，甚至瓦解已经成型的创新网络。

从参与个体角度分析，由于创新网络中的任何参与主体在创新过程中均会对合作利益或机会利益进行选择，其自身利益最大化的偏好特性会对创新合作者产生一定的影响。此时，一方的行为选择将直接影响对方的合作收益，双方行为选择属于博弈行为。若一方为追求机会利益而选择违约，则合作方将会受到因对方违约而带来的损失及损失补偿；同理，若双方信守承诺，则合作创新顺利实施，双方均会获得一定比例的合作收益。

从创新网络整体角度分析，网络中合作策略的采纳以及扩散过程类似生物群落的繁殖，具有明显的策略模仿与学习特征（周凌云，2013）。不同合作意愿与"学习"策略的创新主体基于合作利益的分配开展合作，同时受到机会利益的诱惑，干扰合作创新行为，从而形成创新网络协同合作密度演化的正负反馈双轮驱动机制，如图 7-1 所示。

创新网络协同创新的利益分配过程分为策略选择、利益比较、学习模仿、策略更新四个时间阶段。策略选择阶段，创新网络中的创新主体根据不同的合作意愿，在合作利益或机会利益的诉求下采纳某种博弈策略。彼此间的信任会对协同合作意愿产生正影响，促进协同创新的达成；而外界干扰会引起合作意愿的降低，对协同创新产生负影响。协同合作结束后，创新主体对决策产生的利益进行比较并学习（Zimmermann M G, 2004）。若所获利益相同，主体不进行博弈策略的更改；若获得利益不同，创新主体会调节自身的博弈策略并进行合作伙伴的重新匹配。处于学习阶段的创新主体若发现自身利益较小，会在下一轮博弈决策时选择被学习主体的策略；若双方选择了相同的策略，则创新主体会更改自身的长程连接，在下一轮合作中重新选择合作伙伴。此外，声誉与信息传递会对合作伙伴的选择产生一定影响，即若创新主体对于利益分配不公平或因为机会利益而选择违约行为，则"声誉效应"会在创新网络中扩散，对创新主体的远期利益造成损失。因此，出于违约成本以及自身声誉的考虑，创新网络中的主体会自觉规范自己的行为。但若外界的诱惑利益远超过正式合作所带来的利益，违约行为则可能发生，从而引起整个创新网络协同合作密度的变化。

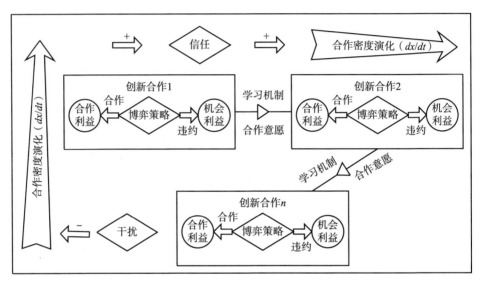

图 7 - 1　基于创新网络的协同创新利益激励过程

资料来源：笔者自制。

第二节　协同创新的利益激励模型与实现

一、主体利益的演化博弈模型构建

作为创新网络中的参与者，创新主体是否进行协同创新取决于双方的博弈策略采纳。作为有限理性的创新主体，在初始阶段并不一定能够找到最优策略，因此会在博弈过程中不断地进行学习、试错以期寻找最优策略。假设创新网络中存在两类有限理性创新群体：创新群体 1 与创新群体 2。规定两类创新群体均有两种策略选择，即协同合作或违约，并以合作最终是否达成构建 2 × 2 阶非对称支付矩阵（见表 7 - 1）。

表 7 – 1 不同创新行为下创新主体间博弈收益矩阵

主体行为选择		创新主体 2	
		协同合作	违约
创新主体 1	协同合作	$U_{11} = u + \alpha \cdot \pi$ $V_{11} = v + (1 - \alpha) \cdot \pi$	$U_{12} = u + b_v$；$V_{12} = v + E_v - b_v$
	违约	$U_{21} = u + E_u - b_u$；$V_{21} = v + b_u$	u；v

资料来源：笔者自制。

表中，u、v 分别代表创新主体 1、创新主体 2 在不进行协同创新时，所获得的原始收益，π 为创新主体选择合作策略时所产生的共同利益，$\alpha \in (0, 1)$ 为利益分配系数。b_v 为创新主体 2 赔偿给创新主体 1 的违约金额，$b_u(b_u \geqslant \alpha \cdot \pi)$ 为创新主体 1 支付给创新主体 2 的违约金额；E_u、E_v 为创新主体 1、创新主体 2 选择违约后所获得的机会利益。

假设在初始阶段创新主体 1 中选择合作策略主体的比例为 x，选择违约策略主体的比例为 $(1 - x)$；创新主体 2 中选择合作策略主体的比例为 y，选择违约策略主体的比例为 $(1 - y)$。

创新主体 1 选择合作策略的收益为：

$$P_{1x} = y(u + \alpha \pi) + (1 - y)(u + b_v) \quad (7 - 1)$$

创新主体 1 选择违约策略的收益为：

$$P_{2x} = y(u + E_u - b_u) \quad (7 - 2)$$

创新主体 1 的平均收益为：

$$\overline{U_{px}} = xP_{1x} + (1 - x)P_{2x} \quad (7 - 3)$$

创新主体 2 选择合作策略的收益为：

$$P_{1y} = x[v + (1 - \alpha)\pi] + (1 - x)(v + b_u) \quad (7 - 4)$$

创新主体 2 选择违约策略的收益为：

$$P_{2y} = x(v + E_v - b_v) \quad (7 - 5)$$

创新主体 2 的平均收益为：

$$\overline{U_{py}} = yP_{1y} + (1 - y)P_{2y} \quad (7 - 6)$$

各个创新主体根据多次博弈的结果调整策略选择，选择合作策略主体的演化用如下微分方程组成的动态复制系统来表示：

$$\frac{dx}{dt} = x(1 - x)[y(u + \alpha \pi) + (1 - y)(u + b_v) - y(u + E_u - b_u)] \quad (7 - 7)$$

$$\frac{dy}{dt}=y(1-y)\{x[v+(1-\alpha)\pi]+(v+b_u)-x(v+E_v-b_v)\} \quad (7-8)$$

令 $\frac{dx}{dt}=0$，$\frac{dy}{dt}=0$，在平面 $R=\{(x,y)\,|\,0\leqslant x\leqslant1,0\leqslant y\leqslant1\}$ 得出此博弈的

五个均衡点分别为 $(0,1)$、$(1,0)$、$(0,0)$、$(1,1)$、$\left(\dfrac{v+b_u}{E_v-b_v-(1-\alpha)\pi},\right.$

$\left.\dfrac{u+b_v}{b_v+u+E_u-b_u-\alpha\pi}\right)$。根据创新主体 1 与创新主体 2 的复制动态方程进行分

析，当 $x=\dfrac{v+b_u}{E_v-b_v-(1-\alpha)\pi}$ 时，对于所有 y 均为稳定状态；当 $x<$

$\dfrac{v+b_u}{E_v-b_v-(1-\alpha)\pi}$ 时，$y^*=0$ 与 $y^*=1$ 均为稳定点，其中 $y^*=1$ 是进化稳定策

略；当 $x>\dfrac{v+b_u}{E_v-b_v-(1-\alpha)\pi}$ 时，仍然是 $y^*=0$ 与 $y^*=1$ 两个稳定点，其中

$y^*=0$ 是进化稳定策略。同理，$y=\dfrac{u+b_v}{b_v+u+E_u-b_u-\alpha\pi}$ 时，对于所有 x 均为稳

定点；当 $y<\dfrac{u+b_v}{b_v+u+E_u-b_u-\alpha\pi}$ 时，$x^*=0$ 与 $x^*=1$ 均为稳定点，其中 $x^*=1$

为进化稳定策略；当 $y>\dfrac{u+b_v}{b_v+u+E_u-b_u-\alpha\pi}$ 时，$x^*=0$ 为进化稳定策略。根据

以上分析，该演化博弈的群体复制动态和稳定性如图 7-2 所示。

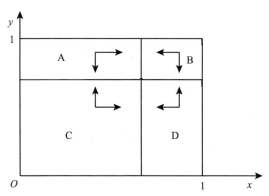

图 7-2　创新主体复制动态和稳定性相位图

资料来源：笔者自制。

当创新主体处于区域 A 时，主体 1 将最终选择合作策略而主体 2 将稳定于

违约策略；当创新主体处于区域 B 时，双方均会选择违约策略；当处于区域 C 时，创新双方均选择合作策略；当创新主体处于 D 区域时，主体 1 选择违约策略而创新主体 2 将选择合作策略。因此，创新主体在不同利益分配与诱惑下会达到不同的稳定结果。

创新网络中的创新主体在学习过程中不断调整自身的策略选择，使网络中的协同创新最终达到不同的稳定状态。然而，创新网络是一个不断增长的复杂网络，随着网络主体获利的不断增加，创新网络会吸引外部主体参与协同创新。同时，创新主体在策略选择时会更倾向于选择具有优势的个体作为邻居。处于创新网络中的创新主体在进行协同合作行为采纳的过程中，其演化规律将受到创新网络环境的影响。

二、基于创新网络的利益激励模型构建

在具有一定拓扑结构的创新网络中，创新节点 m 会随机选择邻居节点 n 进行收益比较。若自身获益 $pr_m < pr_n$（邻居收益），创新节点 m 将调整自身博弈策略，并以模仿概率 W 选择节点 n 的策略（汪小帆，李翔，陈关荣，2012）。

$$W_{m \to n} = \frac{1}{1 + \exp\left[(pr_n - pr_m)/k \right]} \qquad (7-9)$$

式中，k 表示外界环境等不可控因素对策略学习产生的无法避免的干扰。综合考虑创新节点的累积收益以及外界不可抗拒因素对节点策略选择的影响，选择中性噪声强度 $k = 0.5$ 进行仿真。创新节点进行比较学习后，将以随机概率 γ_{ms} 进行长程连接重选。随机概率 γ_{ms} 可表示为：

$$\gamma_{ms} = \sum_{m \in G} \frac{P_s^{\beta}}{P_m^{\beta}} \qquad (7-10)$$

式中，p_s 为节点 s 的收益；β 为偏好倾向，设定 $\beta = 1$ 作为仿真参数值。

当所有创新节点以上述规则进行模仿学习及策略更改后，经过时间演化，最终计算创新网络中采纳协同合作策略主体数占总主体数的比重作为协同合作率，以此探究基于创新网络的协同创新行为的演化现象。

三、仿真实验

根据以上仿真算法，设计在不同创新网络拓扑结构下，创新网络中主体的

演化博弈过程：

步骤1　$T=0$ 时刻，生成一定节点数目的无标度网络 $G_1(V, E)$ 与小世界网络 $G_2(V, E)$，同时初始化参数；

步骤2　$T=1$ 时刻，由于创新网络主体的策略选择在初始时具有一定的随机性，因此仿真初始，将博弈策略以随机形式分配给网络中的各个节点，节点赋值 1 为采纳合作策略，赋值 0 为采纳违约策略；

步骤3　$T=2$ 时刻，创新网络中的各主体选择邻居节点进行收益比较，若自身收益大于或等于邻居收益，则下轮博弈不做任何策略改变；若该轮博弈后自身收益小于邻居收益，则以概率 W 式（7-9）进行策略模仿；若策略相同，转入步骤4；

步骤4　$T=3$ 时刻，根据式（7-10），进行合作伙伴的重新选择；

步骤5　重复步骤2至步骤4，达到设定的博弈轮次后，仿真终止并生成仿真图。

（一）合作利益分配仿真

仿真前进行演化博弈分析的数据预选。初始时，创新网络中采纳协同合作与违约策略的主体数量具有一定的随机性，因此利用 Matlab 软件对初始主体策略选择比例（x 与 y）进行随机赋值。在咨询管理科学及复杂系统相关领域的专家后，结合相关文献确定了创新网络中的参数，见表 7-2（王灏，2013；钱成，2010）。

表 7-2　　　　　　合作利益分配下创新网络中各参数仿真取值

创新网络规模	博弈次数	α	偏好 β	总利益 π	原始收益 u	原始收益 v	b	$E_v - b_v$	$E_u - b_u$
100 节点	250 次	0.1	1	2	1	1	2	4	4
100 节点	250 次	0.5	1	2	1	1	2	4	4
100 节点	250 次	0.9	1	2	1	1	2	4	4
500 节点	500 次	0.1	1	2	1	1	2	4	4
500 节点	500 次	0.5	1	2	1	1	2	4	4
500 节点	500 次	0.9	1	2	1	1	2	4	4

资料来源：根据《光电子产业区域创新网络构建与演化机理研究》《基于社会影响模型的观点演化规律研究》整理。

　　初始生成 100 个节点的小规模无标度与小世界特性的创新网络，得到创新网络协同合作演化规律（如图 7-3、图 7-4 所示）。

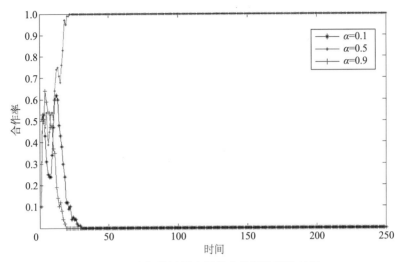

图 7-3　小规模无标度网络合作行为演化结果

资料来源：Matlab 软件仿真输出。

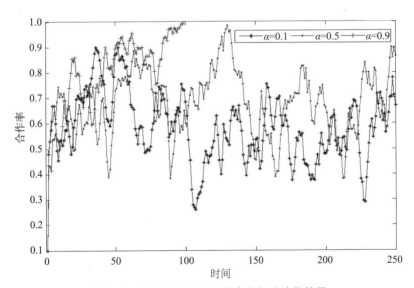

图 7-4　小规模小世界网络合作行为演化结果

资料来源：Matlab 软件仿真输出。

在具有无标度特性的小规模创新网络中，当利益分配系数为 0.1 和 0.9 时，创新网络的协同合作率在小幅度波动后最终退化为 0，即网络中无协同创新行为；利益分配系数为 0.5 时，网络合作率演化为 1，即创新网络中的主体均选择协同创新策略。而在具有小世界特性的小规模创新网络中，合作利益的公平分配并未使创新网络中主体的合作行为演化为稳定的结果，创新主体的合作策略在博弈次数内处于反复波动状态。从创新网络拓扑结构角度分析，具有无标度特性的网络，其节点度呈现幂律分布状态，展示出较强的"马太效应"。从整体上看，某些引导能力较强的主体牵动了整个无标度网络其他节点的连接趋势；而具有小世界特性的创新网络，其节点度分布多呈现正态分布状态，节点连接关系较广泛。因此，在短时间内创新主体并不能形成统一的连接趋势，导致具有小世界特性的小规模创新网络在不同利益分配系数下并未形成稳定的演化趋势。从社会关系角度分析，无标度网络节点连接较为简单，信息在网络中的传播路径简捷。不合理的合作利益分配会通过简捷的信息渠道传递给其他创新节点，网络中的各创新主体出于保护自身利益的目的而拒绝协同创新，最终导致创新网络的合作密度退化为 0。而小世界网络中主体的连接较为复杂，使该种创新网络的社会关系多样化，除"实力择优"的合作关系外，不乏"人脉择优"的关系。因此，合作利益的分配并不能完全决定创新网络主体的行为趋势。此外，在小规模无标度创新网络中，连接关系简单化导致具有协同合作行为主体的节点数目有限，搜索成本大幅度提升。因此，创新网络中的主体较依赖现有局势以降低创新成本，进而加快了创新网络中协同创新的演化稳定速率。小世界网络由于具有丰富的连接关系，网络中的创新成员持续寻找最佳合作伙伴，以求自身利益最大化，导致创新网络的协同合作行为处于不断波动的状态。

初始生成具有 500 个节点的大规模创新网络，设定博弈次数为 500 次，得到大规模创新网络合作密度演化规律（如图 7-5、图 7-6 所示）。

在具有无标度特性的大规模创新网络中，不同合作利益分配下，创新网络的协同合作密度最终均演化为 1，即创新网络规模较大时，节点间合作利益分配的公平与否并不会改变网络整体的合作趋势；在具有小世界特性的大规模创新网络中，无论利益分配系数公平与否，创新网络的协同合作密度一直处于波动状态。这是由于创新网络中的主体除了考虑自身利益外，会观察同类主体的决策行为。在无标度特性下，网络主体连接简单，网络中大部分主体选择合作策略时，新的创新主体会基于"羊群效应"而选择合作策略。此时，改变网

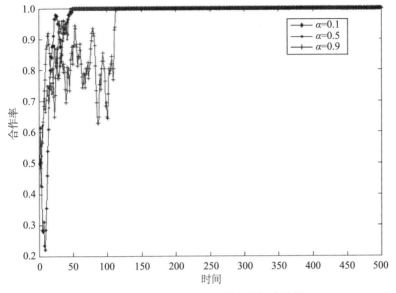

图 7 – 5　大规模无标度网络合作行为演化

资料来源：Matlab 软件仿真输出。

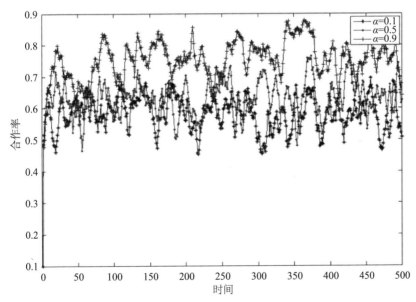

图 7 – 6　大规模小世界网络合作行为演化

资料来源：Matlab 软件仿真输出。

络结构需要消耗较大的成本，因此创新网络合作密度在"羊群效应"的驱动下趋于稳定。而小世界网络由于亲缘人脉等关系连接较为复杂，创新主体始终为了自身利益最大化而不停地寻找合作关系，即使合作利益公平分配，主体也会因为人脉资本或亲缘资本而不停寻找合作者以获得最佳利益获取路径，导致创新网络合作率的不断波动。

结论 1　合作利益的公平分配对基于创新网络的协同创新行为影响不同。小规模创新网络中，合作利益的公平分配会提升无标度创新网络的合作率，但并未对小世界创新网络产生显著影响；大规模创新网络中，合作利益的公平分配不受网络拓扑结构的影响，创新主体最终合作率均趋于稳定。

（二）机会利益分配仿真

设定仿真参数值，分析在不同规模创新网络下，违约引起的机会利益分配对创新网络协同合作密度的影响（见表 7 - 3）。

表 7 - 3　　　　　　　　违约利益分配下创新网络中各参数仿真取值

创新网络规模	博弈次数	α	偏好 β	总利益 π	原始收益 u	原始收益 v	b	$E_v - b_v$	$E_u - b_u$
100 节点	250 次	0.5	1	2	1	1	2	4	4
100 节点	250 次	0.5	1	2	1	1	2	14	14
100 节点	250 次	0.5	1	2	1	1	2	24	24
500 节点	500 次	0.5	1	2	1	1	2	4	4
500 节点	500 次	0.5	1	2	1	1	2	14	14
500 节点	500 次	0.5	1	2	1	1	2	24	24

资料来源：根据《光电子产业区域创新网络构建与演化机理研究》《基于社会影响模型的观点演化规律研究》整理。

基于表 7 - 3 参数值的设定，机会利益为合作利益的 2 倍、7 倍、12 倍。通过 Matlab 软件得到如图 7 - 7、图 7 - 8 所示的仿真效果。

在具有无标度特性的小规模创新网络中，当机会利益为合作利益的 2 倍时，创新网络中各主体的合作率最终趋于 1；当机会利益为合作利益的 7 倍时，创新网络的协同合作密度不断波动，在仿真周期内并无最终稳定值；当机会利益超过合作利益 12 倍后，创新网络的合作率退化为 0。在具有小世界特性的小规模创新网络中，机会利益的产生使网络合作密度产生波动，在迭代范

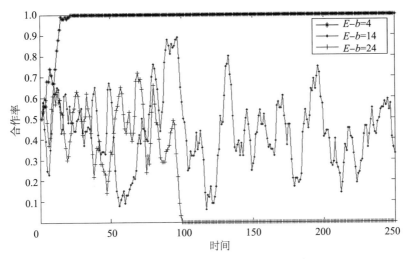

图7-7　小规模无标度网络合作行为演化

资料来源：Matlab 软件仿真输出。

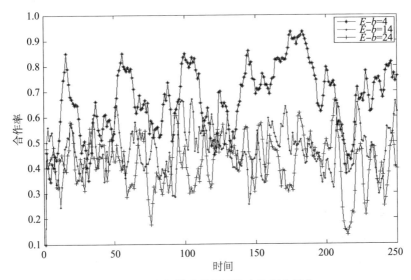

图7-8　小规模小世界网络合作行为演化

资料来源：Matlab 软件仿真输出。

围内并未产生最终稳定值，但是较小的机会利益诱惑下创新网络合作率要高于较大机会利益的诱惑。这是因为无论创新网络的拓扑结构如何，合作声誉均会存在于创新网络中，由于小规模创新网络信息传递高效，若创新主体在创新网络中具有较高的声誉，则会获得更多的合作机会与合作利益；若创新主体为了获取机会利益而选择违约行为、忽略合作伙伴的利益而造成"违约声誉"，会对其在创新网络中的发展产生不利影响。

如图 7-9 所示，在具有无标度特性的大规模创新网络中，当机会利益较小时，创新网络的合作密度演化为 1，创新网络中的各主体最终趋于合作状态；而当机会利益较大时，创新网络的合作密度处于波动状态。在具有小世界特性的大规模创新网络中，较小的机会利益使创新网络中的合作密度更高，这与小规模小世界网络产生了相同的趋势，但是机会利益的大小对合作率的影响更显著，图 7-10 中产生了更加明显的分层状态。这是由于，大规模创新网络中信息不对称现象显著，信息传递速度较慢，创新节点的"违约声誉"在网络中的传播速度和准确率相对弱化，导致了创新网络协同合作密度的频繁波动。

结论 2　机会利益是创新网络中合作密度发生波动的重要因素之一。小规模创新网络中，机会利益会使无标度创新网络协同合作密度退化。大规模创新网络中，机会利益对小世界创新网络的影响更加显著。

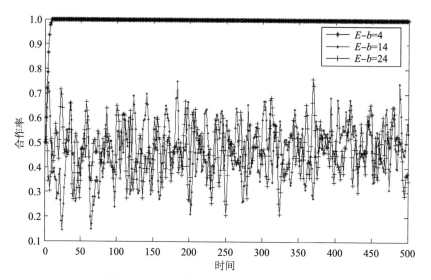

图 7-9　大规模无标度网络合作行为演化

资料来源：Matlab 软件仿真输出。

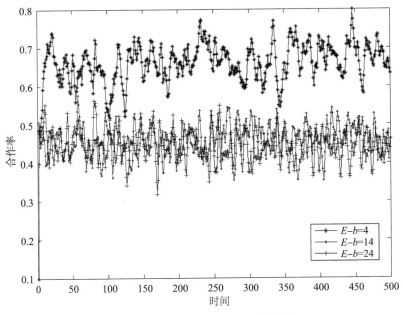

图7-10　小世界网络合作行为演化

资料来源：Matlab 软件仿真输出。

以上研究表明，与单纯演化博弈分析不同，创新主体间协同创新行为的演化在不同创新网络环境下产生了不同的结果，相同的利益参数设定对创新网络合作密度产生了不同的演化效果。因此结论1与结论2共同表明：不同的利益分配机制对不同创新网络规模及拓扑结构下的协同创新行为产生不同的影响。

结论3　在具有无标度特性的创新网络环境下，利益分配机制对协同创新运行的影响相对较小。

一些学者对东北三省装备制造业创新网络与浙江服装产业创新网络进行实际研究分析后，发现如下现象：随着创新网络的不断扩张，网络中的协同合作密度不断增加，以协同创新形式产生的发明专利数量大幅度提升（张古鹏，2015）；信任度越高的企业越能构建丰富的创新网络关系，并使得这些关系更为密切、长久；企业为建立关系所付出的承诺越强有力，越有助于企业构建丰富的创新网络关系（邬爱其，2006）。此外，若企业过多关注自身利益，传递资源效率低，不但对其他成员合作创新起不到应有的作用，还会限制自身长远发展，从而对协同创新的稳定发展产生不利的影响。

第三节　协同创新的利益激励机制

创新网络中的公平的合作利益分配有助于协同创新的良性发展，利益激励机制的构建可以帮助协同创新主体更好地进行利益激励，保障创新主体的个人利益，从而使创新网络中的协同创新运行更加稳定。一方面应该保障合作利益的公平分配，另一方面应该遏制协同创新主体对于机会利益的追求。因此，主要从创新个体的利益分配机制、利益诉求机制、利益惩罚机制三个方面构建协同创新的利益激励机制（如图 7 – 11 所示）。

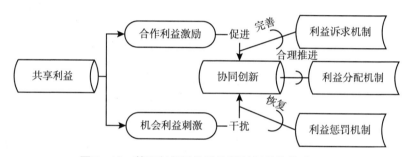

图 7 – 11　基于创新网络的协同创新利益激励机制

资料来源：笔者自制。

一、利益分配机制

根据风险水平的不同调整利益分配方案，对参与各方进行较为科学的计量，从而调动协同各方的积极性。夏普力（Shapley）值法是基于各方合作伙伴在协同创新过程中产生经济效益的重要程度进行利益分配的方法。

夏普力值法是由夏普力提出的用于解决多人合作对策问题的数学方法。在该活动中，每个主体都会有自身的贡献，当创新主体的创新活动是非对抗性时，会产生一定的协同效应（吕萍，2012），从而带来独立创新所没有的合作最大收益。而对于这种收益的分配，夏普力提出了合理的利益分配模型。

假设集合 $I = \{1, 2, \cdots, n\}$，如果对于 I 的任何一个子集 S 都对应着一个实值函数 $V(s)$，满足：

$$V(f) = 0 \qquad\qquad (7-11)$$

$$V(s_1 \cup s_2) \geqslant V(s_1) + V(s_2) , \ s_1 \cap s_2 = f(s_1 \subseteq I, \ s_2 \subseteq I) \qquad (7-12)$$

称集合 $[I, V]$ 为 n 人的合作决策，而 V 为相关决策的特征函数。一般情况下，我们采用 x_i，来表征 I 中成员 i 从协同创新活动中所获得最大收益 $V(I)$ 里，应该得到的利润分配。在合作 I 的基础下，用 $x = (x_1, x_2, \cdots, x_n)$ 表示合作的利益分配对策，那么此次协同创新成功的标志为：

$$\sum_{i=1}^{n} x_i = V(I) \qquad (7-13)$$

且 $x_i \geqslant V(i)$，$i = 1, 2, \cdots, n$

在夏普力模型中，合作下的伙伴利益分配称为夏普力值，记作：$\pi(V) = [\pi_1(V), \pi_2(V), \cdots, \pi_3(V)]$。其中，$\pi_i(V)$ 表示在协同创新 I 中第 i 合作伙伴所得的分配，可求解：

$$\pi_i(V) = \sum_{s \in s_i} \frac{(n - |s|)!(|s| - 1)}{n!} [V(s) - V(s - i)] \qquad (7-14)$$

式中，s_i 是集合 I 中包含协同创新伙伴的所有子集，$|s|$ 为子集 S 中的元素个数，n 为集合 I 中的元素个数，$V(s)$ 为子集 S 的收益，$V(s-i)$ 是子集 S 中除去主体 i 后可取得的收益。

利用夏普力值的基本模型，创新主体可以根据自身发展及创新活动进行利益调整，从而保证利益的合理分配。

二、利益诉求机制

利益诉求是创新主体在协同创新过程中维护自身权利、争取合理利益的重要途径。为了降低协同创新过程中的机会主义错误，应该在协同创新主体合作前，提出双方的利益诉求，对利益分配进行合理规划。此种利益分配的规划应遵循三点。第一，衡量协同创新各方的投入情况。由于资源禀赋的不同，各方的成本投入也有所不同。因此，对于利益的分配应该首要衡量不同创新主体的技术投入，根据投入资本价值的不同，进行利益的分配。第二，综合考虑协同创新各方对创新活动的贡献程度。除了创新有形资源的投入，利益分配还应该考虑创新各方对无形资产的投入，包括知识的投入、风险的分担等。由于创新能力及核心竞争力的不同，创新主体为协同创新所创造的价值也不尽相同，因此，协同创新的管理者应该建立科学的价值评价体系，对协同创新的无形资产贡献进行利益衡量。第三，评价各方在协同创新过程中的风险承担情况。由于协同创新所面临的风险多种多样，对于不同的风险，创新主体应该给予充分的重视并采取适当的补偿机制，对于承担较大风险的主体来说，适当的利益补偿可以弥补其在创新过程中的风险损失。

处于创新网络中的个体，除了对合作具有一定的利益诉求，创新主体的内部工作人员也会存在不同的利益诉求。创新主体内部应该建立良好的员工薪酬激励机制，根据不同员工的工作努力程度及其对技术创新的贡献情况予以不同的激励。薪酬激励机制的建立可以将创新主体内部员工和股东的工作目的进行有效的统一，以帮助创新主体完成创新任务，同时实现员工的个体价值。员工薪酬激励机制的建立一是应该明确创新主体现阶段的创新目标，根据不同的目标设计不同等级的达标奖励，一方面保证员工的正常薪酬利益，另一方面对于表现突出的员工给予相关激励，从而带动其他员工的创新积极性。二是应该通过多方市场考察，建立合理的酬金激励额度，若额度设置过高，会产生成本浪费，降低企业的经营绩效，若额度设置得过低，则无法达到员工激励的目的。因此，创新主体应该充分进行市场调研，根据市场及行业综合水平，制定员工的激励薪酬。三是让所在企业的员工持有企业股份，可以增强员工劳动积极性和企业的凝聚力。因此，除了高额薪酬支付外，创新主体应该将股票期权、员工持股计划等激励政策结合使用。

三、利益惩罚机制

通过仿真分析发现，对于合作利益的不公平分配以及高额机会利益的追求，都会使创新网络中的协同合作发生衰减或者波动。因此，为了保证创新网络中的协同合作平稳、高效发展，创新主体应该主动规范自身的行为。创新合作双方应该针对利益分配情况签订合同或协议。在进行合约制定时，应根据自身所处的网络环境，综合考虑声誉带来的预期利益以及机会利益，在双方稳定合作的前提下，进行合理的利益分配，以保证合作创新网络的长久发展。对于不公平的利益分配应当及时制止。同时，为了维护自身利益，创新合作方有权利对不公平的利益分配进行申诉，保护个人合法权益。创新网络中的其他创新主体对阻碍网络平稳、高效发展的行为应该积极制止，清理网络环境。创新网络中的政府应该对有损网络协同创新发展的行为进行处罚，一方面维护协同创新者的创新权益；另一方面，通过合理的宣传，规范创新主体的协同创新行为，保障创新网络的高效创新发展。

为了防止创新网络的整体利益与组织利益或个人利益产生冲突，应该构建合理的协同创新利益平衡与惩罚机制。一方面，可以借助创新网络中的政府力量，从宏观调控的角度实现创新网络整体利益的最大化。此时，网络整体利益与个人利益若发生冲突，需要通过政策手段弥补因追求整体利益而带来的个体利益的损失。另一方面，可以根据企业创新的发展趋势选择合理的利益补偿办法。对于国家发展需求较高的高技术创新产品，政府可以予以直接的研发专项经费、融资政策优惠，鼓励其与科研院所进行协同创新，完成国家高技术创新需求；对于一些社会生活急需的规模化技术创新产品，可以适当降低其财政税收，提升创新主体的经营利润。若协同创新双方因为自身利益的偏好产生投机行为，伤害了彼此之间的信任度及合作利益，就应该对其违约行为进行惩罚。创新网络中的组织协调部门，应该建立起良好的利益预警机制，防止可能出现的利益违约风险给协同创新带来的损失。预警机制的建立包括对协同创新过程中可能出现的利益冲突进行监控、分析、评价，在利益冲突发生前进行适当调整，若利益冲突发生，应采取适当的解决方案应对，最大限度降低不确定性带来的利益风险损失。同时，利益冲突预警体系的建立应体现持续性与科学性，确保协同创新的利益运行平稳、有序。

此外，创新主体或外部支持主体在介入创新网络进行优化时，应该注意针对不同规模的创新网络采用不同的优化措施，以保证创新网络在较高协同合作密度下稳定运行。发展初期的创新网络应该加强对合作利益公平分配的舆论导向，同时，严厉遏制机会利益对创新网络的协同冲击。处于稳定时期的创新网络应该加强网络中对于机会利益追求者的监管，提升创新网络的协同稳定性。创新网络的外部管理者应该重视创新网络信用环境的优化，不断改善大规模网络的信息传播途径与速度，遏制违约风险造成的损失。创新网络中的政府或金融机构可以根据创新主体的发展情况，适时出台相关政策，促进创新主体进行规范化的合作。政府可以通过不同的政策工具鼓励创新主体进行协同创新，同时对网络中的破坏行为进行惩罚；金融机构可以通过证券、银行或保险行业，对于进行协同合作的创新企业，给予资金支持，降低协同创新风险。

第八章 基于创新网络的协同创新风险管理机制

第一节 协同创新的风险特征分析

风险管理是指对系统可能遇到的风险进行识别、评估、控制的过程。对基于创新网络的协同创新进行风险管理，可以帮助创新参与主体识别创新过程中可能出现的风险，并对风险项目进行合理的评估，从风险诱发因素及评估结果角度出发，制定合理的风险控制机制。

一、协同创新的风险内涵

风险是指经济损失的不确定性，是经济损失机会或损失的可能性，也是经济预期与实际发生结果的差异，此种差异可能是有利的，也可能是不利的（张平，2012）。本书认为，风险就是结果的不确定性以及由此种不确定性带来的损失后果。协同创新的平稳运行是合作成功的前提，但风险的存在对协同创新的稳定性造成严重影响，不利于协同目标的实现。只有对合作创新中的风险进行有效管理，才能保证合作的平稳运行，达到共同的协同目标。

国外学者将合作过程中的风险分为关系风险和绩效风险。关系风险是指合作成员对项目投入不足或进行不利于合作稳定发展的机会主义行为的可能性；绩效风险是指在创新合作过程中由于成员自身的能力缺乏或组织战略、性质和文化的匹配性差导致创新失败的可能性（Das T K，2001）。有学者指出，合作契约的不完全性、创新网络各成员利益诉求的差异性和协同管理机制的缺陷性，使合作运作过程中道德风险客观存在，导致合作受到一定程度的冲击

（Bergmann R，2008）。还有学者指出，相互独立的合作主体拥有共同的目标，保证利益的合理分配，防止机会主义行为引发的道德风险，以及能够有效促使合作主体在创新活动中充分发挥自身的核心资源等，是推动协同创新的前提（Makino S，2007）。殷群等（2013）从利益风险、管理风险、能力风险和道德风险四个方面分析了创新网络的内部风险，并认为战略目标不明确、组织不健全、利益分配不合理和主体关系不和谐是引发创新风险的内部成因。辛爱芳认为，在产学研合作中存在一定的潜在风险，如信息不对称带来的风险、技术创新自身的风险以及合作组织间的差异带来的负面协同效应的风险。肖玲诺等（2011）从知识共享不足、知识外溢、知识转化与升级不足三方面，将产学研协同创新过程中的风险分为内向性风险和外向性风险，其中，内向性风险包括管理风险和利益风险，外向性风险包括市场风险、技术风险、政策风险。杜勇等（2014）将协同创新过程中的风险分为道德风险、产权风险、协调风险、资金风险、技术风险以及环境风险，并对各方面风险产生的原因进行了分析。

综合以上学者的观点，本书将协同创新过程中的风险界定为，在协同创新过程中发生的、可能会导致协同创新运行产生波动从而使协同创新绩效发生损失的风险，统称为协同创新系统中的风险。

二、协同创新的风险类别

根据金融风险的概念，有学者将系统中的风险分为系统性风险与非系统性风险（包全永，2005）。根据参与主体行为的不同，还有学者将系统中的风险分为外部风险与内部风险（杨涛，2010）。协同创新的风险主要来自与创新合作有关因素的不确定性。陈劲在《协同创新》中将创新体系中的风险分为政策风险、信用风险、市场风险、技术风险、管理风险与资金风险。傅家骥在《技术创新学》中将市场创新风险分为了市场风险、技术风险与自组织风险三类。结合创新网络中的协同创新过程及学者们普遍接受的风险类型，本书将协同创新风险分为外部风险与内部风险。外部风险主要包括协同创新过程中的市场风险、技术风险与政策风险；内部风险主要包括网络关系风险、财务风险以及道德风险。

市场风险是指研发的新产品由于种种原因不被市场有效接受的可能性（张丽娜，2013）。技术风险是指在创新过程中由于技术研发力不足或研发人员能力较低等原因引起的创新失败的可能性（杜勇，2014）。政策风险是指政策、法律法规等的变化对协同创新产生不利影响，甚至引发创新失败的可能性（沈云慈，2014）。网络关系风险是指由于沟通、连接出现的问题导致创新失败的可能性（庄越，2013）。财务风险是指由于研发资金供给断裂或周转不灵引起的创新终止的可能性。道德风险是指创新合作者为了追求自身利益而损害合作者利益、给协同创新带来风险的可能性（耿磊，2014）。

在合作创新的过程中，异质性创新主体会由于自身的不同行为而引发上述风险。企业是协同创新的主体，是创新的技术需求方，在协同创新过程中若要素供给或市场化能力不足，则会诱发一定的创新风险。一方面，企业可能会因为对市场信息有效性的甄别出错，导致创新产品背离市场需求；另一方面，可能会因为协同创新的要素供给不足，而产生一定的技术风险。此外，企业亏损及破产可能会引发财务风险，导致创新中断。学研机构是协同创新的知识供给方，如果其知识供给能力不足或缺乏市场意识，均可能导致技术创新产生一定的风险。此外，创新双方在合作过程中由于交流不畅或刻意隐瞒等行为，可能造成信息不对称从而引发逆向选择的风险。政府是协同创新政策的制定者与调控者，政府对社会发展及产业认识的不足或过度、相关政策制定的不稳定、创新收益产权界定不明晰等均会引发政策风险。金融机构与科技中介为协同创新提供投融资、咨询类服务，其在创新过程中可能发生信贷政策变化、资金流动性不足等风险。

三、协同创新的风险诱发因素

一般而言，创新主体之间的风险可感知性为协同创新过程中的风险评估提供了一定的科学依据。学者们将协同创新过程中的风险进行了分类。为了判断不同风险类别的诱发因素，本书基于文献的角度，从 Science Citation Index、Social Sciences Citation Index 及中国学术期刊网（CNKI）中以 "innovation" "collaborative" "risk" "协同创新" "风险" 为主题词进行文献检索，最终对80 余篇与协同创新中的风险高度相关的中外文文献进行精读。在此基础上，通过专家咨询得到确切的协同创新风险诱发因素，同时，采用 Likert 1~7 分量制（其中，量表中 1 表示很不重要，2 表示比较不重要，3 表示有点不重要，4 表示一般，5 表示有点重要，6 表示比较重要，7 表示很重要）邀请专家按照上述评分制对协同创新风险诱发因素的影响程度进行评估，结果如表 8 - 1 所示。

表 8 – 1　　　　　　　　　　　协同创新的风险诱发因素

范畴	风险类别	诱发因素	均值	标准差
外部性风险	市场风险	市场竞争性	3.10	0.57
		市场不确定性	3.70	0.95
		市场发展前景不乐观	3.40	0.97
		市场营销能力不强	3.00	0.67
	技术风险	研发人才投入不足	3.80	1.62
		研发水平不高	4.00	1.05
		技术吸收与转化能力不强	4.60	0.84
	政策风险	国家相关法律政策的调整	4.70	0.82
内部性风险	网络关系风险	沟通不顺畅	6.60	0.52
		知识转移意愿不强	5.20	0.79
		知识接受能力不高	5.00	0.82
		知识外溢	5.60	1.17
		知识价值实现不够	4.00	0.82
		利益分配不公	6.50	0.71
		知识产权归属不清	3.70	0.95
		利益约定不明确	4.90	1.10
	道德风险	信息不对称	4.40	0.70
		机会主义行为的发生	5.00	0.67
	财务风险	创新资金链的断裂	3.80	1.14

资料来源：笔者自制。

　　为了判断关键诱发因素的诱发程度大小，再次邀请专家组中10位专家针对上述要素的不确定性程度进行进一步评价，与第一轮咨询类似，仍采用 Likert 1 ~ 7 分量制设计专家咨询问卷。

$$f_i = \begin{cases} 3, & \text{当有 3/5 及以上的专家认为 } e_i \geqslant 6 \\ 2, & \text{当有 3/5 及以上的专家认为 } 3 \leqslant e_i < 6 \\ 1, & \text{当有 3/5 及以上的专家认为 } e_i < 3 \end{cases} \qquad (8-1)$$

　　式（8 – 1）中，e_i 为第 i 个指标的专家打分值，且 $e_i \in [1, 7]$ 的整数；f_i 为这些诱发因素对风险的影响程度及因素本身的不确定性程度，即 $f_i = 3$ 表示评价等级"高"；$f_i = 2$ 表示评价等级"中"；$f_i = 1$ 表示评价等级"低"。通过对访谈情况进行汇总、整理和补充，结果如图 8-1 所示。

	单元一	单元二	单元三
高	1. 社会进步与发展 2. 技术的不断发展	1. 合作伙伴提供不充分或不真实的信息 2. 网络中企业的研发知识及吸收能力不高 3. 资产专用性程度大 4. 误选不适合协同创新发展的合作伙伴 5. 企业和学研机构所承担的责任不同 6. 协同契约不完善，导致利益分配不均 7. 学研机构研发人员的素质问题	1. 创新主体为赚取更多利益，抑制其知识转化与升级的积极性，产生隐藏行动 2. 企业和学研机构的合作绩效难以衡量 3. 制定的奖惩措施未能发挥成效 4. 创新主体的沟通协调存在问题 5. 研发人员的技术升级和知识创造积极性不高 6. 对创新项目的风险预估不足
中（影响程度）	单元四 1. 创新网络规模较小 2. 参与创新的企业是多元化发展的组织，不能专一投入风险项目的研发中	单元五 1. 市场发展前景不清晰 2. 相关政策法律不健全 3. 企业研发资源的限制 4. 企业或学研机构中员工离职、流失 5. 创新主体的研发能力应对不了技术的发展 6. 行业中竞争非常激烈 7. 知识产权保护意识不强 8. 创新主体对研发责任和共同利益的态度发生变化	单元六 1. 创新主体相互了解不深入，彼此分享性较差 2. 存在被竞争对手获取核心知识的不确定性因素 3. 合作契约无法满足联盟长远发展，修补契约成本高 4. 为了追求自身利益最大化，创新主体之间没有达成完美的承诺 5. 由于道德风险造成机会主义
低	单元七 组织文化不同	单元八 1. 市场变化莫测 2. 组织管理者的导向性	单元九 产业政策
	低	中	高
		不确定性程度	

图 8-1　基于创新网络的协同创新风险关键诱发因素分析

资料来源：笔者自制。

图 8-1 显示了第二轮专家小组访谈的最终结果，其中，横轴代表诱发因素的不确定性程度，纵轴表示诱发因素对协同创新的风险影响程度。从图中可发现，矩阵由九个单元组成，其中被黑色粗线包围的是单元二、单元三和单元六。其中，单元二、单元三分别属于风险诱发因素的"中不确定性""高不确定性"和其对风险的"高影响"，单元六属于风险诱发因素的"高不确定性"和其对风险的"中影响"。这些由黑色粗线包围单元的相关因素即是协同创新的风险关键诱发因素（Wang M Y，2007）。

第二节　协同创新的风险评估模型

对协同创新过程中的风险项目进行评估，可以帮助创新主体选择合适其风险承受能力的合作项目，同时，在风险评估过程中了解所要研发的合作项目，可以有助于创新主体在合作研发过程中，进行全面的风险预警，从而降低协同创新过程中的风险损失。

一、风险项目评估特点

技术创新是一项高风险的活动，通过多方合作分散创新风险，已经成为吸引不同主体进行技术创新的重要因素。随着协同创新的不断开展，协同创新过程中所遇到的风险评价问题逐步呈现四个趋势。第一，风险项目评估过程阶段化。风险项目在研发的不同阶段将会遇到不同的风险，对不同阶段的风险管理也不相同。第二，风险评价多方位。协同创新主体应从整体角度全面考察创新的不同阶段对于风险的评价，综合考虑不同指标在不同阶段的权重，即根据市场发展及协同创新目标，对项目对接、研发试验、产品生产、营销推广四个阶段的风险分别给予评价。第三，风险项目多样化。随着创新网络的扩张，创新合作者不断涌现，通过合作完成的风险项目逐渐增多，使创新参与者具有了更多的选择权利（聂茂林，2006）。第四，专家决策偏好性。现阶段，社会资本的大量涌入使专家对于风险项目的相关属性评价具有一定的偏好，如不仅仅依靠客观资料（任静，2012），人脉资本也会影响专家决策。

综上所述，本书考虑创新风险项目评价的过程阶段化、评价指标多层级、选择对象多样化以及专家决策偏好性特点，引入偏好信息熵改进了属性指标赋权算法，利用可拓分析中复合物元的思想，将定性指标定量化表达，并通过关联函数，运用多级可拓优度评价建立风险项目评价模型，其技术路线如图 8－2 所示。

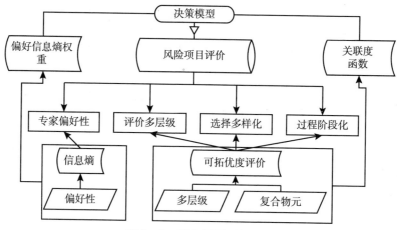

图 8 - 2　风险项目评价流程

资料来源：笔者自制。

二、基于改进信息熵的评价指标权重计算

信息熵主要用来解决对信息的量化度量问题（刘刚，2012）。在协同创新风险项目评估过程中，由于各项评价指标对于项目的优劣影响程度不同，因此，根据指标在风险项目评价中的重要度不同确定权重。此外，由于风险项目的选择不同于客观事物的评价，具有一定的主观偏好性，因此将专家偏好打分与信息熵相融合，修正信息熵权重公式。

设有 m 个风险项目，每个项目有 n 个评价指标，其中 x_{mn} 表示针对第 m 个风险项目的第 n 项指标的评价值，用矩阵表示为：

$$A = \begin{bmatrix} x_{11} & x_{12} & \cdots & x_{1n} \\ x_{21} & x_{22} & \cdots & x_{2n} \\ \vdots & \vdots & \ddots & \vdots \\ x_{m1} & x_{m2} & \cdots & x_{mn} \end{bmatrix} \qquad (8-2)$$

某一评价指标 f_j 的输出熵值 E_j 为：

$$E_j = -\omega \sum_{i=1}^{m} S_{ij} \ln(S_{ij}) \ (i=1,2,\cdots,m;\ j=1,2,\cdots,n) \quad (8-3)$$

其中，$\omega = \dfrac{1}{\ln(m)}$ 为常数，$S_{ij} = \dfrac{x_{ij}}{\sum\limits_{i=1}^{m} x_{ij}}$ $(i=1,2,\cdots,m;\ j=1,2,\cdots,n)$

定义 1　针对指标 n 及对应的信息熵，定义其偏差度为 d_j，则：

$$d_j = 1 - E_j (j = 1, 2, \cdots, n) \qquad (8-4)$$

若专家对于风险项目无任何偏好性，则对应指标的权重系数为：

$$w_j = \frac{d_j}{\sum\limits_{j=1}^{n} d_j} (j = 1, 2, \cdots, n) \qquad (8-5)$$

社会资本的涌入使专家对相应指标评价具有一定的偏好性，综合考虑专家偏好性，确定具有偏好倾向的信息熵权重修正公式为（其中专家对评价指标的偏好为 λ_j）：

$$w_{pj} = \frac{\lambda_j w_j}{\sum\limits_{j=1}^{n} \lambda_j w_j} (j = 1, 2, \cdots, n) \qquad (8-6)$$

三、基于关联函数的复合物元关联度计算

可拓学是将定性问题定量化以解决现实存在问题的一种科学方法，现已被广泛应用于经济社会、科技创新等不同领域。可拓学以基元作为逻辑细胞，称事物变化的可能性为可拓性，通过建立物元、事元和关系元（统称为基元），形式化地描述物、事以及物事之间的作用关系（周志丹，2010）。

针对风险项目的优度评价问题，通过建立多层级指标评价体系后，将不同风险项目的不同指标及其对应的定量特征值表示为物元矩阵模式，由于创新网络中有众多的协同创新参与者，因此网络中有较多的风险项目，应首先利用复合物元将一维原有物元进行矩阵表达，以便将多指标多目标评价归结为单目标决策问题。

定义 2　熵物元　物元是指用有序三元组"事物、特征、模糊量值"来描述事、物的基本元。给定事物的名称 N，特征 C 及其特征量值 V 构成一个基本物元 $R = (N, C, V)$，如果量值 V 具有不确定性，则称为熵物元。

风险项目的各项评价指标量值由专家打分、公开资料或实地洽谈等确定。然而，由于信息不对称现象的存在，可能会出现风险项目情况的虚报、瞒报。因此，本书对以风险项目、评价指标及其特征量值构成的一组基本物元称为熵物元。

定义 3　复合物元　如果熵物元中事物为多类不同风险项目（方案），其特征值为信息熵，则称为复合物元 $R_{\sim mH}$。

设风险项目的评价指标共有 r 个层级，每层级因素子集含有 r_n 个子因素，

C_n^r 表示第 r 级因素子集的第 n 个子因素。M^r 代表所划分的第 r 个评价等级。评价准则 V_n^r 是物元 M^r 子因素在特征量值所期望的取值范围。决策者期望值矩阵为 Q，风险项目 m 的所测指标评价结果用 R_n^m 表示，用矩阵表示为：

$$Q = (M^r, \ n, \ V_n^r) = \begin{bmatrix} M^r & j_1 & <a_1^r, \ b_1^r> \\ & j_2 & <a_2^r, \ b_2^r> \\ & \vdots & \vdots \\ & j_n & <a_n^r, \ b_n^r> \end{bmatrix} \qquad (8-7)$$

$$R_n^m = (m, \ n, \ A) = \begin{bmatrix} i_m & j_1^m & x_{11}^m \\ & j_2^m & x_{12}^m \\ & \vdots & \vdots \\ & j_n^m & x_{1n}^m \end{bmatrix} \qquad (8-8)$$

定义 4 关联函数 对于每一层级评价因素中的不同指标、不同评价对象进行评价，定义某特定风险项目 R_n 对于评价因素 r_n 关于等级 r 的关联函数为：

$$K = \begin{cases} \rho(X_{mn}, \ V_n^r)/[\rho(X_{mn}, \ U_{mn}) - \rho(X_{mn}, \ V_n^r)], & X_{mn} \notin V_n^r \\ -\rho(X_{mn}, \ V_n^r)/|V_n^r|, & X_{mn} \in V_n^r \end{cases} \qquad (8-9)$$

$$\rho(X_{mn}, \ V_n^r) = \left| X_{mn} - \frac{1}{2}(a_n^r + b_n^r) \right| - \frac{1}{2}(b_n^r - a_n^r) \qquad (8-10)$$

其中，U_{mn} 为全部等级指标的值域。根据式（8-8）、式（8-9）计算不同等级下风险项目的关联度，作为每一级指标下某一特定风险项目的综合评价关联函数。

四、创新网络中风险项目的决策综合评价

风险项目的决策最终涉及多层级评价，因此，根据多级可拓评价的原则，首先计算最底层级（即最细化后的指标）优度值，以各项指标的偏好信息熵作为权重，计算待测物元与评价期望的关联函数，求出最底层指标的综合关联度。同理，逐级计算每一层级风险项目的综合关联度 K_r：

$$K_r = \sum_{j=1}^{m} w_{pj} \times K; \ K_{r-1} = \sum_{j'=1}^{m'} w_{pj} \times K_r \qquad (8-11)$$

最终计算不同风险项目的等级，$\bar{L}$ 表示风险项目与创新承担者的偏向程度 [见式（8-12）]：

$$\overline{L} = (K_r - \min K_r) / (\max K_r - \min K_r) \tag{8-12}$$

按照 $\overline{L}$ 值由大到小的顺序，将风险项目进行最终的评价排序。

求解基于改进信息熵的风险项目评价的步骤如下所示。

步骤 1　根据协同创新的具体目标要求，确定风险项目的多级指标体系；

步骤 2　依照相关领域专家打分及专家偏好，根据式（8-2）至式（8-5）确定不同层级指标的权重；

步骤 3　通过对风险项目的调研及公开资料、洽谈等，确定不同指标下的风险项目复合物元矩阵；

步骤 4　根据式（8-8）至式（8-9），逐级计算不同风险项目的关联函数；

步骤 5　根据式（8-10）至式（8-11），确定每个风险项目的评价值 $\overline{L}$；

步骤 6　将评价值 $\overline{L}$ 由大至小排列，确定最优的风险项目。

综上所述，通过修正原有信息熵，综合考虑客观指标及专家主观偏好性，引入偏好信息熵为权重；通过可拓分析将定性指标做定量化矩阵表示，利用多层级可拓优度评价，逐层分析协同创新项目的风险关联函数，最终确定风险合作项目，构建"动态—多层—主客观结合"的风险项目评价模型，帮助创新网络中的创新主体进行风险项目。

第三节　协同创新的风险管理机制

一、风险识别机制

完善基于创新网络的协同创新风险识别机制主要应从内部与外部风险两方面入手，应注重对于风险诱发因素的监测，其识别过程主要包括两个方面。

第一，确定风险诱发因素。根据第一节的分析，从文献研究及专家调研的角度，对协同创新过程中可能诱发的风险因素进行分析。根据协同创新项目及目标的不同，风险诱发因素的影响大小也有所不同。对于外部风险的识别，主要应从市场、技术及政策方面入手，内部风险的识别则主要侧重于关系、道德及创新主体的财务情况。根据不同的协同目标及信息披露情况，创新主体应该在创新过程中建立合理的内部、外部风险识别体系，以便对创新过程中可能发生的风险进行预控。对于诱发因素的识别，创新主体可以通过直接获取、信息购买及信息收集三种渠道实现。直接获取是指创新主体通过对公开数据的查阅整理，判断创新过程中的风险承受能力。信息购买可以通过第三方中介组织进行，如对市场风险，可以在产品上市前借助于中介组织进行市场调研，从而预判可能发生的风险。信息收集主要建立在信息沟通的基础上，通过整合不同渠道的信息，应用不同的统计分析方法，由专业机构或人才进行风险诱发因素的预判。

第二，建立风险管理制度。协同创新的复杂性和动态性，需要创新多发进行实时监管，从而保护参与主体的利益。因此，在协同创新过程中，应该建立专门专业化的风险管理机构。对可能产生的风险进行事前通报、事中调节与事后缓解。在风险管理时，创新主体应该准确地进行自我定位，确定创新目标，以保证主体按照既定目标进行协同创新。创新主体应该建立有效的公司治理结构，确保公司管理的内部协同，同时，落实好协同创新的战略目标，完成每个阶段的有效管理与监督，并将管理结果实时反馈给专业机构，进行风险总结并计划下一阶段的风险防范任务。

二、风险评估机制

风险评估是建立在有效的风险识别基础上的，其主要内容是对协同创新过程中可能产生的风险进行评估，判断其发生的概率或对协同创新可能造成的损失，从而为风险控制机制的制定提供依据。协同创新涉及多阶段，不同阶段均可能产生不同的风险，因此，风险评估机制的构建应包括两方面内容，其一是构建协同创新的动态风险评估体系，对创新的不同阶段进行风险监督；其二是对不同风险进行权重分析，从而帮助创新主体更有针对性地进行风险监管。协同创新不同阶段的风险诱发因素如图8-3所示。

风险评估环节最重要的内容是根据协同创新阶段可能诱发风险的因素进行评估。其指标体系的构建应该遵循如下步骤：第一，通过风险识别确定可能发生的风险以及诱导风险发生的因素，设计合理的风险指标问卷，对创新主体进行调研并收集相关信息；第二，将信息进行汇总整理，邀请专业风险评估机构及工作人员设计风险监控指标体系；第三，根据专家的分析，采用科学的定量方法，确定不同风险指标的权重，进而为风险评估及预警提供依据；第四，根据具体的协同创新情况调整风险指标及权重，最终确定具有动态监管功能的风险评价指标体系。

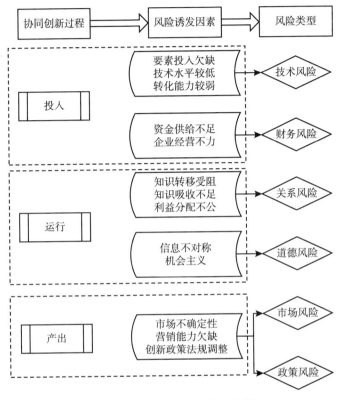

图 8-3　协同创新阶段的风险分析

资料来源：笔者自制。

　　处于研发阶段的创新主体应重点考虑创新技术的研发、参与方的组织协同管理能力，从伙伴的知识沟通能力、自我知识吸收能力、创新的投入要素情况、双方文化差异等方面，重点评估伙伴、自身及双方之间技术沟通可能引起的相关技术、财务、关系以及道德风险。处于市场推广阶段，应该重点考虑市场前景、政策法规、营销能力等风险。基于以上分析，构建风险评估体系并进行专业化的权重测度后，可以进行科学的风险定量评估。

三、风险控制机制

　　风险控制机制主要包括四方面内容，一是树立正确的风险意识与责任；二是建立动态风险沟通与过程机制；三是建立规范的风险补偿机制；四是设置风险转移渠道。

协同创新是一种创造性的技术创新活动，不仅受制于参与方的能力、态度，同时还受到外界环境的影响。因此，参与各方应该高度重视其中的风险，统一认识，从而树立正确的风险意识，谨慎规划相关创新活动，在事发前有效地进行风险防范，同时在协同创新过程中，参与各方应树立共担风险的意识，利益分配与风险承担情况应该高度挂钩，进而有效提升创新主体的风险意识及风险处理能动性，最大限度地降低合作创新过程中的风险。

协同创新主体之间应该建立实时的动态信息沟通与过程机制，防止创新过程中由于信息传递不通畅、创新行为不协调等引起的风险。对于动态信息沟通机制的建立，应该从两方面入手。第一，根据协同创新在不同阶段的风险，制定合理的监控目标。处于创新投入阶段，创新主体应时刻监督创新的投入情况，对合作过程中的生产设备、人力资源、知识供给以及资金供给进行严格监控；处于运行阶段的主体之间，应该保持信息传递的通畅，建立开诚布公的动态沟通关系，通过及时沟通、协商调整创新方案，从而应对可能发生的风险；处于产出过程中的主体，应该对市场进行实时把控，借助政府和科技中介组织的力量，摸清市场发展情况，制定创新产品的营销方案。第二，建立合理的纠纷解决方案。协同创新涉及多方主体参与，由于文化、价值认知等的不同，在创新过程中很可能产生分歧。因此，应该秉承客观、公正、公平的原则，积极地解决可能发生的纠纷和矛盾，各方主体应在沟通过程中主动了解其他合作方的文化背景、管理模式、组织治理结构等，通过公开或私人交流，深入了解合作方的文化，从而降低纠纷、矛盾发生的可能性。

同时，应不断完善政府和社会对风险的补偿机制。除了政府和金融机构的资金供给，还可以鼓励社会资本对协同创新项目的资金支持。一方面，可以由政府牵头，组织不同机构共同出资设立风险补偿基金，对投资协同创新项目所遭受的损失按照不同的标准进行补偿。这就要求各参与主体明确风险补偿的条件，规范风险补偿步骤，确定风险补偿额度与方式。同时，应做好对风险补偿的监督，防止个体行为对风险补偿的破坏。另一方面，创新参与者在进行利益分配时，应综合考虑不同主体在参与协同创新过程中所承担的风险，根据风险承担的大小，在创新利益分配上，给予适当补偿，从而保证各方创新主体的基本权益。

创新主体进行合作创新，一定程度上转移了单方的风险承担力。此外，协同创新过程中的风险还可以通过合同、购买保险以及引进风险投资等方法进行适当的风险转移。合同转移是指在协同创新前，通过签订风险连带责任的合同，将风险进行转移，合作提出方应该为此支付部分风险费用；购买保险进行风险转移，可以通过一定的初期支付，将风险转移给相关保险公司。若在创新过程中出险，保险公司可以按照保险规定对风险进行补偿。通过风险识别及评估，对协同创新过程中可能发生的风险进行科学有效的预警、转移、防范，可以降低系统中的不确定性风险。

第九章 基于创新网络的协同创新保障机制

协同创新的保障机制是指协同创新过程中政府、金融机构以及科技中介组织对创新主体的外部支持与保障。政府作为创新网络中的政策引导者，可以根据协同创新的发展情况随时调整政策方向，通过使用不同的政策工具达到提升协同创新绩效的目的。金融机构作为协同创新的间接参与主体，给予协同创新活动源源不断的资金流，同时，为参与主体在创新活动中可能遇到的非系统性风险保驾护航。此外，科技中介组织为创新主体提供咨询与成果转化等服务，是协同创新活动的支持主体。创新网络中的外部支持主体在创新资源、环境的供给下，共同参与协同创新活动，为研发主体进行创新提供保障。基于此，本章主要从政府、金融机构以及科技中介的角度出发，通过仿真或实证分析，构建基于创新网络的协同创新保障机制。

第一节 政府政策的调控保障机制

一、政府政策的调控保障分析

（一）政府调控政策工具

熊彼特学派认为技术创新是企业创新要素的组合，政府在技术创新中是作为一种外生变量的。20世纪70年代中后期，英国技术创新经济学家发现，从事技术创新工作领域的企业是受到高度控制的计划领域，例如，工业部门所进行的科技创新活动是由工业企业的管理机构控制和计划的。同理，国家出于创新战略、经济发展等方面的考虑，也会对某些发展领域进行规划和控制（曾方，2003）。弗里曼"国家创新体系"的提出，为研究政府在技术创新中的作用提供了新的分析思路和框架。政府作为创新体系内的计划者与调控者（张在群，2013），其在创新过程中的作用逐渐显现，政府通过政策工具的实施主动参与创新活动，为技术创新提供相关服务并在创新发展出现偏离、低效时，调整创新活动，是市场失灵的调节者（李培凤，2014）。

学者们对政府政策工具有不同分类方式。按照政策目标及工具，有学者将创新政策工具分为学习、激励、劝告以及能力提升（Schneider A L，1990）；按照政策干预的强弱，创新政策工具可分为强制性、混合性以及自愿性（李世超，2011）；按照科技作用领域，创新政策可分为战略层、综合层和基本层（赵筱媛，2007）。现阶段，学者普遍接受的最为经典的分类认为，创新政策是指科技政策和产业政策协调的结合，并将政策工具分为供给面、需求面及环境面三个方面（Rothwell R and Zegveld W，1981）；20世纪80年代初，经济合作与发展组织强调了科技政策在创新政策中的重要地位，同时强调了科技政策与其他相关政策的协调整合的重要性。我国学者陈劲（2012）丰富了协同创新政策工具的内容，认为在我国若没有国家及地方政府的推动，就无法建立高效的国家创新系统。政府主要依据公共政策和国家发展计划制定创新目标，提出适合我国协同创新发展的政策路径。综合以上学者的观点，本书将协同创新的政府政策界定为：推动协同创新发展、规范创新主体行为的相关政策和措施，主要包括供给面、需求面以及环境面三个方面的政策。

供给面政策工具是指政府通过对创新网络中的创新主体给予创新要素的供给支持，包括科研经费、创新人才及创新设施等的供给，从而改善协同创新过程中的资源供给状况，降低创新要素搜寻成本，提升协同创新绩效（张韵君，2012）。处于创新活动中的研发主体需要大量的创新研发费用，同时承担较大的创新风险。由于协同创新具有风险共担的性质，会吸引部分创新主体参与其中，但是，协同创新利润的共享性，在一定程度上会降低创新主体的合作意愿，引起创新网络中协同创新活动的波动。供给面工具导向下的协同创新通过对参与研发创新的主体进行要素供给服务，降低了创新主体的成本投入，弥补了个体利益。同时，通过对协同创新人才的输送，可以加强隐性知识的转移、整合能力，使创新主体双方共同获益，从而带来创新网络内知识的转移、溢出效率，提升创新网络的协同创新能力。

需求面政策工具是指政府对参与合作的创新主体给予相关需求支持，包括政府担保、政府采购、服务外包等（林敏，2015）。通常情况下，需求导向下的协同创新发展，主要针对创新主体的购买需求，政府主动采购协同创新产品，并出面进行购买宣传。通过政府采购、合约研究等方式支持协同创新活动。同时，将银行、科技中介等机构整合起来，建立多渠道、多主体、全方位的采购支持，从而促进协同创新的发展。此外，政府可以出面参与进出口管制，通过贸易协定、关税调整以及设立海外贸易组织等，促进协同创新产品的输出，提升协同创新积极性与绩效。

环境面政策工具是指政府通过财税减免、财务金融等政策支持，改善创新网络的合作氛围，对积极参与协同创新的创新主体进行财税激励，提升区域创新主体的合作意愿，从而促进网络内的协同创新发展（谢青，2015）。环境导向下的协同创新发展主要通过向参与的企业进行政策优惠，一方面为其提供设备、渠道简化等服务，给予协同创新主体各种财务支持，如贷款、补贴等；另一方面，营造鼓励协同创新发展的政策环境，吸引更多的创新主体加入网络，协助企业发展制定各项策略性措施（如规划、奖励创新、公共咨询等），从而提升创新网络的协同创新绩效。

综上所述，政府政策工具的实施对创新主体是否选择协同创新策略具有一定的导向作用，若政府达到一定的支持深度，则会促进创新主体进行协同创新，引导社会创新方向。同时，创新主体已经选择协同创新策略后，在创新活动过程中，政府的政策工具可以起到深化双方协同效率、降低协同成本的政策调节作用。

（二）政策工具的实施主体及对象

政策工具的实施主体主要是决定政策目标、选择政策工具、发布并监督政策执行的社会组织。处于创新网络中的创新主体，其政策实施者主要为网络中的政府机构，包括中央政府及地方政府。通常情况下，中央政府根据区域内创新网络的发展情况，制定宏观目标，并下发到各地市级政府，由地方政府根据当地经济发展特色及发展环境，制定微观政策，并予以监督、实施。

政策工具的实施对象主要为创新网络中的协同创新参与者。从微观角度分析，为保障协同创新的平稳运行，创新网络中的所有参与者，包括企业、大学、科研机构、金融机构、科技中介组织等，均应该执行政府的协同创新政策，在创新过程中若出现主体间矛盾，各个创新参与人应当遵从政府的宏观调控，不断修正自身的创新行为（仲为国，2009）。从中观角度分析，创新政策的实施对象也应面向协同创新的连接面，即创新政策作为驱动协同发展的工具，为促进双方或多方的协同合作施加力量。例如，面向合作双方的政策，可以倾向给予合作者更多的税收、合作资金补贴；面向金融机构的政策，可以更多地倾向于融资渠道、贷款利率的优惠等。从宏观角度分析，创新政策实施对象是创新网络的整体环境，主要包括对创新公共基础设施、知识产权法律环境、协同创新氛围等的支持。

二、协同创新的政府调控过程

在协同创新过程中，异质性的创新主体可能会出现追求自身目标而阻碍协同创新发展的情况，使协同创新的自组织发展产生波动及涨落现象。此时，政府作为一种非市场力量，可以对创新网络中主体的创新行为进行引导，及时纠正市场失灵的状态。因此，政府的相关创新政策驱动是调控创新网络内部主体进行协同发展的重要工具，也是使基于创新网络的协同创新自组织演化从波动涨落状态恢复甚至跃迁至更高等级的措施之一。

政府通过不同工具作用于创新网络中的微观个体、连接群体以及宏观环境，通过创新网络的发展情况以及不同创新主体的活动反馈，及时调节政策实施力度，一方面稳定创新网络的协同发展，另一方面促进网络的协同跃迁。因此，协同工具的实施是一个政府与创新网络中的主体进行博弈的过程，其会根据博弈的不同结果与策略选择，调整政策工具的使用种类及使用力度。同时，政策工具的实施一方面会引导外部主体加入网络进行协同合作，同时促进已经参与协同合作的主体积极创新；另一方面，政府可以通过政策工具的实施，不断规范协同创新主体的行为规范。随着协同创新的网络化发展，政府与创新网络中的主体形成了一个星型扩散结构，政府直接与网络中的不同主体进行连接，此时，对于政府节点来说，政策工具将直接作用于与其相连接的创新主体，因此，属于面向对象的单一网络结构形态。协同创新的政府调控过程如图 9 - 1 所示。

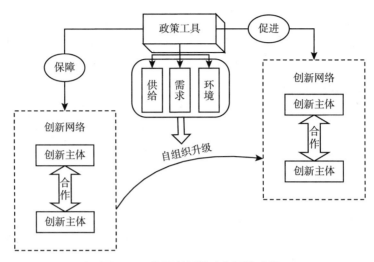

图 9 - 1　协同创新的政府调控过程

资料来源：笔者自制。

三、模型构建及分析

（一）模型假设

创新网络中的行为主体具有有限理性及模仿能力，其会通过各种信息渠道，获取竞争方或合作方的获利信息，进而模仿对其有利的创新行为。若政府政策导向对协同创新有利，则创新网络内部主体会自发地选择协同创新，进而产生群体协同效应。若政府政策较为盲目，不仅会浪费区域内创新要素，而且，可能瓦解其合作意愿，最终降低甚至破坏创新网络的协同发展。

作为有限理性的创新主体，在初始阶段并不一定能够找到最优策略，因此会在博弈过程中不断地进行学习、试错以期寻找最优策略。因此，在模型构建与仿真前，提出如下假设：

假设 9 - 1　在不考虑其他约束的"自然"环境中，将政府、创新主体与创新协同方组成的体系当作一个完整网络，该网络内的三方均为具有学习能力的有限理性个体，并具有各自的行为选择方案与权力。

假设 9 - 2　根据学者的研究，将政府的政策工具分为需求工具、供给工具与环境工具三种。若政府选择利用创新工具进行引导，则表示同时采取以上三种手段，其执行力强度因子分别为 α、β 与 γ，所消耗成本分别为 αA、βJ

与 γK。

假设 9 - 3　根据政府调控保障机制的分析，假设创新主体、政府、协同方均有两种行为选择，即创新主体是否进行协同创新、政府是否进行协同创新引导、协同方是否努力进行协同合作。以 x、y、z 表示相应策略的选择概率，且 x，y，$z \in [0, 1]$，均为时间 t 的函数。博弈三方在学习和模仿中经过不断试错和选择来调整自身策略，以期寻找较好的策略直至达到均衡。本章假设企业为协同创新主体，以企业牵头进行协同创新活动为分析算例。

假设 9 - 4　企业选择独立创新时的收益为 P，进行协同创新后收益比原来增加 ΔP。假设协同方的努力程度会受到政府协同政策工具的影响，企业创新收益增加分别为 ΔP_1（政府实施政策工具且协同方积极创新）、ΔP_2（政府不实施政策工具且协同方积极创新）、ΔP_3（政府实施政策工具且协同方消极创新）、0（政府与协同方均无作为）。

假设 9 - 5　企业进行协同创新所消耗的创新成本为 C_1；政府与协同方所获得的收益分别为 P_g、P_m，损失为 S_g、S_m，协同方所付出的成本为 C_m。

根据上述假设，企业、政府以及协同方的策略选择如图 9 - 2 所示。

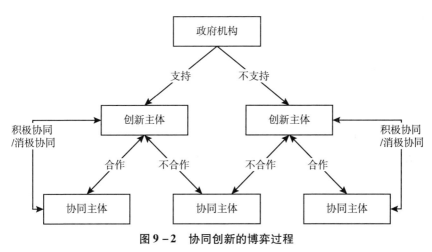

图 9 - 2　协同创新的博弈过程

资料来源：笔者自制。

根据以上假设，以参与方的收益等于利润与成本之差为原则，构建政府、企业与协同方的博弈支付矩阵，如表 9 - 1 至表 9 - 4 所示。

表 9 – 1   创新协同方采取积极策略（z）下三方博弈支付矩阵（1）

主体行为选择	政府支持 y		
	企业支付	政府支付	协同方支付
企业协同创新 x	$P + \Delta P_1 + \beta J - C$	$P_g - \alpha A - \beta J$	$P_m - C_{m1}$
企业独立创新（1 – x）	$P - \gamma K$	$\gamma K - \alpha A - S_g$	$- C_{m1} - S_m$

资料来源：笔者自制。

表 9 – 2   创新协同方采取积极策略（z）下三方博弈支付矩阵（2）

主体行为选择	政府无作为（1 – y）		
	企业支付	政府支付	协同方支付
企业协同创新 x	$P + \Delta P_2 - C_I$	P_g	$P_m - C_{m2}$
企业独立创新（1 – x）	P	$- S_g$	$- S_m - C_{m2}$

资料来源：笔者自制。

表 9 – 3   创新协同方采取消极策略（1 – z）下三方博弈支付矩阵（1）

主体行为选择	政府支持 y		
	企业支付	政府支付	协同方支付
企业协同创新 x	$P + \Delta P_3 + \beta J - C_I$	$P_g - \alpha A - \beta J$	P_m
企业独立创新（1 – x）	$P - \gamma K$	$\gamma K - \alpha A - S_g$	$- S_m$

资料来源：笔者自制。

表 9 – 4   创新协同方采取消极策略（1 – z）下三方博弈支付矩阵（2）

主体行为选择	政府无作为（1 – y）		
	企业支付	政府支付	协同方支付
企业协同创新 x	$P - C_I$	P_g	P_m
企业独立创新（1 – x）	P	$- S_g$	$- S_m$

资料来源：笔者自制。

由于政府支持下企业、政府、协同方在信息获取方面存在不对称现象，博弈三方会通过试错学习以及历史经验判定其他博弈方的策略，从而选择自己的决策。x、y、z 在动态调整自身策略时，表现出演化博弈理论所阐述的动态复

制过程 (Hofbauera J, 2007)。因此,通过构建企业、政府与创新协同方的三方动态复制方程,进一步描述博弈中策略演化的过程。

(二) 稳定性分析

令 E_1、E_2、E_3 分别表示企业、政府与创新协同方在混合策略下的平均期望收益,t 表示行为策略演化的时间。根据表 9–1 至表 9–4 可知,企业的平均收益为:

$$E_1 = E_{11}x + E_{12}(1-x) \quad\quad (9-1)$$

式中,E_{11} 表示企业选择协同创新策略下的期望收益,E_{12} 表示企业进行独立创新策略下的期望收益。

$$\begin{aligned} E_{11} = & (P + \Delta P_1 + \beta J - C_I)yz + (P + \Delta P_2 - C_I)z(1-y) \\ & + (P + \Delta P_3 + \beta J - C_I)y(1-z) + (P - C_I)(1-z)(1-y) \end{aligned}$$
$$(9-2)$$

$$E_{12} = (P - \gamma K)yz + P(1-y)z + (P - \gamma K)y(1-z) + P(1-y)(1-z)$$
$$(9-3)$$

因此,企业选择协同创新行为的动态复制方程为:

$$\begin{aligned} U_1(x) = dx/dt & = (E_{11} - E_1)x \\ & = x(1-x)\left[(\Delta P_1 - \Delta P_2 - \Delta P_3)yz + \Delta P_2 z + \Delta P_3 y + C_I y + C_I + \gamma Ky\right] \end{aligned}$$
$$(9-4)$$

同理,政府的期望收益为 $E_2 = E_{21}y + E_{22}(1-y)$,政府对协同创新进行支持时的复制动态方程为:

$$\begin{aligned} U_2(y) = dy/dt & = (E_{21} - E_2)y \\ & = y(1-y)(S_g x - \gamma Kx - \beta Jx + S_g + \gamma K + \alpha A) \end{aligned}$$
$$(9-5)$$

创新协同方的期望收益为 $E_3 = E_{31}z + E_{32}(1-z)$,创新协同方选择积极合作行为的复制动态方程为:

$$U_3(z) = dz/dt = (E_{31} - E_3)z = z(1-z)(C_{m2}y - C_{m1}y - C_{m2}) \quad (9-6)$$

在企业、政府与创新协同方三方博弈中,式 (9–6) 的复制动态过程描述了有限理性方经过学习并采用协同创新、协同支持与积极合作的动态过程,当三方均达到稳定状态时,表示博弈参与方均通过不断试错找到了有效的纳什均衡。为了寻求政府政策支持下企业进行协同创新的均衡点,令:

$$\left.\begin{array}{l} U_1(x) = 0 \\ U_2(y) = 0 \\ U_3(z) = 0 \end{array}\right\} \quad\quad (9-7)$$

由式（9-7）可知，方程存在八个特殊的均衡点，即（0，0，0）、（0，1，0）、（0，0，1）、（1，1，1）、（1，0，0）、（1，0，1）、（0，1，1）、（1，1，0），这八个点构成了演化博弈解域的边界 $\{(x, y, z) \mid 0 < x < 1; 0 < y < 1; 0 < z < 1\}$，同时在解域内存在满足式（9-7）的点 $E = (x, y, z)$：

$$\begin{cases} C_{m2}y - C_{m1}y - C_{m2} = 0 \\ S_g x - \gamma K x - \beta J x + S_g + \gamma K - \alpha A = 0 \\ (\Delta P_1 - \Delta P_2 - \Delta P_3)yz + \Delta P_2 z + \Delta P_3 y + C_I y + C_I + \gamma K y = 0 \end{cases} \quad (9-8)$$

从式（9-8）可以看出，在企业、政府与创新协同方三方博弈模型中政府处于关键位置，其是否支持协同创新将直接影响博弈局中人的决策行为。根据演化博弈的相关性质，当 $U_1'(x) < 0$、$U_2'(y) < 0$、$U_3'(z) < 0$ 时，式（9-8）所示策略代表了三方应采取的稳定策略（ESS），其中：

$$U_1'(x) = (1 - 2x)\left[(\Delta P_1 - \Delta P_2 - \Delta P_3)yz + \Delta P_2 z + \Delta P_3 y + C_I y + C_I + \gamma K y\right]$$
$$(9-9)$$

$$U_2'(y) = (1 - 2y)(S_g x - \gamma K x - \beta J x + S_g + \gamma K - \alpha A) \quad (9-10)$$

$$U_3'(z) = (1 - 2z)(C_{m2}y - C_{m1}y - C_{m2}) \quad (9-11)$$

对企业方来说，若 $(\Delta P_1 - \Delta P_2 - \Delta P_3)yz + \Delta P_2 z + \Delta P_3 y + C_I y + C_I + \gamma K y > 0$，则有 $U_1'(0) > 0$，$U_1'(1) < 0$，说明此时企业选择协同创新为稳定状态；反之则企业选择独立创新为稳定状态。企业方稳定性的演化相位图与二次曲线 $(\Delta P_1 - \Delta P_2 - \Delta P_3)yz + \Delta P_2 z + \Delta P_3 y + C_I y + C_I + \gamma K y = 0$ 相关。

对于政府方来说，$S_g x - \gamma K x - \beta J x + S_g + \gamma K - \alpha A = 0$ 为稳定状态的分界线。若 $S_g x - \gamma K x - \beta J x + S_g + \gamma K - \alpha A > 0$，则有 $U_2'(0) > 0$，$U_2'(1) < 0$，说明政府实施协同创新支持策略是该演化博弈的稳定状态；反之相反。政府方稳定性的演化相位图与直线 $S_g x - \gamma K x - \beta J x + S_g + \gamma K - \alpha A = 0$ 相关。

对创新协同方来说，$C_{m2}y - C_{m1}y - C_{m2} = 0$ 为稳定状态的分界线。若 $C_{m2}y - C_{m1}y - C_{m2} > 0$，则有 $U_3'(0) > 0$，$U_3'(1) < 0$，说明创新协同方选择积极的协同创新策略是该演化博弈的稳定状态；反之相反。此时，创新协同方稳定性的演化相位图取决于直线 $C_{m2}y - C_{m1}y - C_{m2} = 0$。

通过演化博弈的渐进稳定性分析可知，企业、政府与创新协同方的稳定决策行为选择与企业的收益、协同创新成本以及政府实施的各种创新政策密切相关，各个博弈方的稳定状态受到不同形态相位图的影响。此外，企业、政府与创新协同方的决策行为选择与迭代次数（时间）密切相关。因此，仿真前对演化博弈的稳定解进行离散化处理，令时间步长为 Δt，则式（9-4）至式

(9-6) 可转化为:

$$\frac{dx(t)}{dt} \approx \frac{x(t+\Delta t) - x(t)}{\Delta t} \tag{9-12}$$

$$\frac{dy(t)}{dt} \approx \frac{y(t+\Delta t) - y(t)}{\Delta t} \tag{9-13}$$

$$\frac{dz(t)}{dt} \approx \frac{z(t+\Delta t) - z(t)}{\Delta t} \tag{9-14}$$

本节旨在研究政府政策工具的实施对创新网络中主体协同创新的影响,假设中引入政策工具及执行力强度因子。为了更直观地分析不同政策工具执行力强度下创新网络中协同创新的渐进稳定运行轨迹,利用 Matlab 仿真工具,对上述三方博弈模型进行仿真分析。初始时,设定企业、政府与创新协同方均有 0.5 的概率选择不同的行为决策,为了更准确地反映系统的演化轨迹,设定时间步长为 0.01。图 9-3 至图 9-8 中 x、y、z 轴分别表示企业、政府与创新协同方选择协同创新、政策支持与积极合作策略下的比重。

(三) 仿真实验

1. 需求面工具对协同创新的支持作用

在需求支持工具的使用力度为 0.2、0.5、0.9 时进行仿真分析,演化轨迹如图 9-3 所示。随着需求支持工具的使用力度逐渐增加,企业、政府与创新

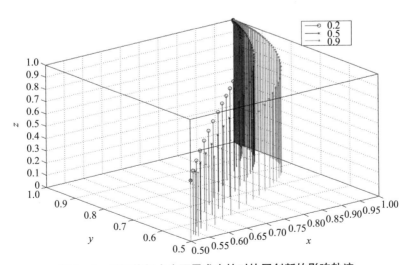

图 9-3　不同执行力度下需求支持对协同创新的影响轨迹

资料来源:Matlab 软件仿真输出。

协同方均选择了协同创新、政府支持与积极合作为最终的稳定策略。但是，较强的需求支持强度（0.9）并未加速企业选择协同创新的行为；相反，较低的需求支持工具使用力度（0.2）使三方最快达到了稳定状态。政府作为此博弈系统的利益相关者，在需求支持的方式下，最快达到了演化稳定状态，而创新协同方达到稳定状态的速度则较缓慢。

这是由于，政府在进行协同创新的需求支持时自身需要付出一定的成本，如政府集体采购等。而创新协同方进行积极合作同样需付出额外的创新成本，如增加协同投入、进行知识转移等；同时，企业在进行协同创新时所消耗的技术创新与生产成本一定程度上会部分转嫁于创新协同方。随着政府需求支持力度的逐步加强，创新协同方与企业的成本不断提升，因此，减缓了企业进行协同创新和协同方进行积极合作的速度。此外，对于政府来说，在需求支持工具的使用下，政府作为主动采购支持方，需要消耗大量的采购成本，使较大需求支持力度下政府对协同创新的支持最慢达到稳定状态。综上所述，政府的需求支持策略对于创新网络中协同创新的影响效果较为敏感，即政府在较低的需求支持力度下，就可以较高的效率促进企业积极进行协同创新。

结论1　政府的需求支持工具促进创新网络中的协同创新行为。

结论2　低强度的需求支持手段有利于企业进行协同创新。

2. 供给面工具对协同创新的支持作用

在政府的供给激励工具使用强度分别为0.2、0.5、0.9时进行仿真分析，由图9-4可知，供给激励方式对企业协同创新有正向促进作用；而创新协同方的积极创新行为却随着供给激励的加强而逐步演化为0；政府的供给激励力度强度在0.9时，其协同创新的支持行为最终演化为0，但该强度对于企业的协同创新促进作用最强。

这是因为：政府的供给激励作为成本补偿从企业资金运用的角度，降低了企业进行协同创新的成本消耗，随着创新供给激励强度的不断增加，企业的创新成本不断降低，因此，较高的创新激励加快了企业选择协同创新的行为。然而，对于政府方来说，作为博弈的利益相关者，在保证社会创新环境稳定的同时，会综合考虑自身的发展。如果一味地进行激励资金的投入，会使政府的财政支出不断增加，政府的工作压力不断增大。由图9-4可知，对于政府方来说，适度的创新供给激励可以促进政府的环境规制行为，但高强度的创新激励则消耗了政府大量的财政开支，最终使政府不得不放弃供给激励。对于创新协同方而言，随着企业协同创新的推进及政府的财政支持，会使协同方产生

"搭便车"的机会主义行为，导致协同方以消极的创新态度获取较高的利润，从而降低其积极创新的意愿，其积极协同创新行为逐步演化为0。

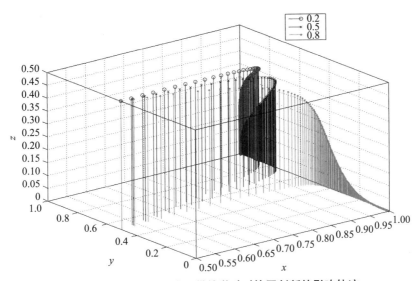

图9-4　不同执行力度下供给激励对协同创新的影响轨迹

资料来源：Matlab 软件仿真输出。

结论3　政府的创新供给激励工具促进企业的协同创新行为。

结论4　高额供给激励推动企业的协同创新行为，阻碍了协同方的积极创新行为，抑制政府的政策调控手段。

3. 环境面工具对协同创新的支持作用

在政府的环境协调工具使用力度分别为0.2、0.5、0.9时对创新网络主体的演化行为仿真分析。由图9-5可知，政府对创新环境的协调促进了企业进行协同创新的行为。随着环境协调强度的增加，企业在宽松的创新环境下，会选择协同创新策略，且随着创新环境协调力度的加深，企业选择协同创新行为的策略速度不断加快；随着创新网络中的主体逐步选择协同创新策略，政府逐渐退出了对创新环境的调控；协同创新者逐渐采用了积极创新的策略。

这是由于，对于企业方来说，政府对于创新环境的调控力度越高，企业所处的创新环境越宽松，政府可以通过政策实施，减少对于协同创新企业的税收，同时鼓励金融、中介等机构支持协同创新，此时，创新网络中的企业均倾向选择协同创新策略。对于政府来说，当企业不断调整自身策略选择协同创新

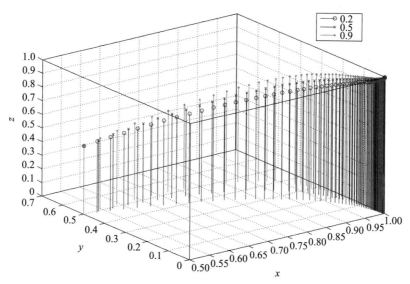

图9–5　不同执行力度下环境协调对协同创新的影响轨迹

资料来源：Matlab 软件仿真输出。

行为时，创新网络中的创新环境不断优化，创新环境由于政府的引导逐渐转向自然良性趋势，政府随之退出市场管制，在这种良性的协同竞争下，创新协同方将不断规范自身行为，采取积极合作策略，以期吸引更多的合作伙伴。

　　结论5　创新环境的优化对于企业协同创新及积极合作有促进作用。

四、基于创新网络的协同创新政府调控机制构建

（一）政策调节机制

　　通过仿真分析可以发现，创新网络中政府的高强度需求政策工具对于协同创新主体及其创新行为并没有较高的促进作用，反而浪费了区域内政府的财政收入。因此，政府在实施需求性的创新政策时，应适度地降低对协同创新的需求投入，一方面为区域内或中央政府节约财政支出，另一方面，也是为了更好地促进协同创新活动的开展。现阶段，创新网络中会有部分发展前景很好，但是由于其高技术含量或价格等问题，不能被市场主体所接受，此时，政府可以出面，通过采购等方式完成其市场转化的过程，帮助企业进行销售渠道的扩展。除政府采购外，创新网络内的地方政府，应该根据创新网络的实际发展情

况，出台丰富的需求性政策工具。

供给型政策工具在 0.5 仿真强度时，对创新网络中的各个主体创新效果最佳。过高或过低的供给政策对于协同创新均会起到反作用。因此，政府对于协同创新人力、财力以及物力的投入不应该过于强势。对于人才的引进，政府可以出台相关人才引进措施，对于高端技术人才给予适当的宽松政策，针对发达城市的人才引进应通过降低人才的生活压力的方式，适度引进高端急需人才；针对欠发达城市的人才引进，应主要以提高其生活、工作质量等方式。同时，政府应该鼓励企业培养学习型的企业文化、建立完善的学习激励机制，提升工作人员的创新意识。对于协同创新的资金支持，政府应综合权衡其当期财政支出，一方面在研发支出方面，向进行协同创新生产的企业进行适当的倾斜；另一方面，应该鼓励创新网络内的金融机构，适当降低创新贷款成本，鼓励中小型新创企业进行合作研发，或由政府出面，进行担保抵押。

此外，由于我国创新网络的发展刚刚兴起，对于创新网络中协同创新的管理研究尚处于初级阶段，这就要求政府应该协同相关企业、学研机构，不断发掘协同创新过程中可能遇到的问题，提出相关需求的解决方案，将协同创新的理论研究与实践活动相结合。根据国家或区域的发展需求，制定相关的产业倾斜政策，引导协同创新向公共物品生产方面倾斜，适当进行政府采购，扶持参与协同创新的企业。对于协同创新的物力供给支持，应从协同创新的不同阶段展开。处于项目研发阶段，创新主体往往需要大型的科研设备软件、相关文献情报检索平台；此时，政府对于仪器、平台的购买或适度供给，将为创新主体带来较大的便捷；规模化生产阶段，政府对创新产品的推广以及公众普及起到了重要的推动作用。

（二）政府监管机制

产学研协同创新能力的提高在很大程度上可以促进新产品的研发，但是现存体系下，我国政府对于科技研发的投入是直接下放到企业、科研机构以及高校的，政府科研资金的直接投入，并不能有效促进产学研之间的合作创新，这就大大浪费了研发资金的使用效率。模拟仿真的结果证明，科研费用的集中管理、优化配置，可以有效地遏制研发资金利用效率偏低的情况。鉴于此，为了提高研发资金的利用效率，政府可以将我国的科技研发资金进行整合，成立单独的科研基金组织，该基金将政府用于研发的资金、组织业务收入乃至金融机构对于创新的特殊贷款等融合，并进行资金管理以及合理的配置。该基金可以在企业进行研发投资时，由专业团队进行研发项目的评估，对于有产学研合作的开发项目给予资金的支持，降低审批难度，并在产品创新、投入市场的阶段，由政府出面为项目进行风险投资的担保。这样，从政府的角度来说，一方面主动促进了产学研之间的协同合作，对于想要获得科研经费的企业来说，会主动寻找适合的学研机构进行合作开发，并将合作创新资金进行有效利用，减少了政府财政科研经费的浪费现象；另一方面也提升了金融机构对于产学研合作创新的参与度。这样，既实现了科研经费的分层、分梯度投放管理，也提升了科研经费的使用效率，提高了产学研之间的联系紧密度，增加了企业的利润，更促进了企业与学研机构的联系强度，在政府以及金融机构的科研经费的驱动下，产学研机构之间形成了良性的合作创新循环。

在知识经济时代，良好的科技设施不仅包含社会公用的诸如网络、通信等基础设施，还包括了隶属于高校、科研机构的高水平创新实验室。科技设施是科技创新的物质基础和保障，因此，良好的科技设施建设不仅可以为创新者提供研究设备，同时可以为创新的传播提供优质的媒介。在优化创新环境方面，政府应适当提高财政基础设施投入比例，可以提倡通过融资租赁的方式解决高价设备的有限购买问题。对于创新产品的推广，政府应该不断完善科技中介组织的服务水平，促进科技成果转化的力度，提高创新产品的使用效率，并且不断从市场进行反馈，以帮助产学研机构对新产品进行不断研发，更新换代，保证创新发展的良性循环。在知识与资源共享方面，政府应整合社会资源网络，建设覆盖全国的科技信息与技术创新服务平台，政府应积极发展科技中介服务机构，以中介机构带动企业、高等院校以及科研院所之间的知识流动和技术转移，提升科技成果产业化效益。

政府应该加强对于科技金融的政策支持力度，随着我国金融业的不断发展，银行已经成为创新启动资金以及发展资金的重要来源，政府一方面可以通过政策引导，对于已经确定有产学研合作的项目，鼓励银行提供低息创新贷款，另一方面，对于创新项目的投入，可以以政府为主导力量，对于有产学研协同研发的项目，为其搭建风险投资与创新企业之间的接触平台，为创新项目提供合适的风险投资者。政府的出面，一是可以建立双方在合作初期的信任，二是可以通过这一平台不断掌握创新市场的发展情况，以便调整对创新的政策支持，三是可以以此为媒介，推进产学研之间的协同创新力度。

（三）环境保障机制

创新网络中协同创新环境的优化主要体现在网络中的创新环境营造，包括创新相关税收的减免、网络内基础设施的完善、创新氛围的培养等。

第一，对于协同创新的相关税收问题，从仿真结果可以看出，随着协同创新相关税收减免力度的增加，创新主体的协同创新意识及协同者的积极合作行为均得到较快的促进作用。此外，由于创新主体进行协同创新要付出相应的合作成本，因此，在协同创新的初级发展阶段，如果没有政府政策引导，企业的协同创新很难高效展开，因此，税收减免与政府补贴相结合的政策可以在一定程度上降低企业的协同创新成本，从而促进协同创新的发展。

第二，处于信息经济时代，协同创新合作关系的建立及合作过程中的沟通，离不开交通、信息网络，尤其是信息网络日益成为创新网络协同发展的重要技术支持。虽然我国现阶段信息技术的发展水平不断上升，但是区域之间的信息沟通与咨询服务尚且不够平衡，因此，政府应该在建立本地信息网络的同时，打破地区之间的沟通隔离状况，积极构建面向大范围内的创新企业信息服务平台，完善平台服务信息，以便于创新主体在网络平台上寻求合适的合作伙伴，同时有助于相关科研工作者，从信息中挖掘问题，为协同创新提出优化措施。

第三，协同创新的基础设施完善对于创新效率的提升具有重要的作用。因此，政府应该投资完善协同创新的共享平台、数据库、网络等建设。政府部门需要建立基础设施的投入增长机制，用于基础保障性、公益性的创新投入，通过数据跟踪，明确设施建设的经费来源、拨款渠道、权限与责任，与此同时，政府部门可以通过收益回报机制，鼓励多方对基础设施的建设投入资源。

第四，由前文分析可知，创新网络的不同拓扑结构对于协同创新有着不可忽视的作用。创新主体在进行资源的转移、传递等活动时，均将受到不同网络结构的影响。较短的平均路径长度有利于资源的快速转移，但是对于丰富资源的获取力度相对较小；较高的聚类系数有利于创新主体之间的集聚交流，以及创新资源的平均分配，但是对资源的外部扩散有一定的抑制作用，可见，不同的创新网络结构对于协同创新均有着不同的影响。因此，优化创新网络的结构是保障创新网络中协同创新机制得以实施的基础。

第五，创新氛围的培养主要体现在营造良好的竞争环境，创新网络中的协同机制更主要的是促进协同合作，而"协同"则表现为以观念、文化协同带动的知识、战略的协同升级，因此，营造双赢的合作创新意识、降低过度竞争带来的低效率现象，是创新网络中的政府要解决的重要问题之一。一方面，政府应该引导创新参与者正确的竞合观念，加强其对于利益共享、风险共担的合作意识；另一方面，政府应该出面，对于网络不规范行为进行强制性管理，从而瓦解不合理的竞合关系，优化网络的竞争环境。

第二节　金融机构的支持保障机制

金融是一国经济或产业发展的核心和基础资源。金融体系通过促进资本形成从而推动技术创新。金融机构对于协同创新的支持，除了在政府的创新政策引导下，简化贷款程序、降低贷款利率等。对于金融机构本身来说，更多地则体现在对于协同创新过程中的技术创新融资支持。

一、金融机构的创新支持分析

（一）金融支持的发展现状

金融支持是指一些项目从想法变成可能的金融资源供给，强调了金融工程的发挥以及金融支持的意义。从狭义角度分析，金融支持是指金融机构在相关行政手段的作用下，对金融资源进行组合、配置，以达到既定目标的效果；从广义角度分析，金融支持是一种基础性的支持机制，为社会经济生产活动提供资金保障与调节。

宽松且安全的金融环境以及严谨完善的金融体系是推动协同创新发展的重要支持保障。协同创新过程中需要大量的资金支持，其良好运行离不开金融机构的帮助。随着金融业的大力发展，金融机构在技术创新过程中扮演的角色，已从创新投融资不断扩展到技术创新风险防范领域。金融集聚现象所形成的区域金融中心在支持本地创新的同时，也起到了周边网络辐射效应，金融支持技术创新的地位日益凸显。

现阶段，我国金融机构支持协同创新的发展已经取得一定的成效，直接技术融资比重逐年上升。我国66%的专利发明及82%的新产品都是由中小企业完成的，但是根据中国人民银行的相关报告，占企业总数99%的中小企业，其融资贷款仅占不到30%，我国金融体系在技术创新中的作用并未被完全激发。此外，某一地区内部金融业的发展对技术创新产生促进作用的同时，也将对邻近区域产生一定的溢出影响，金融扶持的溢出效应作为技术创新的辅助支持，也发挥着重要的作用。我国学者傅家骥认为技术创新是包含商业、组织、科技、金融等各种活动的系列过程，可见金融支持在技术创新系列过程中起到了至关重要的作用。

国内外学者通过理论或实证分析发现，金融机构对于技术创新活动的支持日益明显。有学者认为金融行业所提供的服务是技术创新的动力，因此，完善商业银行的功能可以支持创新项目。有学者利用多线性回归分析，探究了金融刺激对电力交通行业绿色技术创新的影响，结果表明，金融支持对该地区交通工业的技术创新水平具有刺激作用（Sierzchula，2014）。有学者通过实证研究认为，功能健全的金融体系可以有效地收集和处理投资信息、动员储蓄、提高资金分配效率、改善公司治理结构以及分散投资风险，促进技术创新和进步（Levine，2002）。马丽仪（2013）运用定性分析方法发现，科技金融网络对于邻近地区高技术企业的技术创新具有一定的促进作用。马彦新（2011）运用空间滞后模型及误差模型，对我国省际数据进行实证分析，验证了金融发展对技术创新的促进作用。徐建军（2010）对技术创新的金融支持机理进行了研究，通过实证分析发现，高效率的融资贷款对企业技术创新水平有显著的正影响。

近年来，随着交通、通信设备的不断发展，各地区之间的交流日益广泛，以此带动了区域间的各种合作活动，金融发展与技术创新也逐渐形成了跨地域的协同合作趋势，地区间溢出效应逐渐显现（地区间的溢出效应是指本地创造的财富、知识等通过各种渠道传播到其他地区的现象）。同时，金融地理学的兴起使学者逐步意识到金融发展具有一定的空间地理特征，不仅对当地技术及经济增长具有促进作用，其溢出作用也促进了邻近地区的技术经济增长（李林，2011）。

（二）金融支持的要素衡量

金融规模、金融效率及金融结构是衡量一个区域或国家金融发展情况的重要指标，而银行业、证券业与保险业作为我国金融行业的三大支柱，其自身发展及辐射效应与区域内的技术创新水平有密切的联系。因此，综合考虑数据的可获取性与指标选取的科学性，本节将从金融规模、金融效率及金融结构三个方面，选择能够科学衡量银行业、证券业、保险业发展规模、效率及结构的指标进行测算。

从金融规模的角度分析，近年来，我国政府不断推出银行业对中小企业技术创新的投融资优惠政策，商业银行的发展规模与资金融通关系到技术创新能否起步以及后续系列生产过程，因此，银行业的发展规模对创新企业的技术融资将有直接影响（朱玉杰，2014）。随着我国城市商业银行的大力扩张，中小企业的投融资已不仅限于省份内部，省际资金流通使银行业对于技术创新的支持力度不断加强。此外，资本市场为企业融资、上市流通提供了开放的流通场所，其资本化程度决定了社会公众对于技术创新的关注与支持力度。企业进行技术创新需要长期的融资支持，若外源融资渠道受阻，则会大大降低企业的技术创新效率。资本市场作为除银行业外，企业外源融资的另一条通路，可以快速弥补企业 R&D 经费的不足，为企业技术创新不同发展阶段提供不同形式的股权性质资金服务。企业在技术创新过程中，必将受到一定的风险影响，而创业板资本市场是技术创新企业风险资本退出及获取收益的主要渠道。

从金融效率的角度分析，保险市场在技术创新过程中起到了风险转移的作用。有学者通过相关研究表明，保险对于技术创新的作用相比于证券及银行业更为直接，一方面，保险业作为风险承担行业，可以鼓励科技创新，使创新者可以更加广泛地开辟新的生产领域；另一方面，保险业在技术创新过程中可以对创新专利进行保险，防止知识专利盗用给创新企业带来损失（胡晓宁，2009）。保险密度越高，说明区域内保险意识越强，保险市场越发达（王力，2008）。此外，银行的存贷比可以衡量一个地区间接融资渠道的转化效率。一个地区的储蓄投资转化效率一方面取决于储蓄是否能够顺畅地转化为投资，另一方面则要看储蓄是否配置到了有利于经济发展的部门和产业。

从金融结构的角度分析，金融结构可以衡量金融市场在全社会资本资源配置中的相对地位，金融市场在提供流动性方面的功能优于商业银行。区域内银行贷款余额反映了资金的总量实力，特别是银行部门对所在地区经济发展的支持程度，是反映银行资产结构的重要指标。区域上市公司的股票总市值，则反映了资本市场在金融行业中的整体地位。

二、协同创新的金融支持过程

技术创新具有高投入、高风险、高收益及强正外部性等特征，在其研发、成果转化及产业化等阶段存在着不断放大的资金需求，有效的科技金融支持是技术创新的必要条件，资金流动贯穿金融创新的各个环节，其中既包括政府提供的研发活动资金，又包括商业银行等金融机构提供的社会风险资金，甚至还包括创新初期的投融资机制、风险退出机制等。金融机构的支持是帮助缓解创新过程中的资金风险的系统性工具。政府虽然可以在协同创新过程中为创新主体提供部分资金，但是相对于协同创新过程中的大量资金需求，政府所提供的研发资金极为有限（李建伟，2005）。此时，作为兼具风险分散、信息处理、资金供给作用的金融工具，可以将吸收来的社会部分闲置资产投资于具有良好前景的创新项目，从而为技术创新提供源源不断的资金支持（龚著燕，2012）。具体到协同创新的不同阶段，金融可以给予创新不同的资金支持，形成"资金—保险"双向风险投资机制。

针对协同创新初期的主体来说，相关金融机构可以通过股权融资等方式，对企业的创新研发给予相关支持。处于创新网络中的企业，由于其具有较强的网络嵌入关系，因此，网络关系作为投资信任的推动因素之一（Moshe Sharir，2006），为协同创新初期的主体提供了资金支持。处于相对成熟期的协同创新企业，网络内的金融机构可以通过贷款方式等间接融资渠道，给予创新活动以支持。而处于成果转化期间，金融机构可以给予企业上市融资、产品宣传等支持（Uzzi，2007）。此外，处于创新网络中的任何企业都拥有自己的特定信息，此时，信息不对称现象成为阻碍协同创新达成的因素之一，而金融机构作为协同创新的信息整合中介，其出面投资或担保，可以为协同合作双方进行信息公平传递，从而提高协同创新双方的信息管理效率，降低信息不对称的阻碍作用（林剑，2007）。

综上所述，协同创新过程中必然产生一定的信息与交易成本，从而带来市场摩擦，金融机构通过资金集聚、信息揭示等方式，给予技术创新以融资、风险服务，通过筹资、融资、资源配置进行技术创新的调节，进而推动协同创新过程中的技术创新。金融支持技术创新的作用过程如图9-6所示。

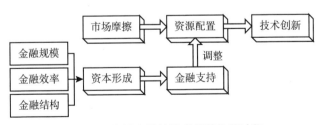

图9-6 金融支持的技术创新作用过程

资料来源：笔者自制。

三、金融机构的支持机制构建

（一）服务调动机制

我国金融发展水平对技术创新起到了积极的影响作用，因此应该协调好不同区域的金融发展政策，以省内与省际金融发展共同带动企业技术创新水平。我国金融结构并不十分完善，银行业的发展仍然较为单一，以银行业为主导的投融资结构对于低风险的传统行业有较强的支持作用，但是高创新、高风险的战略性产业成长更需要资本市场的支持，银行业与资本市场的协同发展对技术创新的支持水平会更高，因此，应全力打造高效运行的银行体系，构建多元化的资本市场，加强企业债券市场和创业风险投资的发展。

对于银行业的发展来说，政府应当支持不同地域内城市商业银行的建设与发展，培育具有地域特色的城市商业银行。对于具有地区特色的协同创新企业，金融机构应该出台一定的扶持政策，加大对其的投资力度，对于这些机构的贷款条件可以适当放宽，同时从银行方面加强对于协同创新企业的融资力度，从而发挥具有地方特色银行的功能。对于银行本身来说，应该进行适当的业务拓展，提高业务水平，作为中小城市商业银行，可以适时地与国有股份制大银行之间进行交流合作，一方面可以促进银行本身的发展，另一方面通过交流，传递信息，不断完善网络内各类银行的发展。我国应重视政策性银行的引导作用。由于协同创新的资金投入具有回收期长、额度大、风险大等特点，因此商业银行的直接介入较少。此时，政策性银行的介入一方面可以保障协同创新的资金链供给得以延续，另一方面也间接引导了创新产品的市场推广保障（赵秀丽，2013）。

实证分析发现，现阶段我国资本市场对于技术创新支持并不存在溢出效果，因此，首要任务是完善资本市场对于网络内技术创新的支持。处于金融市场中的企业，可以通过股票上市募集到大量的流动资金用于技术创新项目，但是，如果技术创新没有达到预期的利润标准，这类融资企业的股票价格就会面临下跌的风险，从而阻碍企业的融资，因此，资本市场对新技术的适用性具有事后筛选和淘汰的作用，只有可以迅速得到市场承认的创新技术才能得以生存，这也是保证技术创新能够沿着正确方向前进的重要机制（叶耀明，2007）。我国资本市场作为企业首次公开募股（IPO）的场所，并未对技术创新水平产生较高的影响，说明我国资本市场的发展存在一定的问题，上市公司中国有股份与法人股占有较大的比重，抑制了股市的流通性，因此，我国政府及证监会应该积极调整股权结构，增强信息披露力度，增加资金的配置效率。

保险业是从事社会风险管理的行业之一，若一个地区缺乏发达、成熟的保险业，银行、证券乃至企业的风险控制将难以得到保障。因此，不断完善保险市场业务，对区域网络内企业进行技术创新有着显著的推动作用。创新网络内的保险支持机构应增加对于技术创新不同阶段的风险承担业务，为技术创新提供更加安全的保障措施。此外，区域网络内的保险业的发展一方面应适当调整业务拓展方式与渠道，加强对于高端技术类产品的创新风险保障；另一方面，通过信息交流，为协同创新的合作伙伴匹配提供服务，帮助协同双方完善信息交流，防止信息不对称带来的创新风险。依靠保险业务提升整个金融业的风险管理水平，从而稳定区域网络内技术创新活动的运行。与此同时，保险业务的发展也为金融机构吸收资金提供间接渠道，通过对保险资金的吸收进行有效的资金配置利用，从而提高区域网络内的金融发展水平，以期更好地服务于协同创新。

（二）渠道拓宽机制

从实证分析中可以发现，我国金融机构自身的运行、管理机制对协同创新的技术支持有较大的影响，这绝大部分依赖于金融体系对资源配置的效率及制度创新。有资料表明，美国长时间依靠较低水平的储蓄率，支持着美国持续的经济增长，主要得益于美国金融市场的灵活高效运行机制（巴曙松，1998）。然而，我国的金融机构存在许多不规范的地方，在资本运营方面效果较弱，同时并未建立起有效的风险投资机制。因此，有必要在创新网络内部建立和完善以创业投资基金、中小科技企业创新基金、担保基金等为主要内涵的区域网络创新资本市场，使区域内闲置资本可以快速渗透到创新的各个阶段中，产生一定的资本累计效应，弥补间接融资体系运行效率较低的不足，提高网络内的创新成功概率。

据统计，美国90％的高技术企业都以创新风险投资的模式发展，美国的纳斯达克为金融风险投资提供了良好的平台。日本政府对企业技术创新的融资支持主要通过贷款、担保以及认购公司债券的渠道，日本政策性融资机构为创新企业提供了大量的低息贷款，促进了科技成果转化。丹麦、法国等通过国家创新体系与金融体系的紧密结合，发挥公共资金的杠杆效应，解决了技术创新过程中的融资难问题。因此，参考国外金融机构的相关运行机制，要想使我国的金融机构更好地为协同创新发展服务，必须不断改革现行的金融管理方式，全面提升金融资产的配置效率。协同创新具有较高的不确定性和风险性，因此，针对协同创新融资的金融工具及产品，应该加强其风险定价与管理。一方面要推动信贷产品及其业务创新，扩展各种创新类或知识产权类抵押工具，另一方面要不断探索非信贷类产品的创新，开展对于中小企业的短期融资券服务，探究适合协同创新发展不同领域内的资产证券化项目和产品。同时，借鉴国外的相关经验，研究中小企业私募债，根据不同创新领域的行业特点，推出具有针对性的金融工具和金融创新产品。推动天使投资、风险投资机制的发展。股权投资具有筛选发现、风险分散以及资金扩大的功能，是技术创新初期的首选融资渠道。通过构建有效的股权投资链，可以显著提高技术创新融资的有效性。通过融资筛选，摒弃不具有发展前景的技术创新产品，大力推进具有市场潜力的技术创新产品，从而提高市场的协同创新效率。此外，通过政策导向，天使投资可以优先向具有市场潜力的合作创新产品服务，鼓励具有成功创业经历的天使投资人进行投资活动，推动天使投资的联盟网络化运行，为协同创新初期的企业提供有力的支持。

（三）协同监管机制

协同创新是具有风险性的技术创新活动，同时，金融机构融资、创新产品支持也具有一定的风险性。因此，对于金融机构的严格管理是保障金融支持平稳进行的条件。金融机构的协同管理体系构建目的是在不同部门的配合下有效整合金融系统内部的资源，形成金融管理协同效应。为了提升金融机构的协同管理能力，首先要制定合理的协同管理目标，结合现有金融发展情况以及金融发展资源，明确不同金融主体的任务，实现金融机构协调的管理目标。其次在管理目标的指导下，进行合理的职能划分，金融机构的管理计划制定要与国家协同创新体系的构建、发展相融合，同时明确金融机构的管理工作及时间节点，形成更有操作性的管理计划，防止交叉管理现象的出现。最后，完善金融机构的管理效果评价及反馈。通过对某一项或某段时间金融支持工作的评价，可以协助外部支持主体调整自身保障策略，通过反馈结果及绩效评价，有助于协同创新金融支持的开展。通过对金融支持现状及目标的共同反馈，为下一阶段提供科学的支持依据，可以有效地提升金融机构的资源配置效率，促进协同创新绩效。其管理过程如图9-7所示。

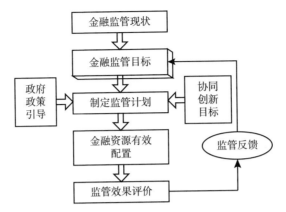

图 9 - 7　金融机构的技术支持管理运行模型

资料来源：笔者自制。

综上所述，金融是现代经济的核心，是保障技术创新拥有源源不断资金供给的源泉，金融市场可以通过调配实体经济资源在各部门间流转，从而实现技术创新。因此，要想使金融支持协同创新发展，必须要统筹考虑金融支持体系的相关影响因素。与此同时，政府应视不同技术创新体的原有经济结构、资源禀赋以及地理位置的不同，而采取有针对性的发展对策，引导资金合理流向，为技术创新的进行提供良好的金融支持。

第三节　科技中介的服务保障机制

一、科技中介组织的定位与特征

（一）科技中介的角色定位

中介是一种媒介，指在不同事物或同一事物内部相互作用的两极之间其联系作用的环节（刘勤福，2008）。中介组织的概念是我国特有的，国外学者将中介定义为非政府组织、第三部门等非营利性的民间组织。科技中介组织是中介组织的一部分，其主要服务对象是与技术相关的活动或组织。从功能的角度来说，主要包括了企业孵化器、生产力中心、技术开发中心、信息咨询评估与论证、技术市场平台以及知识产权保护等法律服务中心。国外学者认为科技中介组织是指依赖于专业知识与专门技术，提供以知识为本质特征的中间产品和服务机构（Wood P，2002）；孙立梅（2010）认为科技中介组织是创新系统中各创新主体的连接纽带，其以信息支持为核心服务产品，为创新主体提供专业化服务，通过促进信息流动和知识转化效率，实现创新价值的补偿机制和流动机制，进而提升技术创新效率，实现科技进步与经济增长。

协同创新过程中，企业与学研机构进行共同研发，其主要目的是完成技术创新活动，从而实现创新绩效的提升。在技术创新过程中，合作伙伴的匹配、项目的选择、信息咨询服务以及市场成果转化活动，如果均由技术创新的研发主体承担，不仅导致了创新成本的提高，而且大大降低了研发主体的创新效率。借鉴我国科技部颁发的《大力发展科技中介组织的若干意见》对我国市场上的科技中介的界定，本书认为，科技中介组织是辅助研发主体完成一系列创新活动的科技机构，主要为创新主体提供相关信息咨询、完成技术孵化及成果转化等保障性的服务。科技中介组织可以为协同创新活动提供重要的服务支持，通过面向社会不同机构开展技术扩散活动、科技评估活动、成果转化活动等，为不同机构之间建立联系，科技中介组织可以在一定程度上降低创新风险，加速科技成果产业化进程，为提高我国企业的协同创新能力提供保障服务。

（二）我国科技中介组织的发展现状

现阶段，为了促进国家创新体系的建设，帮助创新主体更好地进行协同创新活动，提升我国创新绩效，我国政府加强了对科技中介服务组织的建设与培养。我国的科技中介体系主要包括了企业孵化器、生产力促进中心以及技术交易市场。

企业孵化器起源于美国，1988 年被纳入我国国家火炬计划的范畴，是高新技术创新服务的中心。随着我国科技企业孵化器的发展，其逐渐形成了一定的特色，并衍生出多种不同的组织形态。包括大学科技园孵化器、留学人员创业园区、海外创业园区等。同时，基于产业发展特色，我国兴建了一批以战略性新兴产业为主导的科技园区或孵化器。此外，商业性质的孵化器也发展良好。生产力促进中心是国家技术创新体系的重要组成部分，主要为创新企业进行信息化服务、咨询服务以及培训服务。根据中华人民共和国科技部创新发展司的统计，我国 2014 年跟踪调查的 9302 个课题中，有 4396 个课题的成果得到了转化应用。调查结果显示，75.4%的科技支撑计划课题成果已经得到转化应用，比上年提高了1.2个百分点；46.6%的863计划课题成果已经得到转化应用，比上年提高4个百分点；21.9%的973计划和国家重大科学研究计划课题成果已经得到转化应用，比上年提高4.3个百分点，61.4%的课题尚未实现成果转化应用，16.7%的课题成果不适宜转化应用；48.6%的国家科技重大专项课题成果已经得到转化应用。然而，在4396个课题的成果中，超过6成（62.7%）是自行转化应用而并未通过中介组织，不到4成（37.3%）通过中介组织转化（见图9-8）。从各类课题牵头单位看，科研院所、高等学校、企业或其他单位的成果均以未通过中介组织转化应用的居多，分别占62.6%、56.1%、67.3%和66.5%。

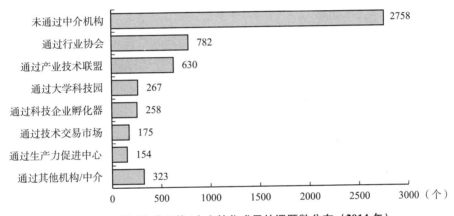

图9-8　通过各类机构/中介转化成果的课题数分布（2014年）

资料来源：根据统计数据整理。

据2019年报告显示，2019年，我国3450家公立高等院校和科研院所以转让、许可、作价投资方式转化科技成果的合同项数有所增长。合同项数为15035项，比上一年增长32.3%；合同总金额为152.4亿元，较2018年下降19.1%。报告分析指出，我国科技成果转化的主要方式为转让方式，转让合同项数占转让、许可、作价投资3种方式合同总项数比重超六成。在区间分布上，100万元及以上的合同项数占比为10.0%，合同金额占比达89.6%。大额科技成果转化项目频出，成果转化合同金额达1亿元以上的有24项。[1]

---

[1] 参见中国科技成果转化2020年度报告。

通过图 9 - 8 及相关数据分析可知，我国科技中介组织提供的服务种类相对短缺，中介组织依然要依靠政府的帮助与扶持，并未形成良好的中介服务体系。市场研发主体在进行科技成果转化时，只有不到四成会选择科技中介组织。一方面说明我国科技中介组织的发展尚未成熟，虽然达到了一定的机构数量，但是在角色定位及作用发挥方面仍然欠缺；另一方面说明创新主体对于中介组织的认识不足，企业甚至一些学研机构对于中介组织的服务尚不明确，即使在创新过程中有中介服务的需求，也不知诉诸何门（刘锋，2005）。

二、科技中介组织的功能

科技中介组织因服务内容及对象不同，会拥有不同的功能。有学者认为，科技中介组织在知识生产者和使用者中间起到知识传递的功能，为知识的转移活动提供服务（Smedlund A，2006）。有学者认为，科技中介组织为技术研发提供项目及伙伴评估支持，因此其具有一定的经济代理商功能（Jeremy Howells，2006）。有研究者通过对中介机构的研究发现，其具有降低不确定性及逆向选择问题的功能（Hoppe H C，2005）。此外，还有学者认为科技中介具有情报功能、商业名录、市场信息、交易功能、担保功能、产业信息发布、用户服务等多项功能（Mitra Barun Sarkar，2007；David Barnes and Matthew Hinton，2007）。科技中介机构的发展在我国起步较晚，尚未形成较权威的公认功能。有学者认为我国的科技中介机构可以提高创新主体之间的知识获取效率，促进知识的交流与传播（刘珂，2005）。有学者将科技中介组织与政府组织进行对比，认为科技中介组织与政府功能互补，两者协调促进我国产学研的协同管理效率（马松尧，2004）。还有学者系统分析了科技中介的特征，并论证了科技中介在技术创新中参与主体间沟通的功能，认为科技中介组织可以协调主体进行创新决策，同时对产品进行孵化生产，提高社会资源的优化配置（刘锋，2004）。

科技中介组织的出现有助于帮助协同创新主体提供适当的创新方案，帮助促进和协调创新主体之间的信息及合作关系，同时对协同创新产品进行成果转化。此外，科技中介组织的加入也可以帮助政府研究和制定相关创新政策，其在协同创新体系中发挥着重要的桥梁纽带作用。综合国内外学者的分析，从科技中介组织对协同创新的服务保障角度出发，本书认为科技中介组织主要具有以下功能（见表 9 - 5）。

表 9 – 5　　　　　　　　　　科技中介组织的角色及功能

序号	功能	研究者
1	提供创新决策方案	利赞尼斯基、斯坦科维奇
2	促进知识、技术转移	胡曼、库登斯、萨顿、刘珂
3	协调、沟通信息	林、沃格里诺、刘峰
4	科技成果转化	科戴、库登斯、凯什
5	辅助政府制定政策	布鲁安、马松尧

资料来源：笔者自制。

三、基于创新网络的协同创新科技中介服务过程

(一) 协同创新的科技中介网络位势

创新网络中的任何企业都无法与网络中的所有企业发生联系，因此结构洞普遍存在于创新网络中（郭元源，2014）。中介组织通过构建与不同主体的连接关系，充当着创新搜索、技术转让及投资等各类创新活动的媒介（Zhang Y, 2010）。科技中介与创新主体属于创新网络中的节点，因此，其媒介效果将影响着协同创新的绩效发展。

结构洞是指网络中某节点与其他节点发生联系、但其他节点之间缺乏联系而造成的关系间断现象。由于科技中介组织连接了创新网络中的大量创新主体，而创新主体之间又缺乏丰富的连接关系，因此，科技中介组织处于创新网络中的结构洞的位置。科技中介组织在维持网络的节点连接中起到了重要的作用，因此成为网络中信息、知识的储存系统与网络节点连接的黏合剂。科技中介组织可以实现不相连的创新主体之间的资源流通，通过中介组织可以缩短创新主体之间的连接距离，增加资源的流动速度，同时完成主体的契合匹配活动。现有研究表明，科技中介占据结构洞较高时，将增加搜寻认知和交流吸收功能，从而对协同创新绩效产生促进作用。

(二) 科技中介的协同创新服务过程

企业是协同创新的技术主体，其进行协同合作的前提是搜索技术合作者。随着协同创新的高速发展，社会中存在着大量的创新合作者，而这类合作者是否可以在最高程度上与企业匹配，需要企业进行合理的评估，然而对于数据量

巨大的评估过程，企业无法独立完成，而科技中介组织积累的大量的信息资源能够高效率地为企业提供技术合作信息。因此，科技中介组织在协同创新的过程初期，其专业化的协调桥接服务为技术创新的合作搜寻方提供了精确的匹配信息，使协同创新得以顺利开展。

学研机构是协同创新的知识源泉，然而现阶段科研院所缺乏获取市场信息的有效渠道，使技术创新与市场需求脱节。学研机构并不具备对外输送技术的渠道，使很多技术无法实现产业转化，而企业又囿于自身的技术创新水平，无法实现技术需求，此时，科技中介组织作为企业与学研机构的信息枢纽，对于完成校企之间的项目对接、加速技术消化、推动技术成果的市场起到了桥梁作用。同时，中介组织作为市场活动的直接参与人，也可以协助企业，将市场需求信息传递给学研机构，不断推动新一代技术的发展，实现产学研用的有效结合，从而驱动协同创新的发展。

在创新技术的成果转化过程中，科技中介组织凭借专业化的信息收集及投放功能，综合市场发展及政策导向，为企业选择合适的市场定位。此外，科技中介组织可以为企业技术创新提供相关法律知识。与此同时，企业的服务需求又促进了科技中介组织的发展，使中介组织可以根据市场需求调整自身的服务水平，不断完善机构自身的发展程度，从而为协同创新提供更加准确的咨询服务。其服务过程如图9-9所示。

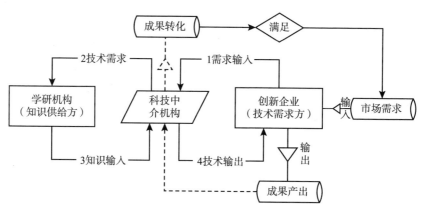

图9-9 科技中介组织的技术创新服务过程

资料来源：笔者自制。

综上所述，创新网络中的创新企业根据市场需求提出新一代技术创新需求，通过协同创新体系中的科技中介组织进行技术合作伙伴的匹配。科技中介组织利用创新网络中结构洞的位置整合信息资源，并通过规范化的匹配方式，为企业提供匹配程度较高的伙伴信息或技术信息。与此同时，学研机构的知识产出随着中介组织的信息收集活动，输入到资源库中，科技中介组织根据企业需求完成匹配，产学研实现一次协同创新活动。企业的新技术成果产出通过科技中介组织的市场调查服务进行推广，此时，科技中介组织可以为企业提供市场决策支持。中介组织利用网络结构洞的优势位置，不断促进着协同创新的发展。

四、基于创新网络的协同创新科技中介服务机制构建

科技中介组织的"黏合"作用在协同创新过程中发挥着重要作用，对创新网络中科技中介组织体系的构建及完善，以及保障协同创新发展具有重要的意义。

（一）信息汇集机制

创新网络中拥有巨大的信息资源，对科技信息资源进行汇集、统一对于提高科技中介服务的效率具有重要的作用。中介组织的存在可以一定程度地降低信息不对称问题，同时缩减信息的手机和利用成本，因此，信息资源汇集整合能力是科技中介组织实现可持续壮大发展的要素。网络总的信息汇集主要包括内部汇集与外部汇集。

创新网络中的信息内部汇集机制主要是指已经被搜索到的外部信息，通过一定的途径、方式在中介组织内部进行整合分类，目的是提高中介组织的服务效率。内部信息的整合一般是从不同的部门向信息中心集成。学研机构的技术信息、企业的资源信息、政府的政策信息以及金融市场的融资信息被中介组织的不同部门收集。对于学研机构的论著、专利通常采用调研、跟踪统计等方式进行收集，并通过成果申报予以汇总，依托于高校的中介组织通过申报资料的整理进行信息录入，通过简洁化的程序完成相关检索。在服务过程中产生的问题可以通过及时整理、上报，帮助政府按需调控科技创新政策。企业对信息汇集主要包括企业自身的发展情况以及对于历史合作的资料展现，通过此类信息的汇集，可以帮助创新网络中的主体了解技术创新动态及企业的发展方向，为高校技术产业化提供参考依据。

创新网络中的信息外部汇集机制是指创新网络中其他主体所产生的信息向中介组织汇集的机制。我国科技中介组织一般属于营利性组织，其外部信息汇集机制更多地依赖于政府的推动。因此，为了获取更多的外部信任，政府应该主动确认科技中介的市场地位，推广科技中介组织，使其可以更加便捷地获取其他创新主体的信息。同时，科技中介组织应做好激励调节机制，在零成本投入下获取的相关资源应该惠及创新网络中的不同主体，公开部分调查数据，便于创新网络中的主体进行创新活动，以此形成"积极输送—积极公开"的信息反馈、利用过程。

（二）项目咨询机制

科技中介服务机构为技术转移、科技成果转化与开发提供相关的支持服务。在政府、创新主体之间发挥着桥梁、传递与纽带的作用，是协同创新得以开展的重要组织之一。然而，现阶段我国科技中介组织的工作较为松散，尚未形成较为统一的服务理念。因此，应该调动中介组织的创新积极性，发挥科技中介组织的桥梁、纽带作用。通过推动科技中介组织的规范发展，提升不同个体中介组织的发展能力，将不同中介组织整合起来，通过信息化平台的搭建，互补并充实不同组织的中介功能，使基于创新网络的协同创新中介服务更加完善，从而推动市场化中介组织的技术转移活动，提升中介组织的专业服务能力。

随着对知识产权保护意识的提升，科技中介组织除了一般的信息咨询及成果转化等服务，还应该适当建立知识产权咨询、法律保护等服务项目。健全的知识产权保护能力可以有效地保障协同创新机制的运行。但是现阶段，我国协同创新过程中的知识产权纠纷频繁发生，知识产权管理体系的构建尚不完善。因此，各个创新主体应该不断完善知识产权保护能力，同时政府需要构建完备的知识产权保护政策，从而规范协同创新过程中的知识产权归属问题。首先，完善知识产权保护的政策法规系统。近年来，我国的专利申请和授权数量大幅度提升，同时，专利授权量呈现快速增长趋势。但是由于产权问题而产生的纠纷也与日俱增。如何高效地处理此类问题，我国相关专利授权及管理机构，可以借鉴一些成功的案例，总结归纳经验，完善相关法律条文及法律案件的处理速度，给予专利权人以公平的保护，从而确保合理的法律稳定性。同时，不断完善专利侵权的判定标准及方式，使专利侵权案件的判定标准更加清晰、科学、合理，进而推动专利权保护工作的平稳进行。其次，不断完善专利管理的网络化环境。随着网络系统的发展，经济社会各个组织使用网络化办公的效率明显提升。网络平台的推出使专利管理更加便捷、完备。为了保障专利信息资源的完备性、专利审批程序的便捷性，我国政府应该不断加强专利信息系统的信息化管理。一方面，开通相关专利电子审批系统的线上运行，推进专利领域的信息化的进程，维护专利网络审批系统的正常平稳运行，为提高专利业务管理效率创造条件；另一方面，为社会公众提供更多的专利服务项目，方便社会公众查询，方便科研工作者从专利信息中获取更多的知识资源。

此外，为了促进知识的转移与交流，提升科技创新的有序化转让程度，中介组织应提供良好的资产评估、知识产权交易服务。与此同时，利用网络主体的声誉与信任机制，搭建信息高度公开化的知识产权交易体系。通过中介组织，协助创新网络中的新兴中小企业，完成创新融资服务，与金融机构协调合作，对中小企业的创新发展提供信贷保障。

（三）平台服务机制

中介组织的平台服务机制是指服务于各类创新主体乃至用户的创新服务平台体系。科技中介服务平台的构建可以使网络中的创新主体充分运用网络信息，实现资源的重组和优化配置，从而提升创新网络的协同创新效率。中介组织平台借助网络化管理手段，将不同领域的相关科技信息汇总，为创新网络中的异质性创新主体提供有效的服务。中介平台主要将科技成果、相关专利、技术搜索以及高端人才等有效信息进行集成并分类，从而为用户提供专业化的科技咨询服务。

科技资源共享应遵循合作化、规范化、协调化的原则。由于科技资源分布在不同的创新主体之间在一定程度上具有互补性，只有对资源具有相同认知，并能产生强烈参与共建行为的意愿，才能高效完成资源传递和资源共享。同时，科技资源的服务平台应具有一定的规范性，信息的标准化和规范化是实现不同创新主体资源共享的前提与保障，创新网络中的主体不能通过非法手段破坏资源共享平台，获取非法利润。同时，创新主体在资源共享过程中，应该遵循协调合作的状态，通过道德及法律工具，约束主体的资源获取行为。

科技中介服务的平台主要包括信息公开服务、咨询服务和交易服务（见图9-10）。通过内部、外部信息的采集，中介服务系统对信息进行汇集并提交，通过信息成果数据、需求数据等进行科学化的处理，形成信息公开模块。科技中介组织由于处于网络的结构洞位置，可以连接部分企业，建立联盟数据库，通过数据库发布企业的技术瓶颈信息，为企业搜索匹配度较高的合作伙伴，或技术问题的解决方案。科技中介的信息公开服务主要包括专利信息及科技成果信息。科技中介组织依托于创新网络内的学研机构建立技术成果数据库，还可以通过与省级国家知识产权局的专利服务与预警平台建立二级连接，集成相关专利信息，为相关技术创新服务提供参考依据，为企业的人才输送提供保证。科技中介的咨询服务则主要以技术咨询、技术转让、产权交易与市场咨询为主。一方面，科技中介组织可以组织相关专家，对于不同咨询问题进行调查、分析，汇总成咨询报告，并提出解决方案，清晰地呈现给创新主体，帮助其进行创新服务；另一方面，科技中介组织对于相关的咨询问题进行整合，有助于创新网络中的政府进行科技政策制定、掌握技术创新的发展方向。科技中介的交易服务则主要包括合同管理、专业培训以及一些个性化的定制服务，在委托服务结束后，根据事前合约规定，支付服务费用等。

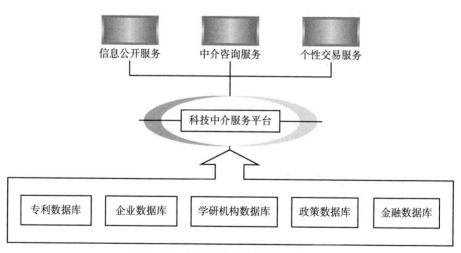

图 9 – 10　科技中介组织服务平台构建

资料来源：笔者自制。

参 考 文 献

[1] 巴曙松. 中国融资结构的调整与储蓄——投资转化机制的选择 [M]. 北京：北京大学出版社，1998.

[2] 柏玲，姜磊. 金融支持区域创新的竞争和溢出效应 [J]. 管理评论，2013（7）.

[3] 包迪鸿，李金林. 科技中介组织发展的科技政策研究 [J]. 科学学研究，2007（25）.

[4] 包全永. 银行系统性风险的传染模型研究 [J]. 金融研究，2005（8）.

[5] 蔡继荣，郭春梅. 战略联盟的稳定性边界研究 [J]. 管理工程学报，2007，21（2）.

[6] 蔡猷花，陈国法，刘虹，等. 产业集群创新网络与知识整合交互影响模型及仿真分析 [J]. 中国管理科学，2013，21（s）.

[7] 曹霞，刘国巍. 基于博弈论和多主体仿真的产学研合作创新网络演化 [J]. 系统管理学报，2014，23（1）.

[8] 曹霞，刘国巍. 基于社会资本的产学研合作创新超网络分析 [J]. 管理评论，2013，25（4）.

[9] 曹霞，于娟，张路蓬. 不同联盟规模下产学研联盟稳定性影响因素及演化研究 [J]. 管理评论，2016，28（2）.

[10] 曹霞，张路蓬，刘国巍. 基于社会网络结构的创新扩散动力机制及其仿真研究 [J]. 运筹与管理，2018，27（5）.

[11] 曹霞，张路蓬. 环境规制下企业绿色技术创新的演化博弈分析——基于利益相关者视角 [J]. 系统工程，2017，35（2）.

[12] 曹霞，张路蓬. 基于改进信息熵的创新合作伙伴多级可拓优选决策分析 [J]. 统计与决策，2016（5）.

[13] 曹霞，张路蓬. 基于利益分配的创新网络合作密度演化研究 [J]. 系统工程学报，2016，31（1）.

[14] 曹霞，张路蓬. 基于扎根理论的合作创新网络可拓机理与优化路径

[J]．中国科技论坛，2015（9）．

　　[15] 曹霞，张路蓬．金融支持对技术创新的直接影响及空间溢出效应——基于中国2003-2013年省际空间面板杜宾模型 [J]．管理评论，2017，29（7）．

　　[16] 曹霞，张路蓬．利益驱动对创新网络合作行为演化的影响机理及仿真——基于复杂网络拓扑结构视角 [J]．运筹与管理，2015，24（6）．

　　[17] 曹霞，张路蓬．企业绿色技术创新扩散的演化博弈分析 [J]．中国人口·资源与环境，2015，25（7）．

　　[18] 曹洋．国家级高新技术产业园区技术创新网络研究 [D]．天津：天津大学，2008．

　　[19] 曾方．技术创新中的政府行为——理论框架和实证分析 [D]．上海：复旦大学，2003．

　　[20] 柴国荣，宗胜亮，王璟珮．创新网络中的企业知识共享机理及其对策研究 [J]．科学学研究，2010，28（2）．

　　[21] 陈芳，眭纪刚．新兴产业协同创新与演化研究：新能源汽车为例 [J]．科研管理，2015，36（1）．

　　[22] 陈华，王稳．中国保险发展对技术创新长短期影响效应的实证研究 [J]．中国软科学，2011（3）．

　　[23] 陈劲，阳银娟．协同创新的理论基础与内涵 [J]．科学学研究，2012，30（2）．

　　[24] 陈劲．协同创新 [M]．杭州：浙江大学出版社，2012．

　　[25] 陈劲．新形势下产学研战略联盟创新与发展研究 [M]．北京：中国人民大学出版社，2009．

　　[26] 陈伟，潘伟，杨早立．知识势差对知识治理绩效的影响机理研究 [J]．科学学研究，2013，31（12）．

　　[27] 陈伟，于延顺，杨早立，等．企业创新团队知识共享机理研究 [J]．改革与战略，2013（1）．

　　[28] 陈伟，张永超，田世海．区域装备制造业产学研合作创新网络的实证研究——基于网络结构和网络聚类的视角 [J]．中国软科学，2012（2）．

　　[29] 陈伟，周文，郎益夫，等．产学研合作创新网络结构和风险研究——以海洋能产业为例 [J]．科学学与科学技术管理，2014，35（9）．

　　[30] 陈向明．质的研究方法和社会科学研究 [M]．北京：教育科学出版

社，2000.

[31] 陈学光，徐金发．基于企业网络能力的创新网络研究 [J]．技术经济，2007，26 (3).

[32] 陈钰芬，陈劲．开放式创新促进创新绩效的机理研究 [J]．科研管理，2009，30 (4).

[33] 成瑾，白海青．从文化视角观察高管团队行为整合 [J]．南开管理评论，2013，16 (1).

[34] 程跃，银路，李天柱．不确定环境下企业创新网络演化研究 [J]．科研管理，2011，32 (1).

[35] 戴建华，薛恒新．基于 Shapley 值法的动态联盟伙伴企业利益分配策略 [J]．中国管理科学，2004，12 (4).

[36] 单海燕，王文平．跨组织知识整合下的创新网络结构分析 [J]．中国管理科学，2012，20 (6).

[37] 党兴华，贾卫峰．GS 匹配算法在企业技术创新网络结构形成中的应用 [J]．系统工程，2009，27 (4).

[38] 丁志国，赵宣凯，赵晶．直接影响与空间溢出效应：我国城市化进程对声响收入差距的影响路径识别 [J]．数量经济技术经济研究，2011 (9).

[39] 董瑞华．创新网络内知识流动机制研究 [D]．天津：南开大学，2009.

[40] 董微微．基于复杂网络的创新集群形成与发展机理研究 [D]．长春：吉林大学，2013.

[41] 杜勇，黄庆华，张卫国．战略性新兴产业微观主体协同创新风险控制机制研究 [J]．科技进步与对策，2014，31 (12).

[42] 段晶晶．基于企业合作绩效的产学研利益分配机制研究 [D]．天津：天津大学，2011.

[43] 范群林，邵云飞，唐小我，等．结构嵌入性对集群企业创新绩效影响的实证研究 [J]．科学学研究，2010，28 (12).

[44] 范群林，邵云飞，尹守军．企业内外部协同创新网络形成机制——基于中国东方汽轮机有限公司的案例研究 [J]．科学学研究，2014，32 (10).

[45] 范太胜．基于产业集群创新网络的协同创新机制研究 [J]．中国科技论坛，2008 (7).

[46] 冯锋，王亮．产学研合作创新网络培育机制分析——基于小世界网

络模型 [J]. 中国软科学, 2008 (11).

[47] 付强, 赵小勇. 投影寻踪模型原理及其应用 [M]. 北京: 科学出版社, 2006.

[48] 付韬, 张永安. 核型集群创新网络演化过程的仿真——基于回声模型 [J]. 系统管理学报, 2011, 20 (4).

[49] 傅家骥. 技术创新学 [M]. 北京: 清华大学出版社, 2010.

[50] 傅利平, 周小明, 罗月丰. 知识溢出与产学研合作创新网络的耦合机制研究 [J]. 科学学研究, 2013, 31 (10).

[51] 傅首清. 区域创新网络与科技产业生态环境互动机制研究——以中关村海淀科技园区为例 [J]. 管理世界, 2010 (6).

[52] 盖文启, 王缉慈. 论区域的技术创新型模式及其创新网络——以北京中关村地区为例 [J]. 北京大学学报 (哲学社会科学版), 1999, 36 (5).

[53] 盖文启. 创新网络——区域经济发展新思维 [M]. 北京: 北京大学出版社, 2006.

[54] 高宏伟. 产学研合作利益分配的博弈分析——基于创新过程的视角 [J]. 技术经济与管理研究, 2011 (3).

[55] 高伟, 缪协兴, 吕涛, 等. 基于区际产业联动的协同创新过程研究 [J]. 科学学研究, 2012, 30 (2).

[56] 高霞, 陈凯华. 合作创新网络结构演化特征的复杂网络分析 [J]. 科研管理, 2015, 36 (6).

[57] 耿磊. 协同创新成果知识产权法律界定与创新激励 [J]. 科学管理研究, 2014, 32 (6).

[58] 龚玉环, 卜琳华, 孟庆伟. 复杂网络结构视角下中关村产业集群创新能力分析 [J]. 科学学与科学技术管理, 2009 (5).

[59] 龚著燕, 李星洲, 迟考勋. 金融介入的政产学研用技术协同创新模式构建研究 [J]. 科技进步与对策, 2012, 29 (22).

[60] 顾建光, 吴明华. 公共政策工具论视角述论 [J]. 科学学研究, 2007 (1).

[61] 关伟. 企业技术创新研究 [D]. 辽宁: 东北财经大学, 2006.

[62] 关志民, 曹忠鹏, 陶瑾. 产学研合作中政府支持作用与成功因素的实证研究 [J]. 东北大学学报 (社会科学版), 2015, 17 (3).

[63] 郭本海, 方志耕, 刘卿. 基于演化博弈的区域高耗能产业退出机制

研究 [J]. 中国管理科学, 2012 (4).

[64] 郭元源, 池仁勇, 段姗. 科技中介功能、网络位置与产业集群绩效——基于浙江省典型产业集群的实证研究 [J]. 科学学研究, 2014, 32 (6).

[65] 哈肯. 协同学——自然成功的奥秘 [M]. 上海: 上海教育科学出版社, 1998.

[66] 韩立民, 陈自强. 产学研创新联盟的基本涵义及特征分析 [J]. 中国海洋大学学报 (社会科学版), 2008 (6): 23-26.

[67] 韩亚品, 胡珑瑛. 基于混沌理论的创新网络中组织间信任演化研究 [J]. 运筹与管理, 2014, 23 (4): 219-227.

[68] 胡平, 卢磊, 王瑶. 协同创新的网络特征与结构分析——以北京市协同创新中心为例 [J]. 科学学与科学技术管理, 2016, 37 (2).

[69] 胡启洲, 陆化普, 蔚欣欣, 等. 基于关联熵与复合物元的公交系统综合测度模型 [J]. 系统工程理论与实践, 2011, 31 (1).

[70] 胡刃锋. 产学研协同创新隐性知识共享影响因素及运行机制研究 [D]. 吉林: 吉林大学, 2015.

[71] 胡晓宁, 李清, 陈秉正. 科技保险问题研究 [J]. 保险研究, 2009 (8).

[72] 胡祖光, 章丹. 网络嵌入性对技术创新网络形成结构的影响——基于中国企业的分析 [J]. 科学学研究, 2010, 28 (8).

[73] 花磊, 王文平. 产业生命周期不同阶段的最优集体创新网络结构 [J]. 中国管理科学, 2013, 21 (5).

[74] 黄波, 陈晖, 黄伟. 引导基金模式下协同创新利益分配机制研究 [J]. 中国管理科学, 2015, 23 (3).

[75] 惠青, 邹艳. 产学研合作创新网络、知识整合和技术创新的关系研究 [J]. 软科学, 2010, 24 (3).

[76] 贾卫峰, 党兴华. 技术创新网络核心企业知识流耦合控制研究 [J]. 科研管理, 2010, 31 (1).

[77] 蒋军锋, 党兴华. 基于张量分析的知识度规与信息流关系模型 [J]. 管理科学学报, 2008, 11 (2).

[78] 焦媛媛, 沈志锋, 胡琴. 不同主导权下战略性新兴产业协同创新网络合作关系研究——以我国物联网产业为例 [J]. 研究与发展管理, 2015, 27

(4).

　　[79] 解学梅，刘丝雨．协同创新模式对协同效应与创新绩效的影响机理 [J]．管理科学，2015，28（2）．

　　[80] 解学梅，徐茂元．协同创新机制、协同创新氛围与创新绩效——以协同网络为中介变量 [J]．科研管理，2014，35（12）．

　　[81] 解学梅，左蕾蕾．企业协同创新网络特征与创新绩效：基于知识吸收能力的中介效应研究 [J]．南开管理评论，2013，16（3）．

　　[82] 解学梅．企业协同创新影响因素与协同程度多维关系实证研究 [J]．科研管理，2015，36（2）：69-78．

　　[83] 解学梅．协同创新效应运行机理研究：一个都市圈视角 [J]．科学学研究，2013，31（12）．

　　[84] 金伯富．机会利益：一个新的理论视角 [J]．中国社会科学，2002（2）．

　　[85] 金菊良，刘永芳，丁晶，等．投影寻踪模型在水资源工程方案优选中的应用 [J]．系统工程理论方法应用，2004，13（1）．

　　[86] 康健，胡祖光．基于区域产业互动的三螺旋协同创新能力评价研究 [J]．科研管理，2014，35（5）．

　　[87] 雷永．产学研联盟利益分配机制研究 [D]．上海：上海交通大学，2008．

　　[88] 李柏洲，罗小芳．基于 Shapley 值法的产学研合作型企业原始创新收益分配研究 [J]．运筹与管理，2013，22（4）．

　　[89] 李柏洲，孙立梅．创新系统中科技中介组织的角色定位研究 [J]．科学学与科学技术管理，2010（9）．

　　[90] 李兵，张春先．协同知识创新管理的研究和探讨 [J]．科研管理，2004，25（2）．

　　[91] 李大伟，陈金贤．基于现代企业理论的技术创新金融支持系统研究 [J]．管理评论，2003，15（6）．

　　[92] 李嘉明，甘慧．基于协同学理论的产学研联盟演化机制研究 [J]．科研管理，2009，30（S1）．

　　[93] 李建伟．技术创新的金融支持——理论与政策 [M]．上海：上海财经大学出版社，2005．

　　[94] 李健，金占明．战略联盟伙伴选择、竞合关系与联盟绩效研究 [J]．

科学学与科学技术管理，2007（11）．

[95] 李婧，管莉花．区域创新效率的空间集聚及其地区差异——来自中国的实证 [J]．管理评论，2014，26（8）．

[96] 李林，丁艺，刘志华．金融集聚对区域经济增长溢出作用的空间计量分析 [J]．金融研究，2011（5）：113-123．

[97] 李玲．技术创新网络中企业间依赖、企业开放度对合作绩效的影响 [J]．南开管理评论，2011，14（4）．

[98] 李锐，鞠晓峰．产业创新系统的自组织进化机制及动力模型 [J]．中国软科学，2009（S1）．

[99] 李世超，蔺楠．我国产学研合作政策的变迁分析与思考 [J]．科学学与科学技术管理，2011（11）．

[100] 李文博．集群情景下小微企业进化创业行为的动力机理——话语分析方法的一项探索性研究 [J]．科学学研究，2014，32（3）．

[101] 李文元．科技中介组织功能完善和体系构建研究 [D]．江苏：江苏大学，2008．

[102] 李煜华，王月明，胡瑶瑛．基于结构方程模型的战略性新兴产业技术创新影响因素分析 [J]．科研管理，2015，36（8）．

[103] 李振华，封新宇，吴文清，等．多中心治理模式下区域科技孵化网络协同创新机制研究 [J]．中国科技论坛，2016（1）．

[104] 林剑．社会网络在创业融资中的作用机制——基于上海新创企业的经验分析 [J]．北京理工大学学报，2007（5）．

[105] 林敏，张艺民，王帅，等．发达国家支持企业技术创新政策研究 [J]．中国科技论坛，2015（11）．

[106] 林秋月，王文平．王娇俐产业集群创新网络结构特征的仿真分析——基于 March 利用式-探索式创新分析框架 [J]．管理学报，2010，7（7）．

[107] 刘丹，闫长乐．协同创新网络结构与机理研究 [J]．管理世界，2013（12）．

[108] 刘芳．社会资本对产学研合作知识转移绩效影响的实证研究 [J]．研究与发展管理，2012，24（1）．

[109] 刘锋，王永杰，陈光．我国科技中介组织发展的国际比较及发展趋势研究 [J]．中国科技论坛，2005（5）．

[110] 刘锋. 对科技中介几个基本问题的研究——基于技术创新的分析和认识 [J]. 科学学与科学技术管理, 2004 (4).

[111] 刘凤朝, 马荣康, 姜楠. 区域创新网络结构、绩效及演化研究综述 [J]. 管理学报, 2013, 10 (1).

[112] 刘刚. 产业结构变动中需求因素的影响——基于信息熵方法的理论与应用 [J]. 系统管理学报, 2012, 21 (1).

[113] 刘国巍. 产学研合作创新网络时空演化模型及实证研究——基于广西2000 - 2013 年的专利数据分析 [J]. 科学学与科学技术管理, 2015, 36 (4).

[114] 刘江南. 协同创新机制研究——一个理论分析框架 [J]. 科技进步与对策, 2012, 29 (13).

[115] 刘锦英. 核心企业自主创新网络演化机理研究——以鸽瑞公司冷轧钢带自主创新为例 [J]. 管理评论, 2014, 26 (2).

[116] 刘珂, 和金生. 从知识发酵效率看科技中介对创新的促进作用 [J]. 中国地质大学学报 (社会科学版), 2005 (11).

[117] 刘宁, 张正堂, 张子源. 研发团队多元性、行为整合与创新绩效关系的实证研究 [J]. 科研管理, 2012, 33 (12).

[118] 刘勤福, 董正英. 技术中介效率评价研究 [J]. 科技进步与对策, 2008 (6).

[119] 刘霞, 董晓松, 姜旭平. 数字内容产品消费扩散与模仿的空间模式——基于空间面板模型的计量研究 [J]. 中国管理科学, 2014, 22 (1).

[120] 刘璇, 李嘉, 陈智高, 等. 科研创新网络中知识扩散演化机制研究 [J]. 科研管理, 2015, 36 (7).

[121] 刘英基. 基于企业知识网络的制造业协同创新机制优化研究 [J]. 科技进步与对策, 2014, 31 (13).

[122] 刘勇, 菅利荣, 赵焕焕, 等. 基于双重努力的产学研协同创新价值链利润分配模型 [J]. 研究与发展管理, 2015, 27 (1).

[123] 刘云, 蒋海军, 樊威, 等. 纳米科技国际合作创新网络结构与演化特征研究 [J]. 科研管理, 2015, 36 (2).

[124] 刘云, 梁栋国. 跨国公司战略技术联盟稳定性的影响因素及评估研究 [J]. 科学学与科学技术管理, 2007 (4).

[125] 刘志华, 李林, 姜郁文. 我国区域科技协同创新绩效评价模型及

实证研究 [J]. 管理学报, 2014, 11 (6).

[126] 刘志迎, 单洁含. 技术距离、地理距离与大学–企业协同创新效应——基于联合专利数据的研究 [J]. 科学学研究, 2013, 31 (9).

[127] 卢福财, 胡平波. 网络组织成员合作的声誉模型分析 [J]. 中国工业经济, 2005 (2).

[128] 卢纹岱. SPSS for Windows 统计分析 [M]. 北京: 电子工业出版社, 2006.

[129] 卢亚娟, 刘骅. 江苏省科技金融发展成效、障碍因素与创新机制研究 [J]. 江苏社会科学, 2016 (1).

[130] 芦慧, 陈红, 周肖肖, 等. 基于扎根理论的工作群体断层——群体绩效关系概念模型的本土化研究 [J]. 管理工程学报, 2013, 27 (3).

[131] 鲁若愚. 企业大学合作创新的机理研究 [D]. 北京: 清华大学, 2002.

[132] 罗利, 鲁若愚. 产学研合作对策模型研究 [J]. 管理工程学报, 2000, 14 (2).

[133] 吕国庆, 曾刚, 马双, 等. 产业集群创新网络的演化分析——以东营市石油装备制造业为例 [J]. 科学学研究, 2014, 32 (9).

[134] 吕萍, 张云, 慕芬芳. 总承包商和分包商供应链利益分配研究——基于改进的 Shapley 值法 [J]. 运筹与管理, 2012, 21 (6).

[135] 吕源, 彭长桂. 话语分析: 开拓管理研究新视野 [J]. 管理世界, 2012 (10).

[136] 马军伟. 战略性新兴产业发展的金融支持研究 [D]. 湖北: 武汉大学, 2012.

[137] 马丽仪, 杨宜. 基于科技金融网络的高技术企业成长机制研究 [J]. 科研管理, 2013 (34).

[138] 马松尧. 科技中介在国家创新系统中的功能及其体系构建 [J]. 中国软科学, 2004 (1).

[139] 马彦新. 基于空间计量模型的金融发展与技术创新研究 [J]. 上海金融学院学报, 2011 (5).

[140] 马玉根. 科技中介服务在区域创新系统中的功能研究 [J]. 科技创业, 2007 (2).

[141] 孟庆伟. 产学研联盟知识共享机制研究 [D]. 黑龙江: 哈尔滨工

业大学，2012.

[142] 苗东升. 系统科学精要 [M]. 北京：中国人民大学出版社，2010.

[143] 聂继凯，危怀安. 高校科技协同创新机制运行现状研究——以湖北省高校为例 [J]. 技术与创新管理，2015，36（2）.

[144] 聂茂林. 供应链合作伙伴选择的层级变权多因素决策 [J]. 系统工程理论与实践，2006（3）.

[145] 欧阳桃花，蔚剑枫. 研发—营销界面市场协同机制研究："海尔"案例 [J]. 管理学报，2011，8（1）.

[146] 庞德良，刘兆国. 基于专利分析的日本新能源汽车技术发展趋势研究 [J]. 情报杂志，2014，33（5）.

[147] 彭盾. 复杂网络视角下的高技术企业技术创新网络演化研究 [D]. 湖南：湖南大学，2010.

[148] 彭华涛，Bert Sadowski. 开放式创新网络形成及演化的探索性案例研究 [J]. 科研管理，2014，35（8）.

[149] 戚湧，张明，丁刚. 基于博弈理论的协同创新主体资源共享策略研究 [J]. 中国软科学，2013（1）.

[150] 钱成，曹进德，杨夏竹. 基于社会影响模型的观点演化规律研究 [J]. 系统工程学报，2010，25（6）.

[151] 饶扬德，王学军. 复杂科学管理视角：企业创新机理研究 [J]. 中国科技论坛，2005（6）.

[152] 饶扬德. 新资源观与企业资源整合 [J]. 软科学，2006，20（5）.

[153] 任静. 提高多指标决策客观性的赋权方法 [J]. 管理评论，2012，24（5）.

[154] 邵景峰，王进富，马晓红，等. 基于数据的产学研协同创新关键动力优化 [J]. 中国管理科学，2013，21（s）.

[155] 沈能. 基于地理溢出的我国研发效率的时空演化特征 [J]. 科研管理，2013，34（4）.

[156] 沈云慈. 产学研协同创新风险指标体系探析 [J]. 教育发展研究，2014（9）.

[157] 史丽萍，刘强，唐书林. 基于组织特异性免疫视角的质量绩效提升路径研究 [J]. 南开管理评论，2012，15（6）.

[158] 史竹琴，朱先奇，史彦虎. 科技型小微企业创新网络的自组织演

化及动力机制研究 [J]. 商业经济研究, 2015 (21).

[159] 宋媚. 支持银行中小企业贷款决策的 G2B 信息共享研究 [D]. 上海: 上海交通大学, 2012.

[160] 苏屹, 段玉. 企业与科研院所合作网络的复杂性评价——以黑龙江省为例 [J]. 系统工程理论与实践, 2015, 35 (7).

[161] 孙冰. 企业技术创新动力研究 [D]. 黑龙江: 哈尔滨工程大学, 2003.

[162] 孙立梅. RIS 中科技中介组织角色定位及作用机理研究 [D]. 黑龙江: 哈尔滨工程大学, 2010.

[163] 孙清华. 基于价值网的汽车供应链协同管理研究 [D]. 北京: 北京交通大学, 2010.

[164] 孙卫, 王彩华, 刘民婷. 产学研联盟中知识转移绩效的影响因素研究 [J]. 科学学与科学技术管理, 2012, 33 (8).

[165] 孙耀吾, 卫英平. 高技术企业联盟知识扩散研究——基于小世界网络的视角 [J]. 管理科学学报, 2011, 14 (12).

[166] 孙颖楷, 黄子蕴, 张晶晶. 探索产学研创新联盟长效合作新模式——以广东白色家电产学研创新联盟为例 [J]. 中国科技产业, 2009 (12).

[167] 唐震, 汪洁, 王洪亮. EIT 产学研协同创新平台运行机制案例研究 [J]. 科学学研究, 2015, 33 (1).

[168] 陶厚永, 永洪. 知识共享机制对群体绩效的影响研究 [J]. 科研管理, 2008, 28 (2).

[169] 万坤扬, 陆文聪. 中国技术创新区域变化及其成因分析——基于面板数据的空间计量经济学模型 [J]. 科学学研究, 2010, 28 (10).

[170] 万幼清, 王云云. 产业集群协同创新的企业竞合关系研究 [J]. 管理世界, 2014 (8).

[171] 万幼清, 张妮, 鲁平俊. 产业集群协同创新风险及其形成机理研究 [J]. 管理世界, 2015 (2).

[172] 汪小帆, 李翔, 陈关荣. 网络科学导论 [M]. 北京: 高等教育出版社, 2012.

[173] 王炳富, 樊平军. 产学研协同创新界面管理及其优化路径 [J]. 中国高教研究, 2014 (12).

[174] 王大洲. 企业创新网络的进化与治理: 一个文献综述 [J]. 科研管

理，2001，22（5）.

［175］王飞.生物医药创新网络演化机理研究——以上海张江为例［J］.科研管理，2012，33（2）.

［176］王海花，彭正龙，蒋旭灿.开放式创新模式下创新资源共享的影响因素［J］.科研管理，2012，33（3）.

［177］王灏.光电子产业区域创新网络构建与演化机理研究［J］.科研管理，2013，34（1）.

［178］王辑慈.关于发展创新型产业集群的政策建议［J］.经济地理，2004，24（4）.

［179］王建明，贺爱忠.消费者低碳消费行为的心理归因和政策干预路径：一个基于扎根理论的探索性研究［J］.南开管理评论，2011，14（4）.

［180］王进富，张颖颖，苏世彬，等.产学研协同创新机制研究——一个理论分析框架［J］.科技进步与对策，2013，30（16）.

［181］王京，高长元.软件产业虚拟集群创新网络演化模型及拓扑结构特征研究［J］.管理评论，2014，26（12）.

［182］王力.中国区域金融中心研究［M］.北京：中国金融出版社，2008.

［183］王倩.知识网络中的知识转移建模与仿真［D］.上海：华东理工大学，2012.

［184］王松，盛亚.不确定环境下集群创新网络合作度、开放度与集群增长绩效研究［J］.科研管理，2013，34（2）.

［185］王毅，张雄.基于高度集约化的协同创新机制研究［J］.科学管理研究，2014，32（5）.

［186］王渊.基于知识共享调节的临时团队中团队情绪智力、团队快速信任与团队绩效的作用机制分析［J］.预测，2015，34（6）.

［187］王月琴，许治.产业创新网络中企业技术学习研究［J］.中国软科学，2012（6）.

［188］王志平，王众托.超网络理论及其应用［M］.北京：科学出版社，2008.

［189］王智生，胡珑瑛，李慧颖.复杂产品系统合作创新网络中信任修复的羊群行为模型［J］.运筹与管理，2012，21（6）.

［190］邬爱其.企业创新网络构建与演进的影响因素实证分析［J］.科学

学研究，2006，24（1）.

[191] 巫英，向刚. 企业持续创新过程的重大风险管理机制研究 [J]. 科技进步与对策，2013，30（1）.

[192] 吴传荣，陈英武. 高技术企业技术创新网络中知识转移时间优化研究 [J]. 系统工程理论与实践，2013，33（4）.

[193] 席运江，党延忠. 基于加权知识网络的个人知识存量表示与度量方法 [J]. 管理学报，2007，4（1）.

[194] 夏红云. 产学研协同创新动力机制研究 [J]. 科学管理研究，2014，32（6）.

[195] 项杨雪，梅亮，陈劲. 基于高校知识三角的产学研协同创新实证研究——自组织视角 [J]. 管理工程学报，2014（3）.

[196] 肖冰. 我国科技成果利益分配机制的特征与评价 [J]. 中国科技论坛，2014（10）.

[197] 肖剑科，赵曙明. 基于情景分析的未来人力资源经理胜任力研究 [J]. 南开管理评论，2010，13（1）.

[198] 肖玲诺，史建锋，孙玉忠. 基于 BP 神经网络的产学研知识创新联盟风险评价研究 [J]. 中国软科学，2011（12）.

[199] 谢沛善. 中日高新技术产业发展的金融支持研究 [D]. 辽宁：东北财经大学，2010.

[200] 谢青，田志龙. 创新政策如何推动我国新能源汽车产业的发展——基于政策工具与创新价值链的政策文本分析 [J]. 科学学与科学技术管理，2015，36（6）.

[201] 谢识予. 经济博弈论 [M]. 上海：复旦大学出版社，2010.

[202] 谢永平，张浩淼，孙永磊. 技术创新网络核心企业知识治理绩效影响因素研究 [J]. 研究与发展管理，2014，26（6）.

[203] 谢宗晓，林润辉，王兴起. 用户参与对信息安全管理有效性的影响——多重中介方法 [J]. 管理科学，2013，26（3）：65–76.

[204] 辛爱芳. 产学研合作中的合作风险分析 [J]. 企业经济，2005（8）.

[205] 徐建军. 金融系统促进技术创新的作用机理与动态效应 [J]. 商业研究，2010（9）.

[206] 徐绪松. 复杂科学管理 [M]. 北京：科学出版社，2010.

[207] 徐莹莹. 制造企业低碳技术创新扩散研究 [D]. 黑龙江：哈尔滨

工程大学，2014.

[208] 许彩侠. 区域协同创新机制研究——基于创新驿站的再思考 [J]. 科研管理，2012，32（5）.

[209] 许冠南，潘美娟，周源. 基于 QAP 分析的国际知识流动影响要素研究——以光伏产业为例 [J]. 科学学与科学技术管理，2016，37（10）.

[210] 许侃，张力. 产学研合作机构的一体化机制和知识转移 [J]. 中国科技论坛，2015（6）.

[211] 薛澜. 第四次工业革命带来的治理挑战 [J]. 中国总会计师，2017（162）.

[212] 闫芬，陈国权. 实施大规模定制中组织知识共享研究 [J]. 管理工程学报，2002，16（3）.

[213] 杨怀珍，冯中伟，谢冬美. 供应链上有段 VMI & TPL 模式的利益分配机制 [J]. 工业工程，2014，17（2）.

[214] 杨慧，宋华明，刘小斌. 全过程界面管理视阈下新兴产业发展政策研究——鉴于美、日、西欧等发达国家经验 [J]. 科学学研究，2011，29（5）.

[215] 杨林，柳洲. 国内协同创新研究述评 [J]. 科学学与科学技术管理，2015，36（4）.

[216] 杨涛. 商业英航的信息科技风险及其防范 [J]. 金融论坛，2010（10）.

[217] 杨艳平. 集群创新网络与区域文化嵌入机理研究——基于传播动力学理论 [J]. 科学学研究，2015，33（1）.

[218] 叶斌，陈丽玉. 区域创新网络的共生演化仿真研究 [J]. 中国软科学，2015（4）.

[219] 叶伟巍，梅亮，李文，等. 协同创新的动态机制与激励政策——基于复杂系统理论视角 [J]. 管理世界，2014（6）.

[220] 叶耀明，王胜. 金融中介对技术创新促进作用的实证分析——基于长三角城市群的面板数据研究 [J]. 商业研究，2007.

[221] 易余胤，肖条军，盛昭瀚. 合作研发中机会主义行为的演化博弈分析 [J]. 管理科学学报，2005（4）.

[222] 殷辉. 基于演化博弈理论的产学研合作形成机制的研究 [D]. 杭州：浙江大学，2014.

[223] 殷群，贾玲艳．产业技术创新联盟内部风险管理研究——基于问卷调查的分析 [J]．科学学研究，2013，31（12）．

[224] 于明杰，郭鹏，张果．区域创新网络结构对区域创新效率的影响研究 [J]．科学学与科学技术管理，2013，23（8）．

[225] 于烨．预约违约责任之赔偿损失问题 [J]．法学研究，2013，9（4）．

[226] 余翠玲，毕新华，齐晓云．基于生存分析方法的企业信息技术采纳研究 [J]．科研管理，2011，32（10）．

[227] 余雷，胡汉辉，吉敏．战略性新兴产业集群网络发展阶段与实现路径研究 [J]．科技进步与对策，2013，30（8）．

[228] 禹献云，曾德明，陈艳丽，等．技术创新网络知识增长过程建模与仿真研究 [J]．科研管理，2013，34（10）．

[229] 喻登科，涂国平，陈华．战略性新兴产业集群协同发展的路径与模式研究 [J]．科学学与科学技术管理，2012，33（4）．

[230] 喻科．产学研合作创新网络特性及动态创新能力培养研究 [J]．科研管理，2011，32（2）．

[231] 原毅军，田宇，孙佳．产学研技术联盟稳定性的系统动力学建模与仿真 [J]．科学学与科学技术管理，2013，34（4）．

[232] 詹美求，潘杰义．校企合作创新利益分配问题的博弈分析 [J]．科研管理，2010，22（5）．

[233] 詹湘东．基于知识管理的区域创新能力评价研究 [J]．科技进步与对策，2008（4）．

[234] 张宝建，胡海清，张道宏．企业创新网络的生成与进化——基于社会网络理论的视角 [J]．中国工业经济，2011（4）．

[235] 张古鹏．小世界创新网络动态演化及其效应研究 [J]．管理科学学报，2015，18（6）．

[236] 张红霞，马桦，李佳嘉．有关品牌文化内涵及影响因素的探索性研究 [J]．南开管理评论，2009，12（4）．

[237] 张家琛．产学研技术联盟伙伴利益分配风险补偿研究 [J]．统计与决策，2013（6）．

[238] 张建华，刘仲英．知识管理系统的要素分析 [J]．科学管理研究，2005（2）．

［239］张丽娜．行业特色型高校协同创新的机制研究［D］．北京：中国矿业大学，2013.

［240］张路蓬，苏屹．基于知识管理的区域创新系统构建研究［J］．情报杂志，2010，29（6）.

［241］张路蓬，薛澜，周源，等．社会资本引导下的新兴产业技术扩散网络形成机理与实证研究［J］．中国软科学，2019（3）.

［242］张路蓬，薛澜，周源，等．战略性新兴产业创新网络的演化机理分析——基于中国 2000 - 2015 年新能源汽车产业的实证［J］．科学学研究，2018，36（6）.

［243］张路蓬，周源，薛澜．基于区块链技术的战略性新兴产业知识产权管理及政策研究［J］．中国科技论坛，2018（12）.

［244］张路蓬．基于创新网络的协同创新机制研究［D］．哈尔滨工程大学，2016.

［245］张目，周宗放．基于投影寻踪和最优分割的企业信用评级模型［J］．运筹与管理，2011，20（6）.

［246］张平．中国农村小额信贷风险管理研究［D］．陕西：西北农林科技大学，2012.

［247］张生太，王亚洲，张永云，等．知识治理对个体知识共享行为影响的跨层次分析［J］．科研管理，2015，36（2）.

［248］张省．基于序参量的知识链知识协同机制研究［J］．情报理论与实践，2014，37（3）.

［249］张卫东．科技服务网络体系的逻辑构建［J］．图书情报工作，2011，55（18）.

［250］张卫东．区域性科技中介服务网络体系建设研究［D］．吉林：吉林大学，2011.

［251］张卫国，李江．基于演化博弈的产学研合作稳定性分析［J］．技术经济与管理研究，2009（5）.

［252］张曦，王贤文，刘则渊，等．基于专利计量的企业技术相似性网络测度研究［J］．情报杂志，2011（1）.

［253］张义芳，翟立新．产学研研发联盟：国际经验及我国对策［J］．科研管理，2008，29（3）.

［254］张玉喜．产业政策的金融支持［M］．北京：经济科学出版

社，2007．

　　［255］张韵君．政策工具视角的中小企业技术创新政策分析［J］．中国行政管理，2012（4）．

　　［256］张在群．政府引导下的产学研协同创新机制研究［D］．辽宁：大连理工大学，2013．

　　［257］张至彤，程跃，银路．战略性新兴产业创新系统网络演化及运行模式研究——基于深圳 LED 产业的分析［J］．研究与发展管理，2014，26（6）．

　　［258］章丹，胡祖光．基于 Matlab 仿真的技术创新网络的无标度特征［J］．系统工程，2011，29（1）．

　　［259］赵光州，赵立龙，熊磊．区域创新体系的知识管理［J］．经济问题探索，2004（3）．

　　［260］赵红丹，彭正龙．基于扎根理论的强制性公民行为影响因素研究［J］．管理评论，2012，24（3）．

　　［261］赵建吉，曾刚．基于技术守门员的产业集群技术流动研究——以张江集成电路产业为例［J］．经济地理，2013，33（2）．

　　［262］赵筱媛，苏竣．基于政策工具的公共科技政策分析框架研究［J］．科学学研究，2007，25（1）．

　　［263］赵秀丽．国家创新体系视角下的国有企业自主创新研究［D］．山东：山东大学，2013．

　　［264］赵炎，王冰，郑向杰．联盟创新网络中企业的地理邻近性、区域位置与网络结构特征对创新绩效的影响——基于中国通讯设备行业的实证分析［J］．研究与发展管理，2015，27（1）．

　　［265］郑展鹏．国际技术溢出渠道对我国技术创新影响的比较研究——基于省际面板数据模型的分析［J］．科研管理，2014，35（4）．

　　［266］郑湛，徐绪松，朱国宾，等．大组织理论研究［J］．管理学报，2015，12（4）．

　　［267］钟裕高．论经济活动中价值创造的规律性［J］．价值工程，1996（6）．

　　［268］仲为国，彭纪生，孙文祥．政策测量、政策协同与技术绩效：基于中国创新政策的实证研究［J］．科学学与科学技术管理，2009（3）．

　　［269］周静珍，万玉刚，高静．我国产学研合作创新的模式研究［J］．科

技进步与对策，2005（3）.

［270］周凌云，周晶，穆东，范钦满. 区域物流微观主体聚集演化机理与路径——基于生态学视野的研究［J］. 中国流通经济，2013（9）.

［271］周佩，章道云，姚世斌. 协同创新与企业多元互动研究［J］. 管理世界，2013（8）.

［272］周正，尹玲娜，蔡兵. 我国产学研协同创新动力机制研究［J］. 软科学，2013，27（7）.

［273］周志丹，李兴森. 企业自主创新的可拓创新模型构建与应用研究［J］. 科学学研究，2010，28（5）.

［274］朱恒源，刘广，吴贵生. 我国创新扩散的区域差异研究［J］. 工业技术经济，2006，25（6）.

［275］朱玉杰，倪骁然. 金融规模如何影响产业升级：促进还是抑制？——基于空间面板杜宾模型的研究：直接影响与空间溢出［J］. 中国软科学，2014（4）.

［276］庄越，于蓉. 合作创新项目关系风险治理中的团队嵌入管理研究［J］. 科学学研究，2013，31（11）.

［277］Aalbers R，Heijden E V D，Potters J，et al. Technology adoption subsidies：An experiment with managers［J］. Energy Economics，2009，31（3）.

［278］Abiodun A，Egbetokun. The more the merrier? Network portfolio size and innovation performance in Nigerian firms［J］. Technovation，2015（7）.

［279］Abraham C，John S. Top management team behavioral integration，decision quality，and organizational decline［J］. Leadership Quarterly，2006，17（5）.

［280］Aghazadeh S M. The future of human resource management［J］. Work Study，2003，52（4）.

［281］Aharoni Y，Brock D M. International business research：Looking back and looking forward［J］. Journal of International Management，2010，16（1）.

［282］Akerlof G A. The market for lemons：quality uncertainty and the market mechanism［J］. Quarterly Journal of Economics，1970（84）.

［283］Alessandro Muscio Gianluca Nardone. The determinants of university-industry collaboration in food science in Italy［J］. Food Policy，2012，37（6）.

［284］Alfaro，Laura，Chanda A，Kalemli-Ozcan S，Sayek S. FDI and Economic Growth: The Role of Local Financial Markets [J]. Journal of International Economics, 2004, 64 (1).

[285] Alvarez A N, Juang L P. Filipino Americans and racism: A multiple mediation model of coping [J]. Journal of Counseling Psychology, 2010, 57 (2).

[286] Anderson P W. More is different [J]. Science, 1972, 1779 (4047).

[287] Andersson U, Forsgren M, Holm U. Balancing subsidiary influence in the federative MNC: A business network view [M]. Palgrave Macmillan UK, 2015.

[288] Anne Pässilä, Tuomo Uotila, Helinä Melkas. Facilitating future oriented collaborative knowledge creation by using artistic organizational innovation methods: Experiences from a Finnish wood-processing company [J]. Futures, 2013, 47 (3).

[289] Anselin L. Spatial Econometrics Methods and Models [M]. Dordrecht Kluwer Academic Publishers, 1988.

[290] Anselin L, J Le Gallo, et al. Spatial Panel Econometrics [M]. The Netherland: Kluwer, Third Edition, 2008.

[291] Ansoff I. Corporate Strategy [M]. New York: Mc Graw Hill, 1965.

[292] Apicella C L, Marlowe F W, Fowler J H, et al. Social networks and cooperation in hunter-gatherers. [J] Nature, 2012, 481 (7382).

[293] Archetti M. Contract theory for the evolution of cooperation: The right incentives attract the right partners [J]. Journal of Theoretical Biology, 2011, 269 (1).

[294] Arthur W B. Competing technologies, increasing returns, and lock-in by historical events [J]. The Economic Journal, 1989.

[295] Atkinson S E, Lewis D H. A cost-effectiveness analysis of alternative air quality control strategies [J]. Journal of Environmental Economics & Management, 1974 (3).

[296] Avi Messica. Optimal design of information flow in innovation networks [J]. International Journal of Sustainable Strategic Management, 2009, 1 (4).

[297] Balland P A. Proximity and the evolution of collaboration networks: Evidence from research and development projects within the global navigation satellite system industry [J]. Regional Studies, 2011, 46 (6).

[298] Barabási A, Albert R. Emergence of scaling in random networks [J].

Science, 1999, 286 (5439).

[299] Bartoszcuk P, Nakamori Y. Complex eco-economy system [J]. Journal of Systems Science and Complexity, 2003 (5).

[300] Baum J A C, Calabrese T, Silverman B S. Don't go it alone: Alliance network composition and startups' performance in Canadian biotechnology [J]. Strategic Management Journal, 2015, 21 (3).

[301] Beck R, Beimborn D, Weitzel T, et al. Network effects as drivers of individual technology adoption: Analyzing adoption and diffusion of mobile communication services [J]. Information Systems Frontiers, 2008, 10 (4).

[302] Bercovitz J, Feldman M. Entrepreneurial universities and technology transfer: A conceptual framework for understanding knowledge-based economic development [J]. Journal of Technology Transfer, 2008, 31 (1).

[303] Bergmann R, Friedl G. Controlling innovative projects with moral hazard and asymmetric information [J]. Research Policy, 2008, 37 (9).

[304] Bianconi G, Barabasi A. Bose-Einstein Condensation in Complex Networks [J]. Phys. Rev. Lett. , 2001, 86 (24).

[305] Bishop K D, Neely A. Gaining from interactions with universities: Multiple methods for nurturing absorptive capacity [J]. Research Policy, 2011, 40 (1).

[306] Bleeke J, Ernst D. Collaborating to compete: Using strategic alliances and acquisitions in the global marketplace [M]. New York: Wiley, 1993.

[307] Bock G W, Zmud R W, Kim Y G, et al. Behavioral intention formation in knowledge sharing: Examining the roles of extrinsic motivators, social-psychological forces, and organizational climate [J]. MIS quarterly, 2005.

[308] Bovenberg A L, Goulder L H, Gurney D. J. Efficiency costs of meeting industry-distributional constraints under environmental permits and taxes [J]. Social Science Electronic Publishing, 2003, 36 (4).

[309] Brenner T. Simulating the evolution of localized industrial clusters: An identification of the basic mechanisms [J]. Journal of Artificial Societies and Social Simulation, 2001, 4 (3).

[310] Brut R S. Structural Holes: The Social Structure of Competition [M]. Cambridge: Harvard University Press, 1992.

[311] Carayannis E, Delgiudice M, Peruta M R D. Managing the Intellectual Capital within Government-university-industry R&D Partnerships [J]. Journal of Intellectual Capital, 2014, 15 (4).

[312] Chakraborty P, Chatterjee C, Bell M, et al. Does environmental regulation indirectly induce upstream innovation? New evidence from India [J]. Research Policy, 2017.

[313] Chang R D, Soebarto V, Zhao Z Y, et al. Facilitating the transition to sustainable construction: China's policies [J]. Journal of Cleaner Production, 2016, 131.

[314] Chen K H, Guan J C. Measuring the Efficiency of China's Regional Innovation Systems: An Application of Network DEA [J]. Regional Studies, 2012, 46 (3).

[315] Chen Yong-tai, Li Shou-wei. Research of Innovation Diffusion on Industrial Networks [J]. Mathematical Problems in Engineering, 2014.

[316] Chen L, Xu J, Zhou Y. Regulating the environmental behavior of manufacturing SMEs: Inter-firm alliance as a facilitator [J]. Journal of Cleaner Production, 2017 (165).

[317] Cheng B, Dai H, Wang P, et al. Impacts of low-carbon power policy on carbon mitigation in Guangdong province China [J]. Energy Policy, 2016 (88).

[318] Chiara Criscnolo, Carlo Menon. Environmental policies and risk finance in the green sector: Cross-country evidence [J]. Energy Policy, 2015 (83).

[319] Chiavenato I. Advances and challenges in human resource management in the new millennium [J]. Public Personnel Management, 2001, 30 (1).

[320] Christoph Burger, Jens Weinmann. Innovation performance of the US American and European electricity supply industry [J]. Energy Policy, 2015, 86 (11).

[321] Corsaro D, Cantu C, Tunisini A. Actors' heterogeneity in innovation networks [J]. Industrial Marketing Management, 2012, 41 (5).

[322] Cowan R, Jonard N, Zimmermann J B. Bilateral collaboration and the emergence of innovation networks [J]. Management Science, 2007, 53 (7).

[323] Crama P, Reyck B D, Degraeve Z. Milestone Payments or Royalties?

Contract Design for R&D Licensing [J]. Operations Research, 2007, 56 (6).

[324] Cristina Iturrioz, Cristina Aragón, Lorea Narvaiza. How to foster shared innovation within SMEs' networks: Social capital and the role of intermediaries [J]. European Management Journal, 2015, 33 (2).

[325] Crumrine T, Nelson R, Cordeiro C, et al. Interface management for subsea sand control completions [J]. Offshore, 2005, 65 (10).

[326] Forbes D P, Kirsch D A. The study of emerging industries: Recognizing and responding to some central problems [J]. Journal of Business Venturing, 2011, 26 (3).

[327] Daellenbach U S, Davenport S J. Establishing trust during the formation of technology alliances [J]. Journal of Technology Transfer, 2004, 29 (2).

[328] Daniela C, Chiara C, Annalisa T. Actors' Heterogeneity in Innovation Networks [J]. Industrial Marketing Management, 2012, 41 (5).

[329] Daniele P. Variationa Inequalities for Evolutionary Financial Equilibrium [M]. Cheltenham, England: Edward Elgar Publishing, 2003.

[330] Das T K, Teng B S. Instabilities of strategic alliances: An internal tensions perspective [J]. Organization Science, 2000, 11 (1).

[331] Das T K, Teng B S. Partner analysis and alliance performance [J]. Scandinavian Journal of Management, 2003, 19 (3).

[332] Das T K, Teng B S. Resource and risk management in strategic alliance making process [J]. Journal of Management, 1998, 24 (1).

[333] Das T K, Teng B S. Trust, control, and risk in strategic alliances: An integrated framework [J]. Organization Studies, 2001, 22 (2).

[334] David Barnes, Matthew Hinton. Developing a framework to analyze the Role and relationships of online intermediaries [J]. International Journal of Information Management, 2007 (27).

[335] Deng F. Game between the government and enterprise under incompletely implemented regulations of pollution [J]. Forecasting, 2008, 27 (1).

[336] Dyer J H, Singh H. The relational view: Cooperative strategy and sources of interorganizational competitive advantage [J]. Academy of Management Review, 1998, 24 (4).

[337] Ehrlich P R, P H Raven. Butterflies and plants: A study in co-evolu-

tion [J]. Evolution, 1964 (8).

[338] Eisingericha A B, Bell S, Tracey P. How can clusters sustain perform-ance? The role of network strength, and environmental uncertainty [J]. Research Policy, 2010, 39 (2).

[339] Ekins P. Eco-innovation for environmental sustainability: Concepts, progress and policies [J]. International Economics and Economic Policy, 2010 (7).

[340] Elmuti D, Abebe M, Nicolosi M. An overview of strategic alliance be-tween universities and corporations [J]. Journal of Workplace Learning, 2005 (17).

[341] Eric Brousseau, Jean Michel Glachant. The Economics of Contracts (Theories and Applications) [M]. China Renmin University Press, 2011.

[342] Ernst D, Bamford J. Your alliances are too stable [J]. Harvard Busi-ness Review, 2005, 83 (6).

[343] Fagerberg J, Godinho M M. Innovation and Catching-up: The Oxford Handbook of Innovation [M]. London: Oxford University Press, 2005.

[344] Fisher J C, Pry R H. A simple substitution model of technological change [J]. Technological Forecasting & Social Change, 1971, 3 (3).

[345] Flam S D, Jourani A. Strategic behavior and partial cost sharing [J]. Games and Economic Behavior, 2003, 1 (43).

[346] Fleming L, Frenken K. The Evolution of Innovation Networks in the Sil-icon Valley and Boston Regions [J]. Advances in Complex Systems, 2007, 10 (1).

[347] Foxon T, Pearson P. Overcoming barriers to innovation and diffusion of cleaner technologies: Some features of a sustainable innovation policy regime [J]. Journal of Cleaner Production, 2008, 16 (1).

[348] Freeman C. Networks of innovators: A synthesis of research issues [J]. Research Policy, 1991, 20 (5).

[349] Freitas I M B, Geuna A, Rossi F. Finding the right partners: Institu-tional and personal modes of governance of university-industry interactions [J]. Re-search Policy, 2013, 42 (1).

[350] Friedman D. On economic applications of evolutionary game theory [J]. Journal of Evolutionary Economics, 1998, 8 (1).

[351] Furman J L, Porter M E, Stern S. The determinants of national innova-tive capacity [J]. Research Policy, 2002, 31 (6).

［352］ Gerwin D, Barrowman N J. An evaluation of research on Integrated Product Development ［J］. Management Science, 2002, 48 （7）.

［353］ Geuna A, Nesta L. University patenting and its effects on academic research: The emerging European evidence ［J］. Research Policy, 2006, 35 （6）.

［354］ Gill J, Butler R J. Managing instability in cross-cultural alliances ［J］. Long Range Planning, 2003 （36）.

［355］ Gilsing V, Bekkers R, Bodas Freitas, et al. Differences in technology transfer between science based and development based industries: Transfer mechanisms and barriers ［J］. Technovation, 2011, 31 （12）.

［356］ Ginta Ginting. Open innovation model: Empowering entrepreneurial orientation and utilizing network resources as determinant for internationalization performance of small medium agroindustry ［J］. Agriculture and Agricultural Science Procedia, 2015 （3）.

［357］ Glückler J. Economic geography and the evolution of networks ［J］. Journal of Economic Geography, 2007, 7 （7）.

［358］ Graf H, Henning T. Public research in regional networks of innovators: A comparative study of four East German region ［J］. Regional Studies, 2009, 43 （10）.

［359］ Graf H, Krager J J. The performance of gatekeepers in innovator networks ［J］. Industry and Innovation, 2011, 18 （1）.

［360］ Granovetter, Alison Munro, J Kim Swales. Multi-sectoral clusters: The foundation of regional competitive advantage ［J］. Economic Development Quarterly, 1988, 14 （1）.

［361］ Hagedoorn J. Inter-firm R&D partnerships: An overview of major trends and patterns since 1960 ［J］. Research Policy, 2002, 3 （21）.

［362］ Haken H. Information and self-organization: A macroscopic approach to complex systems ［J］. Journal of Management, 1988 （11）.

［363］ Haldin-Herrgard T. Difficulties in diffusion of tacit knowledge in organizations ［J］. Journal of Intellectual Capital, 2000, 1 （4）.

［364］ Hambrick D C. Top management groups: A conceptual integration and reconsideration of the team label ［J］. Research in Organizational Behavior, 1994 （16）.

［365］ Hammond D, Beullens P. Closed-loop supply chain network equilibrium under legislation ［J］. European Journal of Operational Research, 2007, 183 (2).

［366］ Harrison F, E I Mouden C. Exploring the effects of working for endowments on behavior in standard economic games ［J］. Plos One, 2011, 6 (16).

［367］ Haslam G E, Jupesta J, Parayil G. Assessing Fuel Cell Vehicle Innovation and the Role of Policy in Japan, Korea, and China ［J］. International Journal of Hydrogen Energy, 2012 (37).

［368］ Heidrun C Hoppe, Emre Ozdenoren. Intermediation in innovation ［J］. International Journal of Industrial Organization, 2005 (23).

［369］ Hiroyasu Inoue. A two-layer team-assembly model for invention networks ［J］. Physica A, 2014 (415).

［370］ Hofbauera J, Sandholmb W H. Evolution in games with randomly disturb payoffs ［J］. Journal of Economic Theory, 2007 (132).

［371］ Holsapple C W, Victoraj, William P W. An experimental investigation of the impact of domain complexity on knowledge acquisition methods ［J］. Expert Systems with Applications, 2008 (35).

［372］ Hsueh J T, Lin N P, Li H C. The effects of network embeddedness on service innovation performance ［J］. The Service Industries Journal, 2010, 30 (10).

［373］ Jaffe A B, Newell R G, Stavins R N. A tale of two market failures: Technology and environmental policy ［J］. Ecological Economics, 2005 (54).

［374］ Jaffe A M, Trajtenberg R. Henderson. Geographic localization of knowledge spillovers as evidenced by patent citations ［J］. Quarterly Journal of Economics, 1993 (108).

［375］ Jarillo J. On Strategic Networks ［J］. Strategic Management Journal, 1988 (9).

［376］ Jeon C, Lee J, Shin J. Optimal subsidy estimation method using system dynamics and the real option model: Photovoltaic technology case ［J］. Applied Energy, 2015 (142).

［377］ Jeremy Howells. Intermediaries and the role of intermediaries in innovation ［J］. Research Policy, 2006 (3).

［378］ Jiang X, Li Y, Gao S X. The stability of strategic alliances: Characteristics, factors and stages [J]. Journal of International Management, 2008, 14 (2).

[379] Jinho Choi, Ahn Sang Hyun, Min Seok Cha. The effects of network characteristics on performance of innovation clusters [J]. Expert Systems with Applications, 2013, 40 (1).

[380] John Hagedoorna, Judith B S. Patnerships in transition economies: Internal strategic technology alliances in Russia [J]. Research Policy, 1998, 27 (2).

[381] Kastelle T, Steen J. Are small world networks always best for innovation? [J]. Innovation Management Policy & Practice, 2010, 12 (1).

[382] Kenis P, Provan K G. Towards an exogenous theory of public network performance [J]. Public Administration, 2009, 87 (3).

[383] Koka B R, Prescott J E. Designing alliance networks: The influence of network position, environmental change, and strategy on firm performance [J]. Strategic Management Journal, 2008, 29 (6).

[384] Kretke C. Regional knowledge networks: A network analysis approach to the interlinking of knowledge resources [J]. European Urban and Regional Studies, 2010, 17 (1).

[385] Laumanns M. Determining optimal control policies for supply networks under uncertainty [J]. Dynamics in Logistics, 2008 (5).

[386] Lauritzen G D, Salomon S, La C A. Dynamic boundaries of user communities: Exploiting synergies rather than managing dilemmas [J]. International Journal of Technology Management, 2013, 63 (3-4).

[387] Lee S, Holme P, Wu Z X. Emergent hierarchical structures in multi-adaptive games [J]. Physical Review Letters, 2011, 106 (2).

[388] Lee I F, J Yu. Estimation of autoregressive panel data models with fixed effects [J]. Journal of Econometrics, 2010.

[389] Leskovec J, Chakrabarti D, Kleinberg J, et al. Kroenke graphs: An approach to modeling networks [J]. Machine Learning Research, 2010 (11).

[390] Levine R. Bank-based or market-based financial systems: Which is better? [J]. Journal of Financial Intermediation, 2002 (11).

[391] Li C J. The study on the self-organization behavior about enterprises cluster [J]. Management Science and Engineering, 2010, 4 (4).

[392] Li D, Eden L, Hitt M A, et al. Friends, aquaintances, or strangers?

Partner selection in R&D alliances [J]. The Academy of Management Journal, 2008, 51 (2).

[393] Loet Leydesdorff. The mutual information of university-industry-government relations: An indicator of the triple helix dynamics [J]. Scientometrics, 2003, 58 (2).

[394] Lu Y, Chen B, Feng K, et al. Ecological network analysis for carbon metabolism of eco-industrial parks: A case study of a typical eco-industrial park in Beijing [J]. Environmental Science & Technology, 2015, 49 (12).

[395] Luigi M, Luca D, Atuahene-Gima K. Market knowledge dimensions and cross-functional collaboration: Examining the different routes to product innovation performance [J]. Journal of Marketing, 2007, 71 (1).

[396] Luo Shuang-ling, Du Yan-yan, Liu Peng, et al. A study on co-evolutionary dynamics of knowledge diffusion and social network structure [J]. Expert Systems With Applications, 2015, 42 (7).

[397] Maggioni M A, Uberti T E. Knowledge networks across Europe: Which distance matters? [J]. The Annals of Regional Science, 2009, 43 (3).

[398] Makino S, Chan C, Isobe T. Intended and unintended termination of international joint ventures [J]. Strategic Management Journal, 2007, 28 (11).

[399] Malueg D A. Emission credit trading and the incentive to adopt new pollution abatement technology [J]. Journal of Environmental Economics & Management, 1989, 16 (1).

[400] Mannino I, Ninka E, Turvani M, et al. The decline of eco-industrial development in Porto Marghera, Italy [J]. Journal of Cleaner Production, 2015 (100).

[401] Mansfield E. Technical change and the rate of imitation [J]. Econometrica, 1961, 29 (4).

[402] Maria H. The D&D model: Dimensions and domains of relationship quality perceptions [J]. Service Industries Journal, 2001, 21 (3).

[403] Markus F. Peschl, Thomas Fundneider. Designing and enabling spaces for collaborative knowledge creation and innovation: From managing to enabling innovation as socio epistemological technology [J]. Computers in Human Behavior, 2014, 36 (8).

［404］McFadyen A M, Cennalla A A. Social capital and knowledge creation: Diminishing returns of the number and strength of exchange relationships ［J］. Academy of Management Journal, 2004 (47).

［405］McGartland A. A comparison of two marketable discharge permits systems ［J］. Journal of Environmental Economics & Management, 1988, 15 (1).

［406］Mchenry M. Policy options when giving negative externalities market value: Clean energy policymaking and restructuring the western Australian energy sector ［J］. Energy Policy, 2009, 37 (4).

［407］Metcalfe J S. The diffusion of innovation: An interpretative survey ［M］. Technical Change and Economic Theory. London: Pinter, 1998.

［408］Michelfelder I, Kratzer J. Why and how combining strong and weak ties within a single inter organizational R&D collaboration outperforms other collaboration structures ［J］. Journal of Product Innovation Management, 2013, 30 (6).

［409］Morrison A. Gatekeepers of knowledge within industrial districts: Who they are, how the interact ［J］. Regional Studies, 2008, 42 (6).

［410］Müller-Seitz G. Leadership in Inter-organizational networks: A literature review and suggestions for future research ［J］. International Journal of Management Reviews, 2012, 14 (4).

［411］Murray J Y, Kotabe M, Zhou J N. Strategic alliance-based sourcing and market performance: Evidence from foreign firms operating in China ［J］. Journal of International Business Studies, 2005, 36 (2).

［412］Nagurney A, Dong J. Supernetworks: Decision-Making for the Information Age ［M］. Cheltenham: Edward Elgar Publishing, 2002.

［413］Nicole Lisa Klenk, Stephen Wyatt. The design and management of multi-stakeholder research networks to maximize knowledge mobilization and innovation opportunities in the forest sector ［J］. Forest Policy and Economics, 2015 (15).

［414］Nonaka I. The knowledge-creating company ［J］. Harvard Business Review, 1991, 69 (6).

［415］Nonaka, Ikujiro, H Takeuchi. The knowledge-creating company: How Japanese companies create the dynamics of innovation ［J］. Journal of International Business Studies, 1996, 27 (1).

［416］Nowak M A, Highfield R. Super cooperators: Why we need each other to succeed [M]. New York: Simon& Schuster, 2011.

[417] Pavitt T C, Gibb A G F. Interface management within construction: In particular, building facade [J]. Journal of Construction Engineering and Management, 2014, 129 (1).

[418] Pavitt K, Stoneman P. The economic analysis of technological change [J]. Economic Journal, 1983, 94 (374).

[419] Pavlou P A, Gefen D. Psychological contract violation in online market place: antecedents, consequences, and moderating role [J]. Information Systems Research, 2005, 16 (4).

[420] Perkmann M, Neely A, Walsh K. How Should Firms Evaluate Success in University-Industry Alliances? A Performance Measurement System [J]. R&D Management, 2011, 41 (2).

[421] Plewa C, Korff N, Johnson C, et al. The evolution of university-industry linkages-A framework [J]. Journal of Engineering and Technology Management, 2013, 30 (1).

[422] Polanyi M. Personal knowledge [M]. Chicago: University of Chicago Press, 1958.

[423] R Alvarez-Martínez, G Cocho, R F Rodríguez, et al. Birth and death master equation for the evolution of complex networks [J]. Physica A: Statistical Mechanics and its Applications, 2015, 402 (15).

[424] R Rothwell, A Robertson. The pole of communications in technological innovation [J]. Research Policy, 1973 (2).

[425] Razmi J, Ghaderi S F, Ahmed P K. Benchmarking partner selection: Introducing the AHP method in the benchmarking process to define best practice partners [J]. International Journal of Management Practice, 2005, 1 (3).

[426] Reinganum J F. Market structure and the diffusion of new technology [J]. Bell Journal of Economics, 1981, 12 (2).

[427] Roca C P, Cuesta J A, Sanchez A. Evolutionary game theory: Temporal and spatial effects beyond replicator dynamics [J]. Physics of Life Reviews, 2009, 6 (4).

[428] Rogers Everett M. Diffusion of Innovations [M]. Free Press, 2003.

[429] Roland W S, Chmitt. Conflict or synergy: University-industry research

relations [J]. Accountability in Research, 2011 (5).

[430] Rosenblat T S, Mobius M M. Getting closer or drifting apart [J]. Quarterly Journal of Economics, 2004 (3).

[431] Rothwell R, Zegveld W. Innovation and public policy: Preparing for the 1980s and 1990s [M]. London, Frances Printer, 1981.

[432] Sahal D. Technological guideposts and innovation avenues [J]. Research Policy, 1985, 14 (2).

[433] Samir Gupta, Elliot Maltz. Interdependency, dynamism, and variety network modeling to explain knowledge diffusion at the fuzzy front-end of innovation [J]. Journal of Business Research, 2015 (3).

[434] Santoro M D, Gopalakrishnan S. Relationship dynamics between university research centers and industrial firms: Their impact on technology transfer activities [J]. Journal of Technology Transfer, 2001 (26).

[435] Schumpeter J A, Opie R, Hansen A H. The theory of economic development [J]. Journal of Political Economy, 1934, 1 (2).

[436] Shengce Ren, Andreas B Eisingerich, Huei-Ting Tsai. How do marketing, research and development capabilities, and degree of internationalization synergistically affect the innovation performance of small and medium-sized enterprises (SMEs)? A panel data study of Chinese SMEs [J]. International Business Review, 2015, 24 (4).

[437] Shum K L, Watanabe C. Network externality perspective of feed-in-tariffs (FIT) instruments: Some observations and suggestions [J]. Energy Policy, 2010, 38 (7).

[438] Sierzchula, William, Bakker, et al. The influence of financial incentives and other socio-economic factors on electric vehicle adoption [J]. Energy Policy, 2014 (68).

[439] Simsek Z, Veiga J F, Lubatkin M H, et al. Modeling the multilevel determinants of top management team behavioral integration [J]. Academy of Management Journal, 2005, 48 (1).

[440] Smedlund A. The roles of intermediaries in a regional knowledge system [J]. Journal of Intellectual Capital, 2006 (7).

[441] Sofka W, Grimpe C. Specialized search and innovation performance evi-

dence across Europe [J]. R&D Management, 2010, 40 (3).

[442] Song M, Thieme R J. A cross-national investigation of the R&D marketing interface in the product innovation process [J]. Industrial Marketing Management, 2006, 35 (3).

[443] Stefan Bringezu. On the mechanism and effects of innovation: Search for safety and independence of resource constraints expands the safe operating range [J]. Ecological Economics, 2015, 116 (8).

[444] Steiula, Schiel. Career and clusters: Analyzing the career network dynamic of biotechnology clusters [J]. Journal of Engineering and Technology Management, 2002 (22).

[445] Taeho Woo. Dynamical assessment for evolutions of Atomic-Multinology in technology innovation using social network theory [J]. Annals of Nuclear Energy, 2012 (41).

[446] Taylor P D, Jonker L B. Evolutionarily stable strategy and game dynamic [J]. Math Bioscience, 1978 (40).

[447] Thiam D R. Policy instruments for a market penetration of low carbon technology in developing nations [J]. International Journal of Energy Sector Management, 2012, 6 (4).

[448] Tietze, Frank, Thorsten, et al. To own or not to own: How ownership impacts user innovation: An empirical study [J]. Technovation, 2015 (38).

[449] Tom Broekel, Dirk Fornahl, Andrea Morrison. Another cluster premium: Innovation subsidies and R&D collaboration networks [J]. Research Policy, 2015, 44 (8).

[450] Tsai W. Knowledge transfer in intra-organizational networks: Effects of network position and absorptive capacity on business unit innovation and performance [J]. Academy of Management Journal, 2001, 44 (5).

[451] U A Rumina, A S Balandina, K A Bannova. Evaluating the effectiveness of tax incentives in order to create a modern tax mechanism innovation development [J]. Procedia Social and Behavioral Sciences, 2015 (7).

[452] Uzzi, Brian, Luis Amaral, et al. Small world networks and management science research: Areview [J]. European Management Review, 2007 (4).

[453] Veleva V, Todorova S, Lowitt P, et al. Understanding and addressing

business needs and sustainability challenges: Lessons from Devens eco-industrial park [J]. Journal of Cleaner Production, 2015, 87 (1).

[454] Verspagen Bart, Duysters Geert. The small worlds of strategic technology alliances [J]. Technovation, 2004, 24 (7).

[455] Veugelers R, Cassiman B. R&D Cooperation between firms and universities: Some empirical evidence from belgian manufacturing [J]. International Journal of Industrial Organization, 2005 (56).

[456] Vooren A V D, Alkemade F. Managing the diffusion of low emission vehicles [J]. IEEE Transactions on Engineering Management, 2012, 59 (4).

[457] Vukov J, Szabó G, Szolnoki A. Cooperation in the noisy case: prisoner's dilemma game on two types of regular random graphs [J]. Physical Review Statistical Nonlinear & Soft Matter Physics, 2006, 73 (2).

[458] Wang Jiang-Pan, Guo Qiang, Yang Guang-Yong, et al. Improved knowledge diffusion model based on the collaboration hyper network [J]. Physica-statistical Mechanics and its Applications, 2015 (428).

[459] Wang M Y, Lan W T. Combined forecast process: Combining scenario analysis with the technological substitution model [J]. Technological Forecasting & Social Change, 2007, 74 (3).

[460] Wang Q, Montaguti E. The R&D-marketing interface and new product entry strategy [J]. Marketing Intelligence & Planning, 2002, 20 (2).

[461] Woerter M, Stucki T, Arvanitis S, et al. The adoption of green energy technologies: The role of policies in Austria, Germany, and Switzerland [J]. International Journal of Green Energy, 2017 (6).

[462] Woo T. Dynamical assessment for evolutions of atomic-multinology in technology innovation using social network theory [J]. Annals of Nuclear Energy, 2011 (41).

[463] Wood P. Consultancy and Innovation: The Business Service Revolution in Europe [M]. London: Routledre, 2002.

[464] Xiong Y, Yang X. Government subsidies for the Chinese photovoltaic industry [J]. Energy Policy, 2016 (99).

[465] Xu S, He Z, Long R. The effects of environmental regulations on enterprise green technology Innovation [J]. Science Research Management, 2012, 33

(6).

[466] Yamin M, Otto J. Patterns of knowledge flows and MNE innovation performance [J]. Journal of International Management, 2004, 10 (2).

[467] Yiannis E Spanos, Nicholas S. Vonortas, Irini Voudouris. Antecedents of innovation impacts in publicly funded collaborative R&D projects [J]. Technovation, 2015, 36 (2).

[468] Zhang L, Xue L, Zhou Y. How do low-carbon policies promote green diffusion among alliance-based firms in China? An evolutionary-game model of complex networks [J]. Journal of Cleaner Production, 2019.